青海民族大学校长基金资助项目

李文实西北民族关系史论稿

李文实　著

姚鹏　马成俊　编

青海人民出版社

图书在版编目（CIP）数据

李文实西北民族关系史论稿 / 李文实著；姚鹏，马
成俊编 .-- 西宁：青海人民出版社，2023.11
ISBN 978-7-225-06603-5

Ⅰ．①李… Ⅱ．①李… ②姚… ③马… Ⅲ．①民族历
史－西北地区－文集 Ⅳ．① K280.4-53

中国国家版本馆 CIP 数据核字（2023）第 204175 号

李文实西北民族关系史论稿

李文实　著

姚　鹏　马成俊　编

出 版 人　樊原成
出版发行　**青海人民出版社有限责任公司**
西宁市五四西路 71 号　邮政编码：810023　电话：（0971）6143426（总编室）
发行热线　（0971）6143516/6137730
网　　址　http://www.qhrmcbs.com
印　　刷　青海新宏铭印业有限公司
经　　销　新华书店
开　　本　890mm×1240mm　1/32
印　　张　11.125
字　　数　200 千
版　　次　2023 年 11 月第 1 版　2023 年 11 月第 1 次印刷
书　　号　ISBN 978-7-225-06603-5
定　　价　68.00 元

前　言

　　李文实（1914—2004年），名得贤，字文实，出生于青海省化隆回族自治县甘都镇，在西北民族历史、语言风俗、历史地理、地方文献整理等方面作出重要贡献，是西北地区著名的文史学家。

　　从李文实先生的生活环境来看，青海省化隆回族自治县甘都镇是河湟民族走廊一个典型的多民族聚居地区。社会环境对个人的成长会产生重要影响，李文实先生从小熏陶于多民族文化中，幼年时期稍稍懂得一些藏语和撒拉语，高中学习了两年藏文。李文实先生的父亲曾任过县政府通事，精通藏语，曾在班禅去朝觐皇帝时担任过翻译。在家庭环境、学校教育及生活环境三重因素的影响之下，李文实先生耳闻目睹、亲身体会各民族交往交流交融的历史，对回、藏、土、撒拉等各民族生活习俗和宗教信仰有独特而深刻的认识，也对历史上西北各民族交往互动形成自己的思考。

　　另外，李文实受教于顾颉刚先生，学术传承对李文实个人产生了巨大影响。1937年2月1日，顾颉刚先生到南京蒙藏学校参加开学典礼二人相识，顾颉刚先生热情鼓励李文实，并嘱李文实为民俗学会收集相关民俗资料。1937—1938年间，顾颉刚先生作为中英庚款理事到西北考察，两次来到西宁，多次与李文实会面交谈。1940年李文实考入齐鲁大学跟随顾颉刚先生学习是其人生的重要节点之一。1941年，进入齐鲁大学文学院社会历史学系学习。李文实学习刻苦认真，在齐大选修顾颉刚开设的《中国地理沿革史》取得95分的最高成绩。1941年3月"中国边疆学会"在成都成立，顾颉刚被选为理事长，柯象峰、李文实等85人参加成立大会。1941年李文实大学第一年就得到顾颉刚的赏识，并且将其两篇文章（《释"白教"与"吹牛拍马"》《补释"吹牛"及"嘉麻若"》）推荐在《责善》半月刊《学术通讯》中发表。同年，李文实还发表《青海风俗杂记》《青海杂话六则》等文章。

1942年3月，国民政府成立边疆语文编译委员会，朱家骅任主任委员，副主任委员由顾颉刚代理，该会职员有李文实等。在边疆学会理事会，李文实与李安宅主要收集西北史地稿件和西藏稿件的工作。1945年抗日战争取得胜利，同年李文实大学毕业，顾颉刚邀请他担任北碚修志委员会助手。1946年，李文实到徐州女子师范学校担任教务工作，期间数次拜访顾颉刚先生，二人也常以书信方式讨论相关学术问题。1947年，李文实到兰州大学历史系任教。1948年6月，顾颉刚来兰州讲学半年，李文实陪伴左右，整理顾颉刚先生的《中国古代史研究序论》讲课笔记。1948 年 7 月，中国边疆学会推举顾颉刚为甘肃分会理事长，谷苞、李文实等在兰州编辑《和平日报》发刊的《西北边疆》周刊。1950 年 5 月，两人再度相会于上海诚明文学院共事，李文实帮助顾颉刚整理材料，顾颉刚在其《昆仑传说与羌戎文化·引言》有提及。1951 至 1979 年的很长一段时间里，李文实不再从事与学术有关的活动。1979 年再次和顾颉刚取得书信联系，二人继续学术交流。1984 年起，李文实的学术人生得到了再一次绽放。

可以看出，李文实在亦师亦友的顾颉刚先生指导下，奠定了坚实的史学基础，逐渐进入历史学和边疆史地学的青年才俊行列。顾颉刚在一次采访中明确提到李文实是明清史和西北区域史方面的专家学者，这是顾颉刚对李文实西北历史地理知识、文献文字功底及研究方法的极高肯定。李文实先生的学生张廷银统计《顾颉刚日记》，顾先生明确提到李文实的有 253 处之多。

从学术理论的角度来看，李文实先生给学界的贡献之一是提出"中华民族共同体"思想。有学者认为夏鼐先生 1962 年较早使用并定义"中华民族共同体"概念，而李文实先生在 1989 年探讨中华民族的源流与现状时，在《藏族源流与汉藏关系》一文中明确提出"藏族为组成中华民族共同体的主要支系之一，其历史文化，源远流长，世所共知"。进而提出"中华民族共同体"思想确立的两个前提，即中华民族的统一性和整体性。李文实先生的中华民族统一性即"大一统",认为大一统是我国立国的最高准则与宗旨,从文化意义上来说,中国古代民族也是一个文化"共同体",民族互动交融推进了我国古代社会的"大一统"。中华民族整体性,李文实先生将中华民族视为大的共同体,认为"既有各民族本身的历史文化特征,又有共呼吸、同命运的共同性,也就是中华民族的整体性"。进而认为"民族是一个历史的范畴,其在一定历史时期所形成的共同体,与这个国家的兴衰与存亡存在着血肉相连的关系,也就是说同患难、共命运"。由此可以看出李文实先生的"中华民族共同体"思想更加注重共同性。针对各民族交往互动的民族关系,李文实在《中华民族的形成与发展》一文中认为,"中华人民共和国成立后所制定的民族政策,即是以此为依据结合中国民族的实际而以现代中国五十六个民族为一个统一的共同体"。他提出民族和谐发展的关键是"不要背离统一国家的前提而探求某一现代民族的族源,同时也不要分割中华民族的整体性而去探求某个现代民族流别"。

总之,李文实先生最终形成的"中华民族共同体"思想除与其出生成长于汉、藏、回、撒拉、蒙古等西北多民族地区有关外,还与其学术传承、个人阅历、知识积累及改革开放后的社会历史大背景、已经完成的民族识别有着紧密联系,更与顾颉刚先生的"中华民族是一个"理论一脉相承。学生时代的李文实熟读顾颉刚的相关文章,关注国家、民族发展,认为顾颉刚发表的《中华民族是一个》,主要揭发和批判帝国主义企图瓜分中国的阴谋活动。抗战胜利后,李文实到南京主持《西北通讯》编务，征得顾颉刚先生同意，重新在《西北通讯》上刊载了这篇文章和它的姊妹篇《我为什么写〈中华民族是一个〉》，以表明李文实先生对这个问题的看法。由此可知，李文实对中华民族形成的思考及提出"中华民族共同体"思想，与顾颉刚的"中华民族是一个"理论有很深的渊源。并且，这一时期所写大量有关西北民族交往互动的文章，也为"中华民族共同体"思想的提出奠定了基础。

目前，关于李文实先生的著作及学者整理的研究著作有：李文实的《西陲古地与羌藏文化》（青海人民出版社，2001年版，2019年再版），李文实的《黄河远上：李文实文史论集》，（商务印书馆，2019年版），李文实选注《清代传记文选》（卓玛、马志林、何璐璐整理，商务印书馆，2019年版），卓玛、马海龙编著的《人如其文　贵在其实：李文实先生诞辰100周年纪念暨西北文史专题研究》（中国社会科学出版社，2016年版）。本次选编的这本文集命名为《李文实西北民族关系史论稿》，主要收录李文实先生关于汉匈关系、唐朝与吐蕃关系、吐谷浑历史源流，汉族与西北地区藏族、土族、蒙古族、撒拉族等关系的文章，始终贯穿民族交往交流交融这一主线，为"中华民族共同体"思想铺垫基石，更是"中华民族共同体"思想的学术实践。

匈奴是我国北方的少数民族，在秦末汉初时期非常强大。汉朝初年经过"文景之治"休养生息后，到汉武帝时期北击匈奴开疆拓土。李文实先生有关叙写汉匈民族关系的文章有《楚汉纷争与匈奴之兴盛:两汉经略匈奴纪》《匈奴之骄横与汉廷之对策:两汉经略匈奴纪》等,亮点在于李文实先生20世纪40年代书写西北民族历史已从民族交往互动的史实入手,看待两个民族间的关系。

关于历史上的吐谷浑与当今土族的渊源关系,李文实先生考证吐谷浑历史文化及民族特性写过几篇文章。关于土族的族源和族属,李文实在《霍尔与土族》一文强调"自开始以来就是持'吐谷浑'说的",但也有很多争论意见。即使这个问题现今考古学界还在不断求证,通过族源的争论折射出西北地区民族间交往交流交融之频繁。李文实还列举了很多交往互动的例子,认为在中国这样一个统一的多民族国家中,民族间交往交流交融是一个很自然的现象。周秦时期羌、戎、苗、蛮等与华夏族的交往互动,魏晋南北朝时期周边民族与汉族的交往交融,唐到辽金元更是形成民族交往交流交融的新局面。最后,李文实关于民族间的交往交流交融在《吐谷浑族与吐谷浑国》一文总结认为,交融并不专指"大民族"对"小民族",同时也指"小民族"对"小民族"、"小民族"对"大民族"。有汉朝与匈奴征战时没于匈奴的汉军,唐朝与吐蕃矛盾中没于吐蕃的汉族和其他民族,还有被回纥(回鹘)所掳掠贩卖的汉族妇女等,都属此类。然而,历代居住在边地的汉民则为少数族,而吐蕃、回鹘等则成为多数族。这中间有一个相互转化的过程,不论是自然的,亦或是强迫的,最终将不断融合为一体。

李文实先生考证了历史上唐与吐蕃的关系,吐蕃是西藏历史上第一个有明确史料记载的政权，吐蕃的强大在民族交往互动方面表现如下。首先是地理单元内部的交往交融，在《中国历史上唐与吐蕃的关系》一文认为，"在隋末唐初，吐蕃先后统一了唐旄、羊同、苏毗等他族部落，逐步把青藏高原上分散居住着的一百多个原始部落合并在一起"。其次，吐蕃统一后不断地向外扩展和突破，吞并吐谷浑、党项，掠取唐所羁縻的诸羌州，北进与唐争中西交通要道上的西域四镇（龟兹、于阗、焉耆、疏勒）等，都是吐蕃与唐朝、吐谷浑、党项等民族交往交流交融的具体体现。第三，唐朝与吐蕃之间实施和亲政策，文成公主、金城公主进藏，带去当时最先进的科技文化，讲述了汉藏民族间交往交流交融的最美故事。最后，唐朝李姓自称陇西郡王，但与少数民族的关系非常密切，独孤、长孙、文德等皇后都为少数民族姓氏，唐朝军队中有大量长于骑射的少数民族将领，而周边的少数民族又有很多唐军的统帅或偏将。唐朝如此丰富的民族交往互动的历史可以进一步印证唐太宗李世民所说的"自古皆贵中华，贱夷狄，朕独爱之如一"。按照李文实的考证，汉藏两族最早从居住在青藏高原的羌族说起，可谓同源民族，经过严密考证汉藏两族在长期发展过程中，不管是内部还是与周边民族不断交往交流交融的事实不可否认，而且都为中华民族的形成和发展作出了重要贡献。

李文实先生对撒拉族历史文化与风俗习惯极为熟悉，认为元朝初年循化县开始由移民撒拉族屯垦，"其分垦区都称工，如分在今循化地带的有八工，而分在化隆地带的有五工，当地习称撒拉八工外五工"。外五工包括甘都、卡力岗、上水地、黑城子、十五会。其中，上水地、黑城子两工属于聚族而居外，其他三工"均与汉、番杂居"，李文实先生以自己生活的地区为例，提到"我家所在的甘都工，即外五工之一。外五工中除仅有三个村操撒拉语外，其余不仅地名仍存藏语旧称，且语言也习用藏语。因此上、下牌的汉族和回族，也大都会藏语"。从这段内容的描述可以看出，各民族杂居区语言交流的重要性。20世纪30年代，顾颉刚到兰州、西宁、临夏考察，1939年《边疆周刊》发表《中华民族是一个》，其中提到"藏民信回教的如撒拉"，1947年他又写了一篇题为《撒拉回》的文章。1948年，李文实先生撰文《关于撒拉回》一文，成文经过中也提及"曩客巴蜀，以李安宅先生之嘱，为中国边疆学会主编之《边疆周刊》写青海风土，间曾漫谈及此。顾颉刚师在本刊发表《中华民族是一个》，其中有'藏民信回教的如撒拉'一语，友人辈有函询其究竟者，因检旧稿，略加补充而成斯篇"。"藏民信回教的如撒拉"当然是少数，但我们主要看到的是民族间的交往交流交融。从中我们不仅能够看出李文实的成长背景与师承学术，也能对顾颉刚先生"中华民族是一个"在学界引起大讨论的原因略知一二。

近代"中华民族"从"自在"到"自觉"的转变，知识分子做出了重要的学术努力。1939年顾颉刚先生对于中华民族形成历史提出"中华民族是一个"理论引发学界的广泛讨论。作为学生的李文实经过 50 年的积累和沉淀之后，1989 年提出"中华民族共同体"思想，阐释了"中华民族共同体"思想的两个前提——即统一性和整体性，认为中华民族是不断发展演进的人们共同体。至此，我们梳理李文实先生民族交往互动相关文章，可以看出是对顾颉刚先生"中华民族是一个"理论的进一步实践，更是"中华民族共同体"思想两个前提的深入思考和具体实践。

可以看出，近代以来知识分子"自在"的"铸牢中华民族共同体意识"理论是一个不断探索总结的"自觉"过程，最终在习近平总书记"铸牢中华民族共同体意识"的重要讲话中成为习近平新时代中国特色社会主义思想的重要组成部分。李文实先生提出"中华民族共同体"思想，是知识分子"自觉""铸牢中华民族共同体意识"的理论支撑之一。习近平总书记在 2021 年中央民族工作会议上强调"做好新时代党的民族工作，要把铸牢中华民族共同体意识作为党的民族工作的主线。铸牢中华民族共同体意识，就是要引导各族人民牢固树立休戚与共、荣辱与共、生死与共、命运与共的共同体理念"。经由理论的不断积淀，新时代中华民族共同体意识终将得以"铸牢"，正如李文实先生所言"这样就会加强民族团结，民族地区稳定，民族经济发展，民族区域自治更趋完善，从而扩大爱国主义的内涵，把民族利益和国家利益融为一体"。

编 者

二〇二三年四月十二日

目 录

"华夏"臆说 /001

汉以前之匈奴：两汉经略匈奴纪之一 /022

楚汉纷争与匈奴之兴盛：两汉经略匈奴纪之二 /028

匈奴之骄横与汉廷之对策：两汉经略匈奴纪之三 /036

南凉兴亡及其故都遗址的发现 /048

霍尔与土族 /076

吐谷浑族与吐谷浑国——吐谷浑历史考察之一 /106

吐谷浑国地理考略——吐谷浑历史考察之二 /118

唐五代以后的吐谷浑族后裔及其民族特征——吐谷浑历史考察之三 /141

白兰国址再考 /168

藏族源流与汉藏关系 /187

吐蕃一名的由来 /223

中国历史上唐与吐蕃的关系 /238

再论羌藏与蒙土问题 /268

《青海藏族史》序：青海地区羌藏文化与统一的多民族国家形成的关系 /285

《清代青海蒙古族档案史料辑编》序 /293

《西域番国志》回俗略释 /303

撒拉八工外五工 /312

明清两代的民族政策和民族关系 /321

中华民族形成与发展 /328

国家统一与民族团结 /335

后　记 /339

"华夏"臆说

从文字记载来看,自春秋时代起称古代中国为"华夏",但对"华夏"一名的起源和它的含义,历来史家和注释家却各异其说,丛脞纷纭,迄无定论。去年读顾颉刚师和王树民先生合写的《"夏"和"中国"——祖国古代的称号》[1],颇受启发。窃不自揆,欲继顾师与王先生之后,对这一问题,补作探讨。只是这种探讨,仍不免有所臆测,故题为"臆说"。

一、历代"华夏"释名综述

在中国古史的传说中,以夏、商、周为三代,"夏"字起源最早。《国语·周语(上)》说:

> 昔我先王世后稷,以服事虞、夏。

---

[1] 载《中国历史地理论丛》,第一辑。

当时周朝自称是夏文化的继承者，而《左传》定公四年有"分唐叔以大路，……命以《唐诰》，而封于夏虚（墟），启以夏政"的记载，这和《尚书·康诰》"用肇造我区夏"，均为夏代或夏地的称谓。"华夏"连称，也见于《左传》襄公二十六年："楚失华夏，则析公之为也。"顾师云：

"华夏"指中原诸侯，和诸夏的涵义相同。[1]

而现行版《辞海》"华夏"条却说：

"华夏"连称出现较迟，何晏《景福殿赋》：总神灵之贶祐，集华夏之至欢。

犹不免失于检索。

"夏"字来源于三代中的夏朝，但战国以前的史书，对禹尚不称夏，到禹的儿子启才称"夏启"，或"夏后启"，可见这个"夏"字是由地名再转为国名和族名的。

至于"华"字，亦见于春秋时成书的《左传》：

裔不谋夏，夷不乱华。（定公十年）

---

[1] 顾颉刚、王树民：《"夏"和"中国"——祖国古代的称号》，载《中国历史地理论丛》，第一辑。

获戎失华，无乃不可乎？（襄公四年）

我诸戎饮食衣服不与华同。（襄公十四年）

这都以"夏""华"与"戎"对举。"夏"又泛称"诸夏"，"华"也泛称"诸华"，一般通作为族名。"夏"字至战国时又复为地名，如《荀子·儒效》篇所谓："居楚则楚，居越则越，居夏则夏"，即是其例。而"华"字作为地名，则是战国以后事。

"华""夏"二字来历，大致如此，而历来解释，或从造字起源立说，如《诗·小雅·苕之华》郑笺说：

陵苕之干，喻如京师也，其华犹诸夏也，故或谓诸夏为诸华。

"华"即"花"，《诗·小雅》："棠棣之华""裳裳者华"，"花"均作"华"。郑玄以干喻京师，以花喻诸夏（周的诸侯国），是经学家的说法，但他释"华"为"花"，是从文字立论的。就"花"字引申，其义则更繁。如《国语·鲁语》："以德荣为国华。"韦昭注："华，荣华也。"《说文》："华，荣也。"朱骏声《说文通训定声》："开花谓之华，与花朵之华微别。"段玉裁《说文解字注》卷六说："木谓之华，草谓之荣。引申之为《曲礼》：'削瓜为国君华之'之'华'字，又为'光华''华夏'字。"

以上均就字的音义为解，望文生义，均属后起，与"华"字的名义无直接关涉，所以都不足为训。

"夏"字的有关解释，与"华"字同样，也是从文字构造作解的。如《说文》：

> 夏，中国之人也，从夊，从页，从臼。臼，两手，夊，两足也。

顾师与王先生文说："后面几句自是附会，但说'夏，中国之人也'还是正确的。因为在西周时'夏'与'中国'确是一个含义，《说文》在这里保存了古义"[1]。按《说文解字》段注说：

> 谓以别于北方狄，东北貉，南方蛮闽，西方羌，西南焦侥，东方夷也。

这就是对"夏"与夷、狄等对举，"夏"居中原，夷、狄等居四方的解释。所谓中国之人，指居中原的夏民族。至于"从夊，从页，从臼"云云，则是属于望文生训，不足为信了。

历来对"华""夏"二字的单独解释，仅仅可说是言之成理，但未必皆得其实。等到"华夏"连称，说更出奇。如《尚书·尧典》："蛮夷猾夏。"伪孔《传》说："夏，华夏也。"而《尔雅·释诂》便释"夏"说："夏，大也。"孔颖达《正义》接着说：

---

[1] 见顾颉刚、王树民前引文。

夏者,训大也。中国有礼义文章光华之大。定公十年《左传》云:"裔不谋夏,夷不乱华。"是中国为华夏也。

按前引《荀子·儒效》篇:"居夏则夏"句,杨倞注云:"夏,中夏也。中国有文章光华礼义之大。"与孔疏的说法先后相应。夏文化到周朝才发扬光大,把"夏"解释为大,实是后来大一统思想的反映,并非原义就是如此。而且这个解释,无论是"文章光华",或"日月光华",乃合"华"字为说,以"华"为"夏"的同义语,实际上也未必然。不要说夏朝时的禹域,就是周朝时的中国,据《礼记·王制》篇所说,也只不过"西不尽流沙,南不尽衡山,东不尽东海,北不尽恒山"的"方三千里"的疆域而已,这比战国时人地域的概念,还小得多,谈得上什么大呢?因此训诂家们只能在"礼义文章光华"上作揣摸,隐示华夏之为泱泱大国。在这种文章光华礼义的熏陶下,"夏"字也就膨胀庞大起来,被赋予了"大"的含义,这是不足取信的。"夏"字的义释,尚且不可信,"华夏"连称后的义释,更是一种可爱的空想。如《左传》定公十年:"裔不谋夏,夷不乱华。"孔颖达疏解释说:

中国有礼义之大,故称夏;有服章之美,故谓之华。

伪古文《尚书·武成》篇:"华夏蛮貊",伪孔传解释说:

冕服采章曰华，大国曰夏。

冕服采章的华美，究竟与"中华"的得名有什么直接的联系呢？这只能说是在大一统思想熏陶下为训诂而训诂罢了。而到现在尚有知名的文字学家引述阐发这种说法[1]，可见它入人之深了。

除了从文字学角度上推求"华夏"一名的涵义外，尚有从历史地理学角度上来作解释的，如谓"华"字由华山得名，"夏"字由夏水得名。章太炎先生是这一派的代表。他说：

诸华之名。因其民族初至之地而为言。……神灵之胄自西方来，以雍、梁二州为根本。……就华山以定限，名其国土曰华，则缘起如是也。……华本国名，非种族之号，然今世已为通语。世称山东人为侉子者，侉即华之遗言矣[2]。

他以夏为族名，华为国名，并推衍近代国外一些人的中华民族西来说，就华山定限，认为是中国古代先民初至之地。秦以前重泰山，华山之名出现较迟。《禹贡》及《吕氏春秋·有始览》有太华，《职方》《山海经》(《西山经》) 有华山，汉武帝时信方士游说封五岳，华山才被列为五岳之一，后世即以为西岳，然《汉书·武帝本纪》元封元年诏曰：

[1] 于省吾：《释中国》，刊《中华学术论文集》。
[2]《太炎文录》初编《中华民国解》。

朕用事华山，至于中岳。

本师顾颉刚先生说：

惟西岳为何山尚成疑问。盖华山固在关西，而自汉都长安言之则终属东方，故《职方》，列之为豫州山也。

所以以华山为西岳，直到汉宣帝时才明定"西岳华山于华阴"（《汉书·郊祀志》）。然则太炎先生所谓"神灵之胄自西方来""以雍、梁二州为根本""就华山以定限"云云，都与历史地理不相应。颉刚先生说："华山在《禹贡》，只为梁州北界，也不能成为我国全境之名号，何况我国古代也从未有过'华'这个时代。……章氏之说自不能成立。""华"由华山得名，即就中国历史地理来说，也是没有根据的。

至于说"夏"由夏水得名，太炎先生说：

质以史书，夏之为名实因夏水而得。是水或谓之夏，或谓之汉，或谓之漾，或谓之沔，凡皆小别互名。本出武都，至汉中而始盛。地在雍梁之际，因水以为族名。犹生姬水者之氏姬，生姜水者之氏姜也。夏本族名，非邦国之号，是故得言诸夏。

夏朝与夏族均由夏水得名。今尚可稽考，但并非太炎先生所指夏水。颉刚先生说：

夏水之名见于《汉书·地理志》南郡华容县，"夏水首受江，东入沔，行五百里"。是为江汉的一个支叉，无缘成为全族之名。[1]

所以夏族得名的夏水，当在下面另详，此处仅对前人成说略做概述。

另一种从历史地理来加以阐释的说法谓"华"由昆仑得名：

拉克伯里（Lacoupeire）谓华夏族系经昆仑东来，昆仑意为"花土"，"华"即"花"字，故称其族为华。[2]

这种说法也是由"西来说"派生出来的。"西来说"既已被考古发掘所粉碎。则昆仑、花土云云，都无非是一些穿凿附会之辞罢了。

最后一种说法，则是从民族学人种学方面来加以推论的。如林惠祥先生以为"华"为花的古字，华族当以花为图腾的原始民族。他说：

原始民族之族名最常者或由图腾信仰，以为其族系出自某种自

---

[1] 见顾颉刚、王树民前引文。
[2] 林惠祥著：《中国民族史》第三章。

然物，因拜其物为祖，并取其物之名以名其族，故如美洲印第安种
人有狼族、熊族、蛇族等，皆取动物之名；即取植物之名者亦不尠，
如玉蜀黍族、马铃薯族、泽湖桃族、巨树族、黄树族、绿叶族、烟
草族、芦草族等。

他更由摩尔根（Morgan）在所著《古代社会》中列举的此种
实例来对比中国古代民族说：

中国之四裔据《说文》谓"羌，西戎羊种也，从羊、儿。南方
蛮、闽从虫，北方狄从犬，东方貉从豸，西方羌从羊，此异种也。"
又云："蛮，南蛮，蛇种。""闽，东南越，蛇种。"此诸族之名皆图
腾也。同时诸族之名既多为图腾，则我族之称华似亦为图腾，盖华
即花之古字，华族即"花族"也。衡以印第安人之例，"黄树""绿
叶"既可作为族名。"花"字何独不可？故我族初时或以花为图腾，
因以花为族名。[1]

此为社会发展史上的通例，但用之于中国史上特定的"华"字，
则并不恰当，因"华"字的含义，另可从发音来做解释，并不只限
于取义一个方面。

对于"夏"字，林先生则说：

---

[1] 林惠祥著：《中国民族史》第三章。

至于夏字，则又别有其解。据《说文》训夏为人，已见上举。《说文》又训夷云："夷，东方之人也，从大，从弓。"按原始民族常自称己族为"人"，如奇奥哇族（Kiowa）之名称"奇奥哇"即为"人"，拉伯人（Lapps）、通古斯人亦自称为人。………此种风俗系由于自尊己族之意，为原始时代之惯例。故所谓夏者，如《说文》所训无误，则此字实即我族自称之语，其意即为人。……我族虽已有"花族"之称，然彼为图腾族名，与夏字之自称可并用而不相冲突也。

由上述的引文推之，所谓华夏名称之起源，似以下列二说为近：

华为图腾名称，意为"花族"。

"夏"为自称之语，意即"人"。

若把"华夏"二字连起来，这种解释自然也讲得通，但最早"华""夏"是两个名称，便不能被称为"人"。如今天的"华人""英人""美人""日人"，前面的字都代表国家。假使我们援此例以"华夏"为华人，则"夏"在单称时不知是什么人了。《说文》说"夏"是中国之人，其切合实际的解释应当是"居住在中原地区的夏人"。"夏"字本义并无"人"的称谓。

据我以上简略的引论，历来对"华""夏"及"华夏"的释名，似乎还有考释辨析的必要。

二、"华""夏"今析

在前人探讨的基础上，我设想"华"字原为族名，春秋时用以指早期进入中原的炎帝族而言；"夏"原为地名，指夏启移居夏水（今汾、浍流域）而言，后遂以为族名与国名。"华"与"夏"是中国古代两大民族的自称，"华"系先进入中原地区的炎帝族，炎帝姜姓，是西戎羌族的一支；夏为姒姓，乃黄帝族的后裔。传说中黄炎两族曾合为部落大联盟，融合东方夷族等而形成华夏族，华夏族与华夏文化的名称，便就此而产生。黄帝、炎帝是传说中的历史人物它代表了中国古代两大部族；姬、姜两姓联姻，而建立初步统一的周王朝，则是为记载所证明的信史。春秋时人以华夏连称，作为黄、炎两族融合后中原文化的名称，这就是华夏族和华夏文化的由来。请更试为证之。

（一）黄、炎与姬、姜

《国语·晋语》说：

昔少典娶于有蟜氏，生黄帝、炎帝。黄帝以姬水成，炎帝以姜水成。成而异德，故黄帝为姬，炎帝为姜，二帝用师，以相济也，异德之故也。异姓则异德，异德则异类，异类虽近，男女相及，以生民也。同姓则同德，同德则同心，同心则同志，同志虽远，男女不相及，畏黩敬也。黩则怨，怨乱毓灾，灾毓灭姓，是故娶妻避其同姓，畏乱灾也。故异德合姓，同德合义，义以导利，利以阜姓。

姓利相更，成而不迁，乃能摄固，保其土房。

这是周初人对姬、姜祖源的传闻和两姓互通婚姻的理解。黄帝与炎帝是否同出于少典，是另一问题，但姬、姜同出一祖的传说，在周初就已存在。以今天的眼光来看，周民族为黄、炎二族的复合体，或姬、姜同为一民族的分支，则似较近于事实。姬、姜联姻，多见于记载，不像黄、炎那样的渺茫，如《诗·大雅·生民》：

厥初生民，时维姜嫄。……载生载育，时维后稷。

又，《诗·鲁颂·閟宫》：

赫赫姜嫄，其德不回，上帝是依。无灾无害，弥月不迟，是生后稷。

后稷是周的始祖，而他的母亲是炎帝之后的姜嫄。这两位人物神话色彩太浓厚，真正可考的姬、姜联姻，是从古公亶父开始的。《诗·大雅·绵》云：

古公亶父，来朝走马；……爰及姜女，聿来胥宇。

这就是太姜。《国语·周语》说："齐、许、申、吕由太姜。"这四个姜姓国都是先进入中原的羌族，而由于太姜的关系在周代而有天下后被封为诸侯。文王的母亲太任和武王的妻子邑姜等，都是出于羌族的。所以《后汉书·西羌传》说：

西羌之本，出自三苗，姜姓之别也。

姜、羌一音之转，可见与姬周联姻的羌族，是先进入中原地区，以后为华夏文化所融合或同化了的。这个问题，顾刚先生早有论证 [1]，于此不再重复。

关于齐、许、申、吕四国的渊源，顾刚先生在引述《国语·周语》下记太子晋之言"共（工）之从孙四岳佐之"的一段话后说：

是四岳为共工之后裔，佐禹治水有功，天赐之姓曰姜，氏曰吕，为侯伯之国四，曰申、吕、齐、许；至于东周，申、吕亡而齐、许存。

又说：

姜戎亦姜姓，亦四岳之裔胄。知申、吕、齐、许者，戎之进于中国者也；姜戎者，戎之停滞于原始状态者也。

---

[1]《从古籍中探索我国西部民族——羌族》，载《社会科学战线》，1984 年第 1 期。

知申、吕、齐、许由太姜而得封，而其远祖是共工的从孙四岳，已追溯到传说中人物了。顾颉刚先生还考证说：

四岳又称"太岳"。隐十一年《传》曰："夫许，太岳之胤也"。庄二十二年《传》曰："姜，太岳之后也，山岳则配天"。何以称"太"？兹犹无术以说明之。[1]

古籍多讹字，"太岳"或即"四岳"的形误，或"四"字误为"太"，或"太"字伪为"四"，二者必居其一。

我为什么不厌其烦地追索姬、姜在族源上的联系呢？我的用意显然是想阐明汉文记载中所说的"华"族，即是指申、吕、齐、许等先入于中原的羌族，其姓为姜而氏族为"华"。对此，我有两条依据：其一是羌为西戎的一支，而西戎的支系甚繁，无论是山戎、犬戎、骊戎、姜戎，或是赤狄、白狄、北羌、马羌，都是未入于诸夏的西方民族，其中既有炎帝族各支系，也有黄帝族的姬姓后裔进入西方而在文化上落后了的。目前中国历史学界一般都以文化为区分古代民族的标准，如此则春秋以来的文字记载以入于诸夏范围的西方民族称为"华"或"诸华"，而对未入于诸夏范围或原为夏裔而文化上趋于落后的民族，则仍被称为"戎""狄"（翟）或"夷""蛮"（这类称谓，盖各从其本名，后世多以为贬称，恐非其实），与"华"

[1]《史林杂识初编·四岳与五岳》。

对举为文，以示区别。如《书·尧典》："蛮夷猾夏。"《左传》闵公元年："戎狄豺狼，不可厌也；诸夏亲昵，不可弃也。"《左传》定公十年："裔不谋夏，夷不乱华。"《左传》襄公十四年："我诸戎饮食衣服，不与华同。"《左传》襄公二十六年："获戎失华，无乃不可乎？"都是"华""戎"，"戎""夏"或"华""夷"对举，戎、狄多指西方民族，夷、蛮多指东南方民族（但有时也不尽然）。以戎、狄为不可亲，自然是嫌他们在文化上落后，而不在民族间的隔阂。我还颇疑"华""戎"二字音近，当时记载或者有意把姜姓的入诸夏者称为"华"，而把仍处于原始状态者别称为"戎"，等同于夷、蛮。此点若能成立，则"华""戎"两种名称，都出于音译，并无什么意义。

　　其二，上述"华""戎"或即同音异译的这个假设，还基于今藏语自称本民族为"蕃"（读如播，bō，西藏语）或"斡"（wò，安多语）这样一条线索。"华""斡"音近；又西藏人自称"蕃巴"，而称安多区藏族为"安多娃"。"花"古或作"葩"，读为"巴"，"娃""华"则一声之转。其次，《尚书·禹贡》梁州："西倾因桓是来。"《索隐》："桓水出蜀郡蜀山，西南行羌中入海也。"按桓水即今白水江，古又称羌水。源出西倾山之南，西南流至四川昭化入嘉陵江。盖羌水为汉名，桓水为本名。今安多藏族地区，为古代羌人聚居地。所以水以"桓"名，"桓""斡"声通，是"桓"即今之"斡"。今安多藏语自称为"斡"，犹存古音，可以复按。同时亦可推知"华""桓"也是同音而异译。

再次，《左传》瓜州之戎，据顾刚先生考定即今秦岭南北坡间"瓜子"的祖先[1]。所谓"瓜子"，指此族后人诚悫憨厚，有如傻子而云然。瓜州之戎，因地得名，后人以其遗裔特别朴实憨厚，转称为"瓜子"，其义便近于傻子，傻瓜的得名，也由于此。今青海东部农业区与藏族杂居的汉族，犹通称各族傻子为"傻桲"，这里的"桲"字，便指藏族，显然又是"瓜子"的余韵。汉族既自居于先进之列，则目"桲"为傻，自属当然。因此我们可以说以先进为华夏，以落后为戎夷，古今迄无二致，以古例今，或以今证古，可以互为发明。至于"瓜""华"同韵，"桓""桲"同声，语言与文字，两皆有证。

（二）夏族及夏王国名称的来历

夏代的始祖为帝禹，禹原居阳城（今河南登封），后都阳翟（今河南禹县），当时可能是部落联盟的酋长。虞、夏二代都尊黄帝为始祖，黄帝族原先居中国西部地区，后来逐步进入中部地区。禹都阳翟，从中原来说，地亦偏西。夏启袭位以后，又西迁大夏（今汾、浍流域）、建都安邑（今山西夏县境），因而才有了"夏"名。夏是三代中首先具备雏形的奴隶制国家，自西迁大夏，便正式以夏为国名，后又转衍而为族名。或谓"中国西部地区称为夏。郑大夫子西名夏，是夏有西义"。[2] 我以为此义当属后起，当时只是以地名国而已。武王克商后封建亲戚，封唐叔于夏墟，其地即在太原晋阳，为唐尧、夏启的故墟。因此，禹甸、禹迹，多在今山西境内。但当周初，

---

[1]《史林杂识初编·瓜州》。
[2] 范文澜著：《中国通史》第一册第四章第五节。

其地大都已属戎有，所以《唐诰》有"启以夏政，疆以戎索"之命。齐、鲁、唐、卫诸侯，原都是西方之族，自进入今山东、河北，便被称为东夏。周朝自称为夏，从而《康诰》有"用肇造我区夏"的说法。顾刚先生说：

　　实际上"区夏"就是"夏区"，即保持夏文化的地方，周人是以夏文化继承者自居。[1]

周人尊帝喾而以后稷为始祖，和夏同为黄帝的后裔，自炎、黄融合，夏、商继替，东西两大民族渐趋为一，而姬、姜联姻，更华戎杂处。诸夏从"戎"，如骊戎、鲜虞；姜姓变"华"，如齐、许、申、吕。秦本东夷，蔚为上国，楚属南蛮，进于诸夏，各民族之间的相互融合，莫可究诘。早从夏代开始，夏的部落国就已东起昆吾，西迄大夏，这就是"诸夏"的来源。等到周初，姜姓诸戎，更遍于周境，先后与夏商诸族相融合，于是"诸夏"之外，又新形成了"诸华"。"华"与"戎"虽原属同族，至此便在文化系统上有了区别。"诸华"的形成，当在周初至春秋时期，是时代发展的产物。至战国以后，"华"族便已定型，后来居上，更兼"夏"而有之。"夏"与"诸夏"的名称，从此为"中国"所代替，"华夏"也便仅为历史上的陈迹了。历史上凡"诸夏""诸华"的名称，都代表氏族，"中国""华夏"

[1] 见顾颉刚、王树民前引文。

则代表国家，其发展演变之迹，大致可考也。

夏人自居大夏而称"夏"，"夏"作为族名，也可以从现在的藏语中得到补证。后世藏族称中原汉族为"嘉"（译音）。按汉族本为夏、商、周三代民族所合成。今藏语称"嘉"不称"汉"，说明这名称为古羌语之遗。"嘉"即"夏"之音转，夏、马、贾、加古音皆通。又今藏语或称在藏族地区杂居的汉人为"嘉"，而称中原的汉人为"麻嘉"（意译为东方的汉人），我们也可以说"麻嘉"即是"东夏"。更有趣的是今甘肃、青海、新疆的藏族与维吾尔族称汉人所居城堡为黑城或"嘉乃亥仓"（意译为黑汉村），白城、黑城均以族别，而不以土色分。按传说中有虞氏、夏后氏都尚黑（周人尚赤），所以墨子衣服用黑色，示行夏道。韩非子说禹作祭器，表黑里红，而现在所发现城子崖古物中正好有这种器物。祭器表面涂黑漆，与尚黑之说适相合，这就是黑陶文化。现在藏族或称汉人为"东夏"（麻嘉），或称汉庄为"黑汉村"（嘉乃亥仓），而维吾尔族以汉人或汉军所住城堡为黑城，不也是夏人尚黑的遗说吗？（哈萨克族称汉人"亥大依"或谓即"黑大爷"的音讹，待考）那么，"嘉"为"夏"之音转，可谓确凿不移，而"夏"为族名，也从此得到证明。"礼失而求诸野"，是孔老夫子的遗教，对我们今天考察古代事物，仍有很大的启发。而更近的启发，则得自顾师和王先生所写的论文。王先生尚健在，而顾师已不及见我的补苴与申论，追怀昔日相从问学的乐趣，不胜泫然！

三、从考古发掘看华夏文化

以上单从文字记载和语言遗留对"华""夏"二名的起源略加探讨,问题的轮廓,大致粗备。但从现代来说,考古发掘的地下遗存,又是一个新的也是重要的一面,这两方面结合,便不难了解问题的全貌。我尚缺乏考古知识,这里只就近人的考释和论述,略事联系,借作补充。

1921年,瑞典人安特生在河南省渑池县仰韶等村及奉天(今辽宁)锦西县沙锅屯,随后又在甘肃、青海等地发掘出新石器时代遗址,出十多种石器与陶器等,其中陶器以细泥红陶及夹砂红褐陶为主,后被称作仰韶文化,亦称彩陶文化。据新中国成立后用碳14测定,整个中原地区仰韶文化,其时代约为公元前5000年至公元前3000年。据近年在青海的发掘。证明仰韶文化西限已到了青海省湟水下游的民和地区,因而这被称为仰韶文化的西渐。

继远古仰韶文化被发掘出之后,1928年,又在山东章丘龙山镇城子崖发现黑陶文化,其陶器以灰陶为多,而黑陶次之,红陶极少。其时代约在公元前2800年至公元前2300年。这种文化较晚于仰韶彩陶文化被称为龙山文化。按这类文化遗存堆积的顺序,小屯文化(殷商文化)在上层,龙山文化(夏文化)居中层,仰韶文化(当为传说中黄帝、尧舜时代)居下层。可见仰韶文化是中国先民最古的创造,其地域西及于今青海,则青海地区在远古时代已是黄、炎族的活动地带。而龙山文化东起山东,西至甘肃、青海(有人认为如果齐家文化发现在代表陕西龙山文化的客省庄文化之后，可能会被称为甘肃龙山文化），北及辽东，南抵浙江，与文字记载中的"禹迹"相符。青海文化遗存类型，有新石器时代的马家窑、半山、马厂类型及齐家文化。马家窑陶器盛行黑彩；半山陶器以黑、红两彩合镶为主，也有少量黑色单彩；马厂陶器早期黑、红两彩，以黑彩为主，中晚期红彩消失，变成单一黑彩；齐家文化类型与马家窑文化大体类似，惟陶器彩绘则以紫红、橘红为其特色。此外的卡约与辛店文化，既与彩陶、黑陶文化有联系，又具有地区特色。卡约文化陶器以紫红色彩绘为主，也有黑彩。辛店文化陶器有黑色单彩、黑红两彩。齐家文化的年代，约为公元前 2000 年，与马家窑文化相衔接。卡约文化年代，约在殷周之际，是青海土著文化与中原文化相联系的产物，它全面代替了齐家文化。[1]

根据考古发掘资料研究，上述诸文化类型，是中国古代文化的概括，而所谓华夏文化则是在这个古文化的基础上，随着民族的融合，大一统局面的出现而产生的周文化。孔子说："周监于二代，郁郁乎文哉！吾从周。"周文化的确是在夏商二代基础上进一步地发展与创造，其中的大一统思想便是华、夏、戎、夷各族共同的要求。当时周虽居中原，而华戎、夷夏杂处，文化程度不一，互相争夺兼并，迫切需要统一局面。根据宋人洪迈的论述，周武王克商后，周的版图西北包有雍（今陕、甘两省）、豫（今河南），东南接近徐、

---

[1] 参见青海省文物考古队：《青海彩陶》前言。

扬（今江苏北部）。周公平乱，征服三监，又东征奄国（今山东曲
阜境），其后便封伯禽于鲁，镇抚东方，周的势力，扩展到了全黄
河流域。成周之后，又扩展到江苏，但那时"吴、越、楚、蜀、闽
皆为蛮，淮南为群舒，秦为戎。河北真定、中山之境，乃鲜虞、肥、
鼓国。河东之境，有赤狄、甲氏、留吁、铎辰、潞国。洛阳为王城，
而有杨拒、泉皋、蛮氏、陆浑、伊洛之戎。京东有莱、牟、介、莒，
皆夷也。杞都雍丘，今汴之属邑，亦用夷礼。邾近于鲁，亦曰夷"。[1]
此种状况，经春秋时代，各民族间融合加速，文化政治上的统一急
剧发展，诸子继起，百家并兴，至秦始皇便出现了第一个统一的封
建大王朝。这可以说是华、戎、夷、夏共同所创造完成的，因而后
人便以周人为华夏族的代表，而以华夏文化为三代文化的总称。所
谓华夏文化，实为中国古代各民族融合统一的标志，而民族文化，
常又具有地理上的特点，从古籍上夏水、夏虚、夏口、夏阳、夏县
以至西域、陇西之大夏等地名，结合藏语中"嘉""嘉乃亥""麻嘉"
等称谓来看，夏民族足迹或传说，几遍于四方，因此不仅沿革地理
可借以证史，即民族语言与迁徙之迹，都足以相互证发。我此篇所
举，只不过其端绪与大凡，精博的论证，尚有待于通识之士了！

[1]〔宋〕洪迈撰：《容斋随笔》卷五。

汉以前之匈奴：两汉经略匈奴纪之一

匈奴古史，因史阙无征，迄今仍为学者所聚讼纷纭之问题，一般研究匈奴史者，对于匈奴之种属，或谓为土耳其种，或谓为蒙古种，或谓为芬族，或谓为斯拉夫种，各创新说，犹无定论。依吾人考察，后二说已证其不足信，前二说虽较后二说为进，然亦只为一种假定，尚未能证其必成立也。据太史公《史记》所纪，则匈奴一族，亦出夏后氏，其言曰：

> 匈奴，其先祖夏后氏之苗裔也，曰淳维。唐虞以上有山戎、猃狁、荤粥，居于北蛮，随畜牧而转徙。(《史记》卷一百十《匈奴传》)

皇古之事，本渺茫难稽，然史公所纪，自亦非全无所据，故谓匈奴为古代中华民族之一支，则似可无疑。[据近人研究，淳维（Shun-wei）之发音，与匈奴（Hunni）相接近，或即以其祖先之名为种族之称。虽系臆测，犹不失为有力说法。详见桑原骘藏《西征考》] 是故吾姑从《史记》焉。

关于匈奴的名称，又各因其时代而异，故亦颇滋纷扰。自王国维氏作《鬼方、昆夷、猃狁考》(《观堂集林》卷十三)，远祖史公，旁采甲骨金文，考定鬼方、昆夷、猃狁乃一语之变，均匈奴之异名。于是匈奴之史乃得拨重云迷雾而见青天，稍稍知其名称演变之层累矣。大抵匈奴名称，在商周间曰鬼方、曰昆夷、曰獯鬻，其在宗周之时则曰猃狁，入春秋后始谓之戎（西戎、犬戎、姜戎，曰赤狄、白狄、长狄），战国以降，又称之曰胡，曰匈奴。近人冯家昇氏尝做统计，各书所载，金文所纪，匈奴异名，竟有三十二种之多。盖其名不仅因时而异，且同时记载，译名亦极不一致也。

匈奴与汉族发生冲突及交涉，其时甚早。据《史记·匈奴传》，有如下之记载：

夏道衰，而公刘失其稷官，变于西戎，邑于豳。其后三百有余岁，戎狄攻太王亶父，亶父亡走岐下，而豳人悉从亶父而邑焉，作周。其后百有余岁，周西伯昌伐畎夷氏。后十有余年，武王伐纣而营洛邑，复居于酆鄗，放逐戎夷泾、洛之北，以时入贡，命曰"荒服"。其后二百有余年，周道衰，而穆王伐犬戎，得四白狼四白鹿以归。自是之后，荒服不至。于是周遂作《甫刑》之辟。穆王之后，二百有余年，周幽王因宠姬褒姒之故，与申侯有隙。申侯怒而与犬戎共攻杀周幽王于骊山之下，遂取周之焦获，而居于泾渭之间，侵暴中国。秦襄公救周，于是周平王去酆鄗而东迁洛邑。

此所记载虽极简略，然匈奴与汉族古来交涉冲突之频繁，则极显然。《易·既济》谓高宗伐鬼方，三年乃克，则其自古，即为大国。周之先世，初则杂处，继之远避，盖其势力已骎骎迫周人矣，至武王克殷，乃放于泾洛之北，而至西周之末，以迄懿王、宣王之世，戎狄之患，复侵扰无已时。《汉书·匈奴传》云：

至穆王之孙懿王时，王室遂衰，戎狄交侵，暴虐中国。中国被其苦，诗人始作，疾而歌之，曰："靡室靡家，猃允之故""岂不曰戎，猃允孔棘"。

宣王之世，侵袭更甚，周世遂有征伐之举，《诗·小雅·六月》云：

狎狁孔炽，我是用急，王子出征，以匡王国。
四牡修广，其大有颙，薄伐狎狁，以奏肤公。
狎狁匪茹，整居焦获，侵镐及方，至于泾阳。
织文鸟章，白旆央央，元戎十乘，以先启行。
戎车既安，如轾如轩，四牡既佶，既佶且闲。
薄伐狎狁，至于太原，文武吉甫，万邦为宪。

又《出车》云：

王命南仲，往城于方，出车彭彭，旂旐央央。
天子命我，城彼朔方，赫赫南仲，狁于襄。

盖狁之族，西自汧陇，环中国而北，东及太行、常山间，而周之方镐，正在泾水之北，故狁铁骑，常达泾洛之间也。然《诗》又曰："岂敢定居，一月三捷"，"出车彭彭，城彼朔方"。则当时周室之势力，犹自能振。此后齐桓、晋文之争霸，亦惟御戎攘夷是务，则春秋时戎狄之强，抑又可知。自秦穆公得由余，西戎八国服于秦，故自陇以西，有绵诸、绲戎（今甘肃天水）、翟源之戎（今陕西南郑），岐、梁山、泾、漆之北，有义渠（甘肃肃宁）、大荔（今陕西大荔）、乌氏（今甘肃泾川）、朐衍（今宁夏灵武）之戎，而晋北有林胡（今山西马邑）、楼烦（今山西岚县）之戎。燕北有东胡山戎（今河北遵化），则以小部落状态，散居中国西北部矣。其后百有余年，晋悼公使魏绛和戎翟，戎翟朝晋，又后百余年，赵襄子逾句注（今山西代县以北二十五里，即雁门山）而破并代，以临胡貉。其后既与韩魏共灭智伯，分晋地而有之。则赵有代及句注之北，魏有西河上郡，以与戎界边。其后义渠之戎，筑城郭以自守，而秦稍蚕食，至于惠王，遂拔义渠二十五城，惠王击魏，魏尽入西河上郡于秦。秦昭王时，义渠戎王与宣太后乱，有二子，宣太后诈而杀义渠王于甘泉，遂起兵伐义渠，于是秦有陇西、北地、上郡，筑长城以拒胡，而赵武灵王亦变俗胡服，习骑射，北破林胡、楼烦，筑长城，自代（今察哈尔蔚县）并阴山（今绥远大青山）下至高阙（今河套临河县北狼山之隘口）为塞，而置云中、雁门、代郡。其后燕有贤将秦开为质于胡，胡甚信之，归而袭破走东胡，东胡却千余里，燕亦筑长城，自造阳至襄平，置上谷、渔阳、右北平、辽西、辽东郡以拒胡。至是而上述散居中国西北部之戎，均被驱于边境。临此边境之燕赵二国，既均筑长城以防止之。而赵将李牧，又尝破匈奴十万之众，及秦皇灭六国，使蒙恬将十万之众北击胡，复收河南地，因河为塞，筑四十四县城临河，徙适戍以充之，而通直道，自九源至云阳，因边山险谷，可缮者治之，起临洮至辽东万余里，即后世所称万里长城也。自战国末以迄秦之统一，对于当时之戎翟，大多采取守势，盖一因其骑师剽悍劲疾，非车徒所能完全应付，一因其势力又正在蓬勃，一时难以制胜故也。

匈奴古代之历史，可述者仅此而已。然仅就此而言，其古代活动地带，包有今之河北、山东、山西、内外蒙古、陕西、河南、甘肃、宁夏、新疆诸区域，则汉族足迹所至，匈奴亦几随之。因此种长久杂处及接触之故，所谓华夷文化，亦早已混合为一。赵武灵王之胡服骑射，即其显明之征。汉族与匈奴，在血统上既同出于一族，而其文化，又复互相混合，则虽其生活方式等不尽相同，依理似应化除畛域之见，然自春秋时结为敌国，遂成秦汉以来中国最大之患，此实最可惋惜之事，而双方均应负其责任者也。及秦汉之时，则对立之局已成，匈奴眼中不复有中国，而中国亦非驱逐匈奴，则不足以自存，此则今日读史者之所深慨矣。

楚汉纷争与匈奴之兴盛：两汉经略匈奴纪之二

自秦始皇帝死，李斯、赵高矫诏立胡亥，杀扶苏、蒙恬、蒙毅，于是北边防务全弛。既而诸侯畔秦，天下大乱，群雄逐鹿中原，自无暇筹边防，匈奴因而得间以从事武备。嬴秦享国，只十五年，虽驱匈奴于长城之外，而南征北伐，连年用兵，人民迁徙转战无宁日，致民力疲惫不堪。秦亡之后，又经楚汉之长期纷争，举国扰攘，民劳益甚。《汉书·食货志》有云：

……至于始皇，遂并天下，内兴功作，外攘夷狄，收泰半之赋，发闾左之戍。男子力耕，不足粮饷，女子纺绩，不足衣服。竭天下之资财，以奉其政，犹未足以澹其欲也，海内愁怨，遂用溃畔。汉兴，接秦之敝，诸侯并起，民失作业，而大饥馑。凡米石五千，人相食，死者过半。高祖乃令民得卖子，就食蜀汉。天下既定，民亡盖臧，自天子不能具醇驷，而将相或乘牛车。(《汉书》卷二十四上)

北边防务既已全弛，而国内人力，又虚弱如此，其免于荒乱，已是大幸，自不遑勤远略，论兴作。而此时匈奴，已骎骎坐大，其国势又大非昔比矣。

初，匈奴畏秦，北徙十余年，及秦灭，复稍南渡河，渐越蒙恬旧防，进逼北边。时单于头曼有太子曰冒顿，及后有所爱阏氏（皇后），生少子，头曼欲废冒顿而立之。时东胡强而月氏盛，乃使冒顿为质于月氏。既而头曼忽攻月氏，盖自行败盟，欲假月氏之手杀冒顿，以遂其立少子之私愿也。月氏以头曼见侵，果欲杀冒顿，而冒顿盗其善马，竟骑之亡归。单于头曼以为壮，令将万骑，冒顿乃作鸣镝（响箭），习勒其骑射，令曰："鸣镝所射，而不悉射者斩"。冒顿既立此军令，乃以鸣镝自射其善马，既而又射其爱妾，左右或不敢射者，皆斩之。最后以鸣镝射单于头曼善马，左右皆射之，于是冒顿知其可用。及从头曼猎，遽以鸣镝射头曼，其左右亦皆随鸣镝而射，遂杀头曼，尽诛其后母与弟及大臣之不听从者，而自立为单于。

东胡闻冒顿立，乃遣使来索头曼时千里马，群臣拒不与，而冒顿与之。居顷之，东胡又遣使欲得冒顿单于一阏氏，群臣皆怒，而冒顿仍与之。东胡王因而愈骄。东胡与匈奴之间，有弃地莫居千余里，各居其边为瓯脱（边塞缓冲地带），东胡又遣使欲得此弃地，冒顿以问群臣，群臣或曰："此弃地，予之亦可，勿予亦可"。于是冒顿大怒曰："地者，国之本也，奈何予之？"诸言予之者，皆斩之。乃出兵击东胡，盖其蓄势已足，且师出有名。"欲取先予"，其成竹在胸，胜算固在握也。《匈奴传》云：

东胡初轻冒顿，不为备。及冒顿以兵至，击，大破灭东胡王，
而虏其民人及畜产。既归，西击走月氏，南并楼烦、白羊河南王。（侵
燕、代）悉复收秦所使蒙恬所夺匈奴地者，与汉关故河南塞，至朝
那、肤施，遂侵燕、代。是时汉兵与项羽相距，中国罢于兵革，以
故冒顿得自强，控弦之士三十余万。（《史记》卷一百十）

其一举而破灭东胡，驱逐月氏，并侵及汉边，且士之能弯弓为
甲骑者，为数达卅万众，则其总人口，约当在一百五十万，虽云不
能当汉之一郡，然其出没无常，欲在西北沿边诸郡（如右北平、上谷、
代、雁门、云中、五原、朔方、上郡、北地等）周密防范，则备多
力分，守御难周。而匈奴勃兴后之疆域，突然扩大，其建置亦粗具
规模，非复无组织之众所可比。据《史记》所载，其"诸左方王将
居东方，直上谷以往者，东接秽貉、朝鲜；右方王将居西方，直上
郡以西，接月氏、氐、羌；而单于之庭直代、云中：各有分地，逐
水草移徙。而左右贤王、左右谷蠡王最为大"。（见《匈奴传》）按
匈奴规制自左右贤王以下至当户，大者万余骑，小者数千，凡廿四长，
立号曰万骑（其官制另详，此不具述）。则大国精骑俱满万，其盛
况可想。当时东北与西北诸部族，惟东胡与月氏为最强。月氏之故
地，原在敦煌祁连间，即今甘肃酒泉、张掖一带。东胡国境，其东、

南二面，盖自造阳（今察哈尔怀来）以至襄平，临长城与中国接境；西方则以兴安岭左右之地与匈奴相连；东北则似已据有哈尔滨以南、铁岭以北平原地带，而与秽貉相接。冒顿既东破东胡，西败月氏，则其势力所及，东并东胡以接朝鲜，西至居延海（今宁夏西北部）及河西（今甘肃河西走廊，武帝时建敦煌、酒泉、张掖、武威四郡）而与西域（今新疆及其西部一带）相接壤；北连丁零、坚昆（今贝加尔湖及黑龙江一带）；南临长城以窥中国。其版图之大，势力之雄，盖匈奴有史以来所未有。而冒顿单于又深沉勇毅，为一四征不庭之雄主，此不仅为匈奴之盛世，亦为中古东亚史上鲜有之局面，以与当时甫经大乱，而虚弱不振之汉帝国相较，适成一强烈之比照。匈奴既拥有此强大之势力，遂渐南侵而为汉帝国之大患矣。

先时当汉高祖刘邦统一中国后，以韩王信材武，且其封地北近巩、洛，南迫宛、叶，东有淮阳，皆天下劲兵处，乃以太原郡三十一县为韩国，徙韩王信王太原，以北备御匈奴，都晋阳（今山西太原），韩王信既突被改封，而新封之国，正与当时新兴之匈奴相接，殊感不安。乃上书高祖谓"国被边，匈奴数入寇，晋阳去塞远，请治马邑（今山西朔县）"，盖因马邑正当敌冲也。高祖许之，然韩王信之进取政策，并不能阻止匈奴之入侵。七年秋，匈奴乃进围韩王信于马邑，韩王信一面向朝廷求援，一面数遣使往匈奴求和解。及汉发救兵至，闻韩王信遣使求和事，疑其有二心，使人责让。韩王信之徙国，既由于朝廷之疑虑，至此恐见诛，遂于当年（高帝六年）

九月以马邑降匈奴。冒顿因引兵南逾句注，攻太原，至晋阳。汉高乃自将兵击韩王信，破其军于铜鞮，斩其将王喜，韩王信亡走匈奴。白土人曼丘臣、王黄等乃乘机立赵苗裔赵利为王，复收韩王信散兵丁，联韩王信匈奴谋攻汉。于是匈奴使左右贤王将万余骑，与王黄等屯广武以南至晋阳。汉兵进击，高帝自以轻骑先至平城（故城在今山西大同县东），遂为匈奴冒顿围于白登山（在今大同东），凡七日，用陈平离间计贿赂单于阏氏乃得解。是为国史上有名之"白登之围"。班固《汉书》纪其役云：

会冬大寒雨雪，卒之堕指者十二三，于是冒顿阳败走，诱汉兵。汉兵逐击冒顿，冒顿匿其精兵，见其羸弱，于是汉悉兵，多步兵，三十二万，北逐之。高帝先至平城，步兵未尽到，冒顿纵精兵三十余万骑围高帝于白登，七日，汉兵中外不得相救饷。匈奴骑，其西方尽白，东方尽駹，北方尽骊，南方尽骍马。高帝乃使使间厚遗阏氏，阏氏乃谓冒顿曰："两主不相困，今得汉地，单于终非能居之。且汉主有神，单于察之。"冒顿与韩信将王黄、赵利期，而兵久不来，疑其与汉有谋，亦取阏氏之言，乃开围一角。于是高皇帝令士皆持满傅矢外乡，从解角直出，得与大军合，而冒顿遂引兵去。汉亦引兵罢。（《汉书》卷九十四上《匈奴传》）

按匈奴在当时，政治眼光短浅，似尚无征服统治之野心，其目光所注，纯在于掠夺汉边郡财物，以挹注其国内经济之贫乏。故汉高虽以大汉天子之尊，身陷重围，而卒能化险为夷，不致为所俘虏，如后世怀、愍二帝之惨遇也。

虽然，高帝此次侥能得脱，而汉威顿丧，匈奴自此益轻汉，数收汉降将，并常往来侵盗北边。高帝患之，以问谋士娄（刘）敬。敬对曰：

天下初定，士卒罢于兵，未可以武服也。冒顿杀父代立，妻群母，以力为威，未可以仁义说也。独可以计久远子孙为臣耳，然恐陛下不能为。

娄敬故于楚汉战争后建议建都关中而为高帝最信任者，于此乃谓："诚可，何为不能！顾为奈何？"于是娄敬乃直陈其和亲之意见曰：

陛下诚能以适长公主妻之，厚奉遗之，彼知汉适女送厚，蛮夷必慕以为阏氏，生子必为太子，代单于。何者？贪汉重币。陛下以岁时汉所余彼所鲜数问遗，因使辩士风谕以礼节。冒顿在，固为子婿；死，则外孙为单于。岂尝闻外孙敢与大父抗礼者哉？兵可无战以渐臣也。若陛下不能遣长公主，而令宗室及后宫诈称公主，彼亦知，不肯贵近，无益也。(《史记》卷九十九《刘敬传》)

　　高帝于无奈何之下，乃听其策，取家人子名为长公主，妻单于。即使娄敬往结和亲之约，并岁给匈奴絮、缯、酒、食物各有数。此为汉室和戎之始。宋司马光著《通鉴》，论此事云：

　　建信侯（娄敬）谓冒顿残贼，不可以仁义说，而欲以为婚姻，何前后之相违也！夫骨肉之恩，尊卑之叙，唯仁义之人为能知之，奈何欲以此服冒顿哉！盖上世帝王之御夷狄也，服则怀之以德，叛则震之以威，未闻与为婚姻也。且冒顿视其父如禽兽而猎之，奚有于妇翁。建信侯之术，固已疏矣，况鲁元已为赵后，又可夺乎！（《通鉴》卷十二《汉纪四》）

　　"冒顿视其父如禽兽而猎之，奚有于妇翁"可谓一语破的。于国家立场言，汉之和亲，送女奉币，有损国体，自属失策。然汉之出此，乃迫于当时情势亦非得已者。使汉廷之力果能制匈奴，吾知此大汉之开国皇帝，亦不愿出此下着而甘为匈奴之"老丈人"也。

　　娄敬既结和亲之约，目睹匈奴新兴气象，足为汉患，故当其自匈奴归国。为高帝陈述其利害及对策云：

　　匈奴河南白羊、楼烦王，去长安近者七百里，轻骑一日一夜可以至秦中。秦中新破，少民，地肥饶，可益实。夫诸侯初起时，非齐诸田，楚昭、屈、景莫能兴。今陛下虽都关中，实少人。北近胡寇，东有六国之族，宗强，一日有变，陛下亦未得高枕而卧也。臣愿陛下徙齐诸田，楚昭、屈、景，燕、赵、韩、魏后，及豪杰名家居关中。无事，可以备胡；诸侯有变，亦足率以东伐。此强本弱末之术也。（同上《刘敬传》）

按娄敬此策，盖着眼于安内。与其建都关中之策，先后呼应。时关中经楚汉混战，兵火之余，户口大减，人力财力，两感空虚，娄敬既定策建都关中以抵抗匈奴之侵略，而当时天下新定，六国后裔，犹多反侧。故又建议徙六国诸侯豪富于关中，一面充实首都防卫实力，一面又可灭去关东各地隐患。"攘外必先安内"，娄敬之所以谓国谋者，正复如此，然则和亲之不足以弥边患，娄敬固已自知之矣。高帝纳其说，乃使其徙所言关中十余万口。其后孝惠、高后、文、景之世，能保守关中，以培养国力，胥赖于此。其所关者甚大，故附论之。

汉初边将，多叛降匈奴亦为助长匈奴嚣张之一因，除前述韩王信、王黄、赵利等外，至高帝晚年，代相陈豨又叛，尝求救于匈奴，而燕王卢绾复率其党且万人降匈奴，往来于上谷以东，汉廷亦无可如何。汉与匈奴势力之消长，至此而益显然矣。

匈奴之骄横与汉廷之对策：两汉经略匈奴纪之三

自高帝使刘敬往匈奴结和亲之约后，终孝惠、高后、文、景之世，匈奴略汉边塞而可考见者，凡十一次，当均系规模较大之侵袭也：

（一）孝惠六年：匈奴寇狄道（汉陇西郡治，今甘肃临洮县），攻阿阳（汉属天水郡，今甘肃静宁县南部）。

（二）孝惠七年冬十二月：匈奴寇狄道，略二千余人。

（三）孝文元年：虏大入云中（今绥远归化城土默特西，黄河东岸）。

（四）孝文三年五月：匈奴右贤王入居河南地，侵盗上郡保塞蛮夷，杀略人民。

（五）孝文十一年冬十一月：匈奴寇狄道。

（六）孝文十四年冬：匈奴老上单于以十四万骑入朝那（汉属安定郡，今甘肃平凉市南），杀北地（今宁夏及甘肃省之东北部地，汉治马岭，约在今环县东南）都尉印，虏人民畜产甚多，遂至彭阳

（今甘肃省镇原县东，当泾水支流茹水北岸），使骑兵入烧回中宫（今陕西陇县西北），候骑至雍（今陕西省凤翔县）、甘泉（今陕西肤施县南），帝欲亲征而不果。

（七）孝文后六年冬：匈奴三万骑入上郡（今陕西省西北部及绥远省鄂尔多斯旗左翼等地），三万骑入云中，所杀略甚众，烽火通于甘泉、长安。帝以中大夫令免为车骑将军，屯飞狐（今河北省涞源县），故楚相苏意为将军，屯句注（一名雁门山），将军张武屯北地，河内太守周亚夫为将军，次细柳（今陕西省咸阳市西南），宗正刘礼为将军，次霸上（今陕西省长安区东），祝兹侯徐厉为将军，次棘门（今陕西省咸阳市东北）以备胡。

（八）孝景中元元年春：匈奴入燕。

（九）孝景中元二年：匈奴入赵。

（十）孝景中元七年六月：匈奴入雁门（治善无，今山西省右玉县南）至武泉（汉属云中郡，今山西省右玉县口外），入上郡，取苑马，吏卒战死者二千余人。

（十一）孝景后元二年春三月：匈奴入雁门，太守冯敬与战，死。发车材官屯雁门。

在上述十一次骚扰之中，以文帝十四年与后六年两次侵扰为最严重，烽火通于甘泉、长安，杨雄所谓京师大骇者是也，而匈奴之寝骄，尤以高后时为甚。高后三年春，冒顿使使遗书曰：

孤偾之君，生于沮泽之中，长于平野牛马之域，数至边境，愿游中国。陛下独立，孤偾独居。两主不乐，无以自虞，愿以所有，易其所无。（《汉书》卷九十四上《匈奴传上》）

以其语涉亵嫚，高后大怒，召丞相陈平及樊哙、季布等，议斩其使者，发兵而击之。樊哙曰："臣愿得十万众，横行匈奴中。"后以问季布，布曰："哙可斩也！前陈豨反于代，汉兵三十二万，哙为上将军，时匈奴围高帝于平城，哙不能解围。天下歌之曰：'平城之下亦诚苦！七日不食，不能彀弩。'今歌吟之声未绝，伤痍者甫起，而哙欲摇动天下，妄言以十万众横行，是面谩也。且夷狄譬如禽兽，得其善言不足喜，恶言不足怒也。"（同上）高后无奈，乃屈躬下己，令大谒者张泽报书曰：

单于不忘弊邑，赐之以书，弊邑恐惧。退而自图，年老气衰，发齿堕落，行步失度，单于过听，不足以自污。弊邑无罪，宜在见赦。窃有御车二乘，马二驷，以奉常驾。（同上）

盖深自谦悬以谢之。单于得书，因献马遂和亲。汉之力，既不能与匈奴争，则唯有容忍姑息，以休养生息，充实国力。故自高帝以迄文景，一惟岁币修好，订和亲之约是尚，其可考见者，先后亦有九次之多：

（一）孝惠三年春，以宗室女为公主，嫁匈奴冒顿单于。

（二）孝文元年，复修和亲。

（三）孝文四年，单于遗汉书曰："天所立匈奴大单于，敬问皇帝无恙。前时皇帝言和亲事，称书意合欢。汉边吏侵侮右贤王，右贤王不请，听后义卢侯难支等计，与汉吏相距，绝二主之约，离昆弟之亲。皇帝让书再至，发使以书报，不来，汉使不至。汉以其故不和，邻国不附。今以少吏之败约，故罚右贤王，使至西方求月氏击之，以天之福，吏卒良，马力强，以灭夷月氏，尽斩杀降下定之。楼兰、乌孙、呼揭及其旁二十六国，皆已为匈奴。诸引弓之民并为一家，北州以定。愿寝兵休士养马，除前事，复故约，以安边民，以应古始……"书至，汉议击与和亲孰便，公卿皆曰："单于新破月氏，乘胜，不可击，且得匈奴地，泽卤，非可居也，和亲甚便。"文帝许之。乃于六年遗匈奴书言和亲，并遗以服绣袷绮衣、长襦、锦袍各一，比疏一，黄金饬具带一，黄金犀毗一，绣十匹，锦二十匹，赤绨、绿缯各四十匹。

（四）同年，冒顿单于死，子老上单于立，帝复遣宗室女公主为单于阏氏。

（五）孝文后元二年，使使与匈奴与约和亲。

（六）孝文后四年，老上单于死，子军臣单于立，汉复与匈奴和亲。

（七）孝景元年，遣御史大夫陶青至代下与匈奴和亲。

（八）孝景二年，与匈奴和亲。

（九）孝景五年，汉又遣公主嫁匈奴单于。

由上以观，汉于匈奴，礼之唯恐不周，而匈奴贪得无厌，故尝倍约以犯边，而当老上单于之立，燕人中行说又居间挑唆之，故其患尤无常。迨景帝与匈奴和亲，通关市，给遗匈奴，遣公主如故约，遂终景帝世，仅小入寇边，尚无大患。

和亲政策实施以后，汉虽暂缓和匈奴之大量侵略，然亦养成匈奴之骄横与自大。汉廷方面，对此事之忍耐，可谓已至最大限度，故当文帝之时贾谊上陈政事疏，即以此为可流涕事之一，其言曰：

天下之势方倒县。凡天子者，天下之首，何也？上也。蛮夷者，天下之足，何也？下也。今匈奴嫚娒侵掠，至不敬也，为天下患，至亡已也，而汉岁致金絮采缯以奉之。夷狄征令，是主上之操也；天子共贡，是臣下之礼也。足反居上，首顾居下，倒县如此，莫之能解，犹为国有人乎？……可为流涕者此也！（《汉书》卷四十八《贾谊传》）

同时晁错亦上言兵事曰：

兵法曰："有必胜之将，无必胜之民。"繇此观之，安边境，立功名，在于良将，不可不择也。

臣又闻用兵，临战合刃之急者三：一曰得地形，二曰卒服习，三曰器用利。兵法……士不选练，卒不服习，起居不精，动静不集，趋利弗及，避难不毕，前击后解，与金鼓之〔指〕相失，此不习勒卒之过也，百不当十。兵不完利，与空手同；甲不坚密，与袒裼同；弩不可以及远，与短兵同；射不能中，与亡箭同；中不能入，与亡矢同；此将不省兵之祸也，五不当一。故兵法曰：器械不利，以其卒予敌也；卒不可用，以其将予敌也；将不知兵，以其主予敌也；君不择将，以其国予敌也。四者，兵之至要也。

臣又闻：小大异形，强弱异势，险易异备，夫卑身以事强，小国之行也；合小以攻大，敌国之行也；以蛮夷攻蛮夷，中国之形也。今匈奴地形技艺与中国异。上下山阪，出入溪涧，中国之马弗与也；险道倾仄，且驰且射，中国之骑弗与也；风雨罢劳，饥渴不困，中国之人弗与也：此匈奴之长技也。若夫平原易地，轻车突骑，则匈奴之众易挠乱也；劲弩长戟，射疏及远，则匈奴之弓弗能格也；坚甲利刃，长短相杂，游弩往来，什伍俱前，则匈奴之兵弗能当也；材官驺发，矢道同的，则匈奴之革笥木荐弗能支也；下马地斗，剑戟相接，去就相薄，则匈奴之足弗能给也：此中国之长技也。以此观之，匈奴之长技三，中国之长技五。陛下又兴数十万之众，以诛数万之匈奴，众寡之计，以一击十之术也。

虽然，兵，凶器；战，危事也。以大为小，以强为弱，在俯仰之间耳。夫以人之死争胜，跌而不振，则悔之亡及也。帝王之道，出于万全。今降胡义渠蛮夷之属来归谊者，其众数千，饮食长技与匈奴同，可赐之坚甲絮衣，劲弓利矢，益以边郡之良骑。令明将能知其习俗和辑其心者，以陛下之明约将之。即有险阻，以此当之；平地通道，则以轻车材官制之。两军相为表里，各用其长技，衡加之以众，此万全之术也。(《汉书》卷四十九《晁错传》)

则不仅言匈奴之当伐，且更进而讲求战术矣。错于上此书后，继又上言建议移民实边，以正谪戍之弊，并组织边塞居民，教以战法，以备敌之侵略，文帝均嘉纳之。然国家对外作战，非仅要兵精，且须要粮足，粮饷不足，则兵精亦终无用。中国本以农立国，而自战国末起，井田制度废，私有财产制度产生，于是兼并之风遂兴。汉初社会，承秦之旧，中经楚汉纷争，整个社会经济渐趋崩溃，不仅一般平民流离失所，即所谓贵族，亦鲜富有。史汉所谓"自天子不能具钧驷，而将相或乘牛车"者是也。当时社会之萧条疲敝，于此概可想见。如是凡三十年，经文景二代之休养，社会逐渐复趋繁荣，民皆得安其所。当社会之进入繁荣阶段也，兼并之风亦随之而炽，此其故即在于土地资产之集中，土地集中，生产之权操于地主，资产集中，贸易之权操于资本家，于是一般平民之土地及资产，均辗转入于地主及资本家之手，而商人阶级便应运而兴。文帝之世，资产集中于商人，农民权利，几尽被剥削，故贾谊、晁错以及后之董仲舒等均主抑末植本，以造成农业社会，俾国家饷粮不致困乏。晁错《论贵粟疏》云：

圣王在上而民不冻饥者，非能耕而食之，织而衣之也，为开其资财之道也。故尧、禹有九年之水，汤有七年之旱，而国亡捐瘠者，以畜积多而备先具也。今海内为一，土地人民之众不避汤、禹，加以亡天灾数年之水旱，而畜积未及者，何也？地有遗利，民有余力，生谷之土未尽垦，山泽之利未尽出也，游食之民未尽归农也。民贫，则奸邪生。贫生于不足，不足生于不农，不农则不地著，不地著则离乡轻家，民如鸟兽，虽有高城深池，严法重刑，犹不能禁也。

夫寒之于衣，不待轻暖；饥之于食，不待甘旨；饥寒至身，不顾廉耻。人情，一日不再食则饥，终岁不制衣则寒。夫腹饥不得食，肤寒不得衣，虽慈父不能保其子，君安能以有其民哉！明主知其然也，故务民于农桑，薄赋敛，广畜积，以实仓廪，备水旱，故民可得而有也。

民者，在上所以牧之，趋利如水走下，四方亡择也。夫珠玉金银，饥不可食，寒不可衣，然而众贵之者，以上用之故也。其为物轻微易藏，在于把握，可以周海内而亡饥寒之患，此令臣轻背其主，而民易去其乡，盗贼有所劝，亡逃者得轻资也。粟米布帛生于地，长于时，聚于力，非可一日成也；数石之重，中人弗胜，不为奸邪所利，一日弗得而饥寒至。是故明君贵五谷而贱金玉。

今农夫五口之家，其服役者不下二人，其能耕者不过百亩，百亩之收不过百石。春耕夏耘，秋获冬藏，伐薪樵，治官府，给繇役；春不得避风尘，夏不得避暑热，秋不得避阴雨，冬不得避寒冻，四时之间亡日休息；又私自送往迎来，吊死问疾，养孤长幼在其中。勤苦如此，尚复被水旱之灾，急政暴虐，赋敛不时，朝令而暮改。当具有者半贾而卖，亡者取倍称之息。于是有卖田宅鬻子孙以偿者矣。而商贾大者积贮倍息，小者坐列贩卖，操其奇赢，日游都市，乘上之急，所卖必倍。故其男不耕耘，女不蚕织，衣必文采，食必梁肉；亡农夫之苦，有仟伯之得，因其富厚，交通王侯，力过吏势，以利相倾；千里游敖，冠盖相望，乘坚策肥，履丝曳缟。此商人所以兼并农人，农人所以流亡者也。

今法律贱商人，商人已富贵矣；尊农夫，农夫已贫贱矣。故俗之所贵，主之所贱也；吏之所卑，法之所尊也。上下相反，好恶乖迕，而欲国富法立，不可得也。方今之务，莫若使民务农而已矣。欲民务农，在于贵粟；贵粟之道，在于使民以粟为赏罚。今募天下入粟县官，得以拜爵，得以除罪。如此，富人有爵，农民有钱，粟有所渫，夫能入粟以受爵，皆有余者也；取于有余，以供上用，则贫民之赋可损，所谓损有余补不足，令出而民利者也。顺于民心，所补者三：一曰主用足，二曰民赋少，三曰劝农功。今令民有车骑马一匹者，复卒三人。车骑者，天下武备也，故为复卒。神农之教曰："有石城十仞，汤池百步，带甲百万，而亡粟，弗能守也。"以是观之，粟者，王者大用，政之本务。令民入粟受爵至五大夫以上，乃复一人耳，此其与骑马之功相去远矣。爵者，上之所擅，出于口而亡穷；粟者，民之所种，生于地而不乏。夫得高爵与免罪，人之所甚欲也。

使天下人入粟于边，以受爵免罪，不过三岁，塞下之粟必多矣。(《汉书》卷二十四上《食货志》)

此书辞旨，剀切质直，深中当时之病，文帝从之，令民入粟于边，拜爵名以多少级数为差。错复奏言："陛下幸使天下入粟塞下以拜爵，甚大惠也。窃窃恐塞卒之食不足用大渫天下粟。边食足以支五岁，可令入粟郡县矣。足支一岁以上，可时赦，勿收农民租，如此，德泽加于万民，民愈勤农……则民大富乐矣。"文帝复从之，军粮民食，既筹之如上法，于是帝又下诏劝农，诏曰：

道民之路，在于务本。朕亲率天下农，十年于今，而野不加辟，岁一不登，民有饥色，是从事焉尚寡，而吏未加务也。吾诏书数下，岁劝民种树，而功未兴，是吏奉吾诏不勤，而劝民不明也。且吾农民甚苦，而吏莫之省，将何以劝焉？其赐农民今年租税之半。(《汉书》卷四《文帝本纪》)

此以未能善尽地利，而责地方官奉行不力者，时十二年冬事也。次年春，又下诏曰：

朕亲率天下农耕，以供粢盛，皇后亲桑以奉祭服，其具礼仪。(同上)

此以身作则，以风化下者也。同年六月，又诏曰：

农，天下之本，务莫大焉。今勤身从事，而有租税之赋，是谓本末者无以异也，其于劝农之道未备，其除田之租税。（同上）

此薄赋敛以苏民困者也。文帝既力兴农业，以富国裕民，而自奉尤极其俭约，以杜除社会上一般奢华之风，故班固赞之有云：

孝文皇帝即位二十三年，宫室、苑囿、车骑、服御，无所增益。有不便，辄弛以利民。尝欲作露台，召匠计之，直百金。上曰："百金，中人十家之产也。吾奉先帝宫室，常恐羞之，何以台为？"身衣弋绨，所幸慎夫人衣不曳地，帷帐无文绣，以示敦朴，为天下先。治霸陵，皆瓦器，不得以金银铜锡为饰，因其山，不起坟……专务以德化民，是以海内殷富，兴于礼义……（《汉书》卷四《文帝本纪》赞）

其念国家艰难，刻苦求治如此，可谓一代之圣君，百世之令主矣。上有好者，下必有甚，故景帝继立，亦以劝农尚俭为务，其后元二年夏诏云：

雕文刻镂，伤农事者也；锦绣纂组，害女红者也。农事伤，则饥之本也，女红害，则寒之原也。夫饥寒并至而能亡为非者寡矣。

朕亲耕，后亲桑，以奉宗庙粢盛祭服，为天下先；不受献，减太官，省繇赋，欲天下务农蚕，素有畜积以备灾害。强毋攘弱，众毋暴寡；老耆以寿终，幼孤得遂长。今岁或不登，民食颇寡，其咎安在？或诈伪为吏，吏以货赂为市，渔夺百姓，侵牟万民。县丞，长吏也，奸法与盗盗，甚无谓也。其令二千石各修其职，不事官职耗乱者，丞相以闻，请其罪。布告天下，使明知朕意。(《汉书》卷五《景帝本纪》)

国以民为本，民以食为天，故文景之治，第一在抑商重农，第二在节用爱民。农事兴则饷粮足，故士饱而马腾；民服德则社会安，故人知耻而盗绝，此安内之要着也。文景二帝，当国力疲敝之余，匈奴骄横之秋，忍辱负重，以力复国家元气，虽和亲纳款，不无耻辱，然武帝之能大张挞伐，重振国威，胥赖文景二代之休养，此读史者所不可不知也。

南凉兴亡及其故都遗址的发现

一、南凉国的兴亡

（一）鲜卑西迁

鲜卑在中国史上为北方三大人种之一，中世纪时更为活跃。其名称起源，据《史记·匈奴列传·索隐》引服虔说：

> 东胡，乌桓之先，后为鲜卑。在匈奴东，故曰东胡。

鲜卑族既以居匈奴东而称东胡，则东胡非其本名。所以近人吕思勉据洪钧《元史译文证补》，以为：

> 按拓跋氏之先实来自西伯利亚。《魏书》谓：其国有大鲜卑山。希腊、罗马古史谓里海以西，黑海之北，古有辛卑尔族居之。故今黑海北境，有辛卑尔古城；黑海峡口，初名辛卑峡；而俄人称乌拉

岭一带曰西悉毕尔，辛皁尔，即鲜卑也。[1]

丁谦亦谓：

大鲜卑山在俄属伊尔古斯科北，通古斯河南，今称其地为悉比里亚，悉比即鲜卑转音。[2]

两家都以今西伯利亚或悉比里亚为鲜卑的转音，盖古今译音互异，实际上是地以人（族）名。这些考察，实是现代人的创获。今俄属西伯利亚，在清中叶前为我国藩属，其地在先秦即居匈奴之东，所以当时的中国人移易匈奴的名称而加上方位词以示区别，可见那时的中国尚未闻鲜卑这一族称。因此当其在战国时进入河北、辽宁、承德一带，而与燕、齐等国相接触时，用汉语称为北戎、山戎，等同于华夏诸戎。其后匈奴破东胡，其残部走保乌桓山，又以乌桓为名。但后来仍不称乌桓而称鲜卑。东汉末曹操大破乌桓，迁其余众入居中国（今华北地区）。除乌桓这一部族外，还有北匈奴西迁后入居匈奴故地的鲜卑族，到六朝时建国于北方的就有慕容氏、拓跋氏、乞伏氏、秃发氏、宇文氏等，其中在今甘肃、青海境内建国的有乞伏氏、秃发氏和慕容氏别部吐谷浑三个鲜卑大族，而乙弗、折掘等部散居青海西部、南部的尚不在内。鲜卑族的内迁，对中国历史、

[1] 见吕思勉：《语史札记》，第625—626页"鲜卑"条。
[2] 见丁谦：《〈汉书·匈奴传〉考证·北方三大人种考》。

文化的影响，颇为重大，而西迁今甘肃、青海境内的乞伏氏、秃发氏和吐谷浑等，则对甘、青两省的开拓，更有贡献。但这期间战乱频仍，也为本地区人民带来了不安。其中吐谷浑享国最久，对沟通东西方文化经济交流，贡献最大。乞伏氏在甘肃西南部建立西秦国，势力一度及于今青海南部，并最后吞并了建立在今青海东部的南凉国。西秦至公元431年，为赫连勃勃所建立的夏所灭。西秦对青海地区影响颇大，但少建树而多掳掠。

（二）南凉建国

南凉政权，是鲜卑秃发氏所建立。据《晋书·载记》谓其先与后魏同出，八世匹孤率其部自塞北迁于河西，其地"东至麦田牵屯（今甘肃靖远县东北部），西至湿罗（今青海大通县以西），南至浇河（今青海贵德县境），北接大漠（今宁夏阿拉善腾格里沙漠）"。匹孤卒，子寿阗立。寿阗卒，孙树机能立，是为五世祖。树机能壮果多谋略，晋武帝泰始中"杀秦州刺史胡烈于万斛堆，败凉州刺史苏愉于金山，尽有凉州之地，武帝为之盰食"。咸宁二年（公元276年）武帝以马隆为武威太守，转战而西。是年十二月，马隆进至武威，破斩树机能，凉州平。余众尽降，以其从弟乌丸统之。乌丸卒，孙推斤立。推斤死后其子思复鞬立，部从渐盛，再传即为秃发乌孤。这部鲜卑以秃发为氏，据《晋书》记载谓："初，寿阗之在孕，母胡掖氏因寝而产于被中，鲜卑谓被为秃发，因而氏焉。"这可能出自汉族的附会，实际上是拓跋的异译。《魏书·源贺传》说：

世祖谓贺曰：卿与朕同源，因事分姓，今可为源氏。

这是太武帝拓跋焘的话。而据《魏书·序纪》，则又自托于神明之胄，其说虽不足信，然其传说中的部落君长，自成帝毛立至宣帝推寅凡六世，而自推寅到神元帝力微，又历更九世。后世史家多以推寅为实有其人，虽其后世数不尽如《魏书》所载，但神元遣子文帝如魏，事在元帝景元二年（公元 261 年），树机能约与神元同时，匹孤之生，当在献帝与圣武帝之世，圣武与宣帝并号推寅。若将其世上推至宣帝，则其时更早。《魏书·序纪》谓"北俗谓土为托，谓后为跋"。后土之义，或出伪托，或出附会，而拓跋之名，其来有自，固不待寿阗的覆生于被中了。（中土史家，于此多不考语源，致多附会或望文生义，如《新唐书》又以秃发为吐蕃，其辗转附会，大都类此。）

自树机能入凉州，史称河西鲜卑。乌孤嗣立，务农桑，修邻好，势力益厚。后凉吕光遣使署他为假节冠军大将军、河西鲜卑大都统、广武县侯，乌孤本欲取代后凉而自立，但时机尚未成熟，便暂受其封爵。随即讨平在青海境内的鲜卑乙弗、折掘二部，在今青海乐都与甘肃天祝之间的廉川筑堡，作为初都。又因黄河南部的鲜卑卢陵、契汗诸部背叛，乃振旅征讨，诸部先后归附。吕光见乌孤势力强盛，又进封乌孤为广武郡公。乌孤更讨平鲜卑意云部，至此，河南鲜卑十二部大都归其统属，吕光又遣使署乌孤征南大将军、益州牧、左贤王。乌孤这时羽翼既丰，便对后凉使者说：

> 吕王昔以专征之威，遂有此州，不能以德柔远，惠安黎庶。诸子贪淫，三甥肆暴，郡县土崩，下无生赖。吾安可违天下之心，受不义之爵！帝王之起，岂有常哉！无道则灭，有德则昌。吾将顺天人之望，为天下主。[1]

这时的乌孤，已不把后凉放在眼中，遂只留其鼓吹仪仗而拒绝接受封爵。东晋安帝隆安元年（公元 397 年），乌孤自称大都督、大将军、大单于、西平王，年号太初，是为南凉建国之始。接着就又耀兵广武，攻克金城。吕光见乌孤称王立国，即派将军窦苟来伐，为乌孤所击败。继又西向，收降乐都、湟河（即今民和、化隆县境）、浇河三郡。岭南（今乐都南山以南）羌人部落几万户均来归附，吕光部将杨轨、王乞基也率户数千来投顺，势力陡增，便与后凉、西秦鼎足而三，乌孤更称武威王，使后凉感到不安。到隆安三年，便迁都于乐都，以弟利鹿孤为骠骑大将军、西平公、镇安夷（今平安区境）；弟傉檀为车骑大将军、广武公，镇西平（当时西平郡治西都县，即今西宁市所在）。并以杨轨为宾客，更广泛收纳各族各方人才，以内居显位，外宰郡县，使秃发部由较落后的部族制而迅速进入封建制。有关他广泛接纳和使用人才的情况，《晋书》曾有这

---

[1]《晋书》卷一二六《载记》第二六。

样的记载：

> 金石生、时连珍，四夷之豪隽；阴训、郭倖，西川之德望；杨统、杨贞、卫殷、麴丞明、郭黄、郭奋、史暠、鹿嵩，文武之秀杰；梁昶、韩疋、张昶、郭韶，中州之才令；金树、薛翘、赵振、王忠、赵晁、苏霸，秦雍之世门，皆内居显位，外宰郡县。官方授才，咸得其所。[1]

区区一个南凉小国，而所吸收容纳的文武人才，除少数民族之外，更包括今四川、河南、陕西、甘肃等地汉族士人。这些人才，究竟缘何而远至西鄙为乌孤所接纳呢？原来西晋丧乱，中原扰攘，士大夫奔投无所。晋惠帝永宁元年（公元 301 年），凉州大姓张轨任凉州刺史，保境安民，于是河西走廊成为当时一块安全的乐土，中原和关中人士，纷纷避地西来，凉州的姑臧，一时成为文化中心。到了他的孙子张骏，虽然自称假凉王，建立了前凉政权，但对晋室仍表拥戴，因此其得汉族士人的拥护，而儒学也因之在河西走廊兴盛起来，如在前凉，宋纤就有弟子三千余人；祁嘉博通经传，在敦煌授徒，有弟子二千余人；在西凉，宋繇博通经书，刘昞著书立说，有学徒几百人；在北凉，阚骃著《十三州志》，为沿革地理学的名著，等等。可见当时的河西走廊由于较为安定，一时成为文化中心。因此乌孤在其发展过程中，得以广事收罗重用四方才俊，为他的开国

---

[1]《晋书》卷一二六《载记》第二六。

奠定了基础。而南凉的汉化，也和前燕、后燕、前秦、后秦、前赵、后赵等一样，受中原封建文化的涵育熏陶。思想信仰，既渐称同，民情风习，亦趋统一，终于完成中国史上第二次民族大融合。就此而言，南凉不仅对湟水流域进行了开拓，同时也传播了中原文化，但不能由于其为时甚暂而低估了它的历史影响。

乌孤既在乐都建立基业，并发展了农桑，重用了人才，继此他所想到的问题，便是怎样来对付东南方的西秦、西北方的后凉和北凉。他问计于杨统，杨统为他筹策说：

（西秦）乾归本我所部，终必归服。段业（时为凉州牧、建康公，为北凉的先驱）儒生，才非经世，权臣擅命，制不由己，千里伐人，粮运悬绝，且与我邻好，许以分灾共患，乘其危弊，非义举也。吕光衰老，嗣绍冲闇，二子纂、弘，虽颇有文武，而内相猜忌。若天威临之，必应锋瓦解。宜遣车骑镇浩亹，镇北据廉川，乘虚迭出，多方以误之，救右则击其左，救左则击其右，使纂疲于奔命，人不得安其农业。兼弱攻昧，于是乎在，不出二年，可以坐定姑臧。姑臧既拔，二寇不待兵戈，自然服矣。[1]

杨统的这番谋划，略同于秦时的远交近攻。借乾归、段业与南凉之间关系缓和，尚无争夺的时机，全力进攻当面之敌，以削弱其

---

[1]《晋书》卷一二六《载记》第二六。

威胁自己的势力，然后再进一步吞并它。乌孤深以为然，便暗中做准备以待时机。恰好这时段业受到后凉吕纂的侵袭，乌孤遣其弟骠骑大将军利鹿孤率兵往救。吕纂怕遭到东西夹击，便烧毁氐池（今民乐境）、张掖谷麦后撤兵回去。乌孤借此机会以利鹿孤为凉州牧，镇西平；调其弟车骑将军傉檀入掌军国大事，骎骎乎有吞并后凉的形势与准备了。

就在这时，乌孤因酒醉坠马，摔伤了肋骨，他初尚以幸未致命而自慰，笑着对人说："几使吕光父子大喜！"但终于因伤重不治而死，临终托付了以利鹿孤继承王位的事宜，谥武王、庙号烈祖。

乌孤在后凉、北凉、西秦和夏的环伺下，在河西走廊之南的西平郡建立了南凉政权，并欲与之相争锋，他的这个遗志为利鹿孤所继承。利鹿孤继位后的第一桩举措便是迁都于西平（治西都，今西宁市），这大概是由于西平为他向所坐镇的根据地，而傉檀入掌国政，且当时与国如段业等对南凉继统事有所议论，因此他移都西平以策万全。是年，后凉吕光亦卒，诸子绍、纂、弘争位，吕纂得以次年即天王位，改元咸宁，就想出兵攻南凉，中书令杨颖以为利鹿孤上下用命，国未有衅，不可以伐。吕纂不听，渡浩门河进袭，为秃发傉檀所败。原来利鹿孤在闻吕光死讯后，即派遣其部将金树、苏翘率骑兵五千，屯于昌松（三国魏时称仓松；西晋、前凉时为仓松，属武威郡；东晋后凉时为昌松，属昌松郡。其地在今武威南）、漠口（或作莫口，在今古浪南），早已做好了防御。第二年，又大赦境内，改元建和，二千石长吏有吏治清明得人心的，都给予亭侯、关内侯封号。这时吕纂率兵来攻，虽然后凉的精兵锐卒渡浩门河进逼三堆（堆为石垛，为羌族祭天之所，后世蒙古语称为俄博或鄂博，今祁连山北坡，仍多遗迹。此所谓堆，盖即其所指），但傉檀下马坐在胡床（今座椅）上，故示整暇。安定了军心，以逸待劳，打败了后凉来犯之众，斩首二千余级。吕纂进袭南凉不逞，为了巩固自己地位，并挽回面子，又决计偷袭张掖（段业）。他的臣子姜纪谏阻说，时方盛夏，影响农事，而尤必须考虑南凉乘虚捣入姑臧。吕纂不听，进略张掖、建康（建康郡，治所在今酒泉东南），南凉傉檀果然率骑兵一万，突袭后凉都城姑臧，纂弟纬守南北城以自固，傉檀置酒于朱明门上，鸣钟鼓宴飨将士，并耀兵于青阳门，掳掠后凉民户八千余而回。

这时，西秦乞伏乾归为后秦姚兴所击败，率残部数百来投，利鹿孤安置于晋兴郡（今民和县境），待以上宾之礼。乾归欲谋叛未成，便派遣他儿子乞伏炽磐等质于南凉，而自己往投后秦。当乾归初来投时，南凉镇北将军俱延预料乾归终必叛投后秦，建议利鹿孤把他们夹置在南凉与西海鲜卑乙弗之间，以绝其东奔的道路。利鹿孤以自己方弘信义笼络人心，没有采纳这个意见，后来炽磐也逃归姚兴。

利鹿孤继位后二年，当地传说龙见于长宁（今西宁北川），麒麟游于绥羌（其具体地点无考，当在临羌城迤西或北之地）。群臣以瑞兆劝进，利鹿孤乃于隆安五年（公元401年）自称河西王。其部将锸勿岭以为"宁居乐土，非贻厥之规；仓府粟帛，生敌人之志"，因此他建议应委任晋（汉）人到各县劝课农桑，以供军国之用；而本鲜卑族人则习兵练武，从事征讨。利鹿孤采纳了他的建议。在积极发展农业生产的前提下，举兵打败后凉吕隆，俘虏了他的右仆射杨桓。利鹿孤又号召群臣给他提意见，祠部郎中史嵩上言说：

古之王者，行师以全军为上，破国次之，拯溺救焚，东征西怨。今不以绥宁为先，惟以徙户为务，安土重迁，故有离叛。所以斩将刓城，土不加广。今取士拔才，必先弓马，文章学艺为无用之条，非所以来远人、垂不朽也。孔子曰："不学礼，无以立。"宜建学校，开庠序，选耆德硕儒以训胄子。[1]

利鹿孤认为这个意见很好，即以田玄冲、赵诞为博士祭酒，以教育鲜卑贵族的子弟。又礼遣杨桓归后秦依其兄杨经。接着又遣傉檀攻后凉昌松太守孟祎，俘虏后予宽释，待以客礼。然后徙显美、骊靬（今永昌西南）民二千余户以归。北凉沮渠蒙逊攻后凉，吕隆求援于南凉，或以为姑臧因遭饥荒残弊，谷石万钱，野无青草，即就为北凉所拔，也不能守，以不救使他们两方相残为得计，而秃发傉檀以为姑臧虽弊，而地居形胜，为河西一都之会，不能教蒙逊占领。利鹿孤即遣傉檀率骑兵一万往救，兵至昌松而蒙逊已退走，傉

[1]《晋书》卷一二六《载记》第二十六。

檀又徙凉泽、段冢五百余家而回。当时河西鲜卑、氐、匈奴（卢水胡）所建立诸政权，常以互掠人口为务，史嵩早就为利鹿孤敲了警钟，指出这是内部离叛之源，但傉檀仍毫不经意。他连年所掠人口虽多，但在饥荒之年，造成了他败亡的直接原因。当时在今甘、青两地所建政权，均不久长，这除了历史发展的趋势复归统一外，而他们随意掳掠和迁徙人口，也是一个原因。

利鹿孤在位三年，即因疾而卒。临终命以其弟车骑将军傉檀嗣立。他被葬于西平的东南（今西宁乐家湾南山之阴），称西平陵。谥康王。（康王墓在 20 世纪 60 年代扩展飞机场时被发现，未及发掘而填平，今已不识其处）乌孤与利鹿孤，称王均甚暂，但颇有建树。《晋书》曾评论说：

乌孤纳苻浑之策，治兵以讨不宾；鹿孤从史嵩之言，建学而延胄子。遂能开疆河右，抗衡强国。道由人弘，抑此之谓。

这指他们的武功与文治。就对青海的开拓来说，他们在戎马倥偬之际，能课农桑以发展生产，劝吏治以安定地方，兴学校以培育子弟，重人才以加强争衡，这不仅为傉檀的恢宏祖业奠定了始基，建立了规模，也为当时的青海东部地区引进中原的先进文化，特别具有历史贡献。

（三）傉檀的兴衰

傉檀袭二兄之业，与后凉、北凉、西秦、夏和吐谷浑等各割据政权相周旋，在位十二年，比乌孤、利鹿孤执政的时间都长。但势力的消长和祸福的转化，自有其自身发展的规律。南凉势力发展到傉檀达到极盛，而也就在这时，他穷兵黩武，终于导致了衰亡。这种兴衰之理，是历史发展的必然规律。南凉在十六国中，和后凉一样，享国只十八年，比前秦、西秦、北凉，还不到一半，这不能不说是傉檀好战和横肆掠夺的必然结果了。

利鹿孤在位时，虽号称河西王，但因后秦姚兴势力方盛，乞伏乾归父子又先后奔投后秦，姚兴以乾归为河州刺史、归义侯，还镇苑川（今榆中）。炽磐于元兴元年（公元402年）自西平奔长安，姚兴以为兴晋（治浩门）太守。这样一来，南凉便不免处于后秦势力威胁之下，因此利鹿孤虽称西平王，终于不得不在表面上臣服于后秦。傉檀继位后，把国都从西平迁回乐都，改年号为弘昌，并扩建与加固乐都城郭，以防北凉和西秦及后秦派驻后凉部队的进攻。姚兴为了笼络，封他为车骑将军、广武公。时后凉内讧，吕隆降于后秦，被任命为凉州刺史、建康公。南凉与北凉趁机夹攻，吕隆随后秦派来迎他的将军齐难东迁，后凉遂亡。当齐难来迎吕隆时，傉檀以摄理郡事为名，离开乐都，避居昌松、魏安二戍[1]。这时后秦凉州刺史王尚遣主簿宗敞来聘。傉檀以宗敞之父曾称许他为"命世之

---

[1] 据《魏书·地形志》，其时昌松郡所领三县为温泉、次、莫口，魏安居昌松郡东，非县，亦无郡名，当以戍为是。

杰也，必当剷清世难"，便畅谈平生，互引为知己，自此阴有图谋
姑臧的打算。为了避免姚兴觉察，自动在元兴三年（公元404年）
取消年号，罢尚书丞郎官，上表姚兴求凉州（改就凉州刺史），姚
兴不许。傉檀不自安，派关尚为使者以朝聘名义前往长安进行活动
并窥察形势。姚兴问关尚以傉檀筑大城的事，关尚作了一番辩解，
他的饰词，虽然消除了姚兴一部分疑虑，但还不敢把凉州之地给他，
只是在此后加傉檀散骑常侍官号，增邑二千户以安抚笼络他。傉檀
于是北攻沮渠蒙逊，进围氏池不克，便铲除当地禾苗，对农业生产
大肆破坏。大概也还掳掠了马牛羊等，回来给姚兴献马三千匹、羊
三万头，姚兴才任命他使持节都督河右诸军事、车骑大将军、领护
匈奴中郎将、凉州刺史，常侍、公如故，镇姑臧。傉檀即率步、骑
三万，进抵姑臧近郊，原刺史王尚派员出迎，王尚自己从清阳门撤出，
南凉部来文支从凉风门入城。姚兴在任傉檀为凉州刺史后，征召王
尚还长安，宗敞以别驾送尚回国，敞临行，给傉檀推荐人才并叮嘱说：

凉土虽弊，形胜之地，道由人弘，实在殿下。段懿、孟祎，武
威之宿望；辛晁、彭敏，秦陇之冠冕；裴敏、马辅，中州之令族；
张昶，凉国之旧胤；张穆、边宪、文齐、杨班、梁崧、赵昌，武同
（张）飞（关）羽。以大王之神略，抚之以威信，农战并修，文教
兼设，可以纵横于天下，河右岂足定乎![1]

[1]《晋书》卷一二六《载记》第二六。

傉檀听了，十分高兴，于是大飨文武于谦光殿，班赐金马。名义上是后秦的州牧，实际上是割据自雄，把南凉的国土，扩展到后凉。他又派史暠往后秦，姚兴问傉檀坐定凉州衣锦本国，是否感戴他的恩德？史暠回答任官授职，是行政常规，这谈不上什么感恩戴德。姚兴说如若不是他任傉檀为凉州刺史，傉檀何能进据凉州？史暠回答以为后凉吕氏所以狼狈失国，实由于南凉倾覆其根本，后秦去凉州遥远，尽管是遣将镇守，仍在河西、鲜卑等部的包围之中，设不连兵十年，殚竭中原人力物力，凉州还是很难为后秦所取得。现在你只以一些常侍、公、领护匈奴中郎将、使持节都督河右诸军事等虚衔给傉檀，就坐收到统治河西的大利，这还不是由于你的掌握全局，运筹得当吗？既为傉檀炫功，又恭维姚兴"妙算白天，圣与道合"，姚兴也只好默认这个既成事实。

傉檀既得凉州，大宴群臣于宣德堂，并把国都迁到姑臧。随即伪游浇河（今贵德），袭徙西平、湟河诸羌三万余户于河西的武兴（今武威西部）、番禾（今永昌）、武威、昌松四郡，然后征集戎夏之兵五万余人大阅于显美县境内的方亭（在今永昌县东）、西攻沮渠蒙逊，进招西陕，战于均石（均在西郡之西，张掖之东，约当今山丹境内），为蒙逊所击败。傉檀以二万骑兵运粮四万石至西郡，企图固守，也为蒙逊所攻陷。

傉檀想拔取北凉既不遑，而又以拒婚引起夏国赫连勃勃的不满，勃勃率兵二万，自杨非（在今永登北）至于支阳（今古浪地），杀伤万余人，驱掠民户两万七千口，马、牛、羊数十万而还，偄檀率兵追击，战于阳武峡（在今靖远境内），由于轻敌深入，为勃勃所败。偄檀只以数骑奔南山，几乎为夏擒获。他败回时，又徙三百里内百姓入姑臧。举国骇怨，屠各成七儿率其属三百人叛，军咨祭酒梁裒等七人谋反，偄檀把他们都杀了。

姚兴听到偄檀连败和内部人心动摇的信息，派尚书郎韦宗到凉州观察情势。偄檀在会见时阔论战国纵横之规，三国战争之略，远言天命废兴，近陈人事成败，机变无穷，词至清辩，竟把韦宗迷惑住了，认为是鲜卑族中的命世大才。他回长安向姚兴报告说："凉州虽弊，风化未颓；偄檀权诈多方，凭山河之固，未可图也。"姚兴不信，适后秦河州刺史因彪擅招降叛秦，姚兴便派自己的儿子姚弼率步骑三万来伐，又使姚显率兵作为后援。并致书偄檀，诡称派齐难讨伐赫连勃勃，恐其西逃，所以派弼等在河西邀击。偄檀受骗，不作设备，姚弼自金城渡河，进攻莫口，昌松太守苏霸死守，城破被杀。秦军长驱进逼姑臧，屯军西苑。州人宋钟等密为内应，为偄檀所发觉，把他们全都活埋了，以妇女赏军，并命诸郡县都驱牛羊于郊野作诱饵，后秦部将敛成等只顾掳掠牛羊，偄檀遣俱延等十将率骑兵分头出击，大败秦军，斩首七千余级。姚弼固垒不出，偄檀从上游筑堰断流以困秦军，因天雨坏堰，秦军得以复振，姚显后军继至。委罪于敛成的掳掠，罢兵引还。偄檀一面派人向姚兴谢罪，一面于义熙四年（公元 408 年）又恢复凉王称号，改元嘉平，立夫人折掘氏为王后，以世子武台为太子。置百官，以赵晁、郭伟为尚书左右仆射，俱延为太尉，敬归为司隶校尉。还派左将军枯木、驸马都尉胡康进袭北凉，掠临松郡（今张掖南）人口千余户而还。蒙逊闻报，率五千骑追至显美方停，破车盖鲜卑，以为报复。太尉俱延率兵再出，被蒙逊所击败。傉檀想亲自出兵，太史令景保等谏拒，傉檀不听，蒙逊迎战于穷泉（在昌松境内）、傉檀大败，单马奔还。时在义熙六年(公元410年)三月。蒙逊进围姑臧，百姓怕再遭屠戮，都惊慌逃散。叠掘、麦田、车盖诸鲜卑部都降于北凉，傉檀只好请和，以司隶校尉敬归和子他为质。敬归行至胡坑逃了归来，子他为追兵所执。蒙逊又强迫迁徙姑臧一带群众八千余户回去。南凉所属右卫折掘奇镇据石驴山（在姑臧西南）叛凉，傉檀既怕蒙逊破姑臧，又顾虑奇镇克岭南，老巢不保，因此又迁回乐都，留大司农成公绪守姑臧。傉檀刚出城，焦谌等闭门发难，推焦朗为大都督、凉州刺史降于蒙逊。镇军敬归讨奇镇于石驴山，兵败战死。于是蒙逊趁克姑臧之威，进攻乐都。傉檀以其安北将军段苟等乘虚出番禾以扰乱其后方，并掳徙三千余户于西平。蒙逊围乐都一月不下，傉檀以子安周为质，蒙逊才撤回围军。接着吐谷浑国树洛干也来袭击南凉，傉檀遣太子武台御之，为树洛干所败。南凉开始处于内外交困、四面楚歌的地位了。

傉檀为了解除这种困境，又欲进兵北凉，他不听邯川（今化隆甘都镇）护军孟恺的谏阻，分兵五道俱进，进抵番禾、苕藿（在今张掖东），又大掠人口五千余户。部将屈右劝趁早退军，卫尉伊力延以倍道还师，必捐弃所掠资财，且示人以弱，而且以为北凉来的是步兵，势不及我骑兵，因此以退兵为非计，结果北凉兵趁风雨大至，傉檀大败而还。蒙逊进围乐都，傉檀以子染干为质，不久，蒙逊才撤回围兵，南凉岌岌可危。义熙八年（公元412年），蒙逊迁都姑臧，自称河西王。傉檀弟湟河太守文支降蒙逊，蒙逊又进攻乐都，傉檀以太尉俱延为质，蒙逊方引兵回去。

在这一段兵火声中，湟水流域连年歉收，兵食不给，百姓骚动，傉檀决意西征乙弗，以掳掠牛羊来维持军民生计，孟恺建议与西秦结盟，由乞伏炽磐通采粮食，解决军食民食，并广泛联络鲜卑诸部，以广军资。傉檀不听，对太子武台说："现在连年无收，内外俱困，必须西行进行掠夺，以解困厄。我估计蒙逊刚撤退回去，一下来不了，所顾虑的只有西秦，但他的势力不大，号召力也差，容易对付，我去西征，时间预计只不过一月，只要你小心坚守乐都，不要使它失陷就行"。

于是傉檀率骑兵七千人，西袭乙弗，大破其众，虏获牛羊四十余万。而乞伏炽磐便于此时乘虚来攻乐都。南凉的抚军从事中郎尉肃建议武台外城广大，难以固守。应当集中鲜卑族人固守内城，而由尉肃等率汉人群众拒战于外城，这样，即使外城有失，犹可保内城安全。武台怕汉人有二心，便把汉人中有势力和声望的人集中起来，孟恺泣谏不要猜疑，共同御敌，武台不听。结果炽磐围攻乐都，刚刚十天，就被攻陷了。乌孤的儿子樊尼，听到乐都失陷，从西平奔告傉檀。傉檀不思急救，反而对部众说：

今乐都为炽磐所陷，男夫尽杀，女妇赏军，虽欲归还，无所赴也。卿等能与吾籍乙弗之资，取契汗以赎妻子，是所望也，不尔即归炽磐，便为奴仆矣，岂忍见妻子在他人抱中？

随即引兵欲再南掠鲜卑契汗部，部众见他如此，都相率逃散。傉檀见大势已去，便教樊尼西投北凉。他自己年老，愿回去见妻子而死，便归降炽磐，从者唯亲属阴利鹿一人。傉檀至西平，炽磐遣使郊迎，待以上宾之礼，随后封之为骠骑大将军、左南公。过了一年多，便被炽磐用药毒死，时年五十一岁。谥为景王。太子武台本阴与沮渠蒙逊约，借兵以复故地，以事被泄漏不果。炽磐的王后是武台的妹子，又密与武台计谋说：

秦本我之仇雠，虽以婚姻待之，盖时宜耳。先王之薨，又非天命，遗令不治（不愿解毒药求活）者，欲全济子孙故也。为人子者，岂可臣妾于仇雠而不思报复乎？[1]

乃与武卫将军越质洛谋杀炽磐，后为炽磐左夫人告密，炽磐杀

---

[1] 此据《资治通鉴》。

后、武台等十多人。傉檀死于义熙十年（公元 414 年），武台死于刘宋义符景平元年（公元 423 年）。傉檀之子保周归魏后被封为张掖王、破羌西平公；鹿孤孙副周永平公，乌孤孙承钵昌松公，都以投奔沮渠蒙逊得全。

南凉以傉檀好战，自取灭亡，立国只十八年，《晋书》谓十九年，实误，见《晋书》卷一二六考证，义熙十一年，当作十年。

二、南凉建都与乐都故城遗址的发现

南凉事迹，史书多详，本文欲论述的问题主要是南凉先后建都经过和乐都故城遗址的发现。

秃发氏于十六国时代，在今甘青两省境内建立南凉王国，为时只十八年，在中国史上是微不足道的，而在青海的开拓上，却具有一定的历史意义。我在这里所要论述一下的，是它建立过程中多次迁都的问题。

秃发乌孤初起时，由河西走廊移居廉川并筑了城堡，是他最早的根据地。由于当时河西走廊这个较为安定而又由居当时中西交通要道的地区，早有前凉张氏的经营，其后吕光又由西域回师占有其地，还有段业和河西鲜卑诸部的盘踞等，秃发氏一时很难在那里立下足来和那些势力相争衡。但河西走廊在当时的地理战略地位，仍是秃发氏想在这一地区建立基业所不可忽视的问题。廉川地居浩门河（今大通河）下游南岸，背依乐都北山，负山面河，与河北的连城（今天祝自治县）相望。正是西汉时初置令居塞的地区，由廉川

取道浩门（今河桥驿所在，非享堂）即有大道通广武（今永登），再由此西上武威，东下金城，这是就进取而言的；若就退保来说，以廉川堡为据点，向南进入湟水河谷，立足于乐都郡，东凭湟河，西依西平，南取浇河（可尽括河南地），北窥张掖，是一块进可攻退可守的理想地带。不仅西平迤西水草丰饶，而且湟水河谷农林发达，发展农牧业的条件，比河西走廊还更优越。至于西通西域，南通天竺，还可以弥补河西走廊阻塞时的不足。高僧法显、昙无竭（法勇）、宋云等人，都是在当时经此往西方求经的，而乾陀罗人阇那崛多东来中国，也是经柴达木、西平、乐都到长安的，这说明今青海地区在两晋南北朝时即已是中西交通的孔道了。南凉建都于乐都，无论是在十六国争霸，或是在沟通中西往来与开拓建设湟水河谷及河南等地区来说，都是具有历史和战略意义的。

在今青海东部地区建立郡县，始于汉武帝时。元狩二年（公元前 121 年），汉骠骑将军霍去病击败匈奴，打通河西走廊，隔绝匈奴和羌人的来往，在浩门河下游筑令居塞。同年，汉军进入湟水流域，汉分别在今西宁市所在地筑西平亭，在今乐都治之东置破羌县（今高庙镇）。汉宣帝时，赵充国又由金城渡河，取道今永登进入乐都。此后汉军西来，除金城一路外，又由枹罕（今临夏）或取道今永登，或取道今大河家渡河，经民和进入乐都。直到后凉建立乐都郡，这个郡治便设在乐都谷（今引胜沟）口，也就是后来的鄯州（唐）、湟水（宋）、碾伯（清）及今乐都区的所在地。

乌孤最初建都于此，是面对后凉势力的存在与发展所采取的措施。因为当时东、西、南三面的湟河郡、西平郡、浇河郡，既都在南凉控制之下，以乐都当后凉，则后方巩固，呼应灵通，互为声援。

乐都初名落都或洛都，是羌语谷口、沟口之意。隋唐以来的州治、县郡治及郡治，都在这个沟口上，这与当时老鸦峡尚非通道相关联。这个地方，从与中原王朝的关系上说，它是首先开发建治的地区，在这个基础上再西进，才有了西平郡、临羌县和西都县等。后凉建乐都郡，已昭示了这个地区的先进，而南凉建都，更显示了乐都在湟水流域的险固及富庶地位。

利鹿孤继位时，后凉已渐衰败，最后吕光也死了，利鹿孤遣将进屯昌松、莫口，后凉对乐都的威胁，至此基本解除。同时西秦残破，且一度投靠南凉，南北两方面，都无后顾之忧。而这时的段业，在张掖已成为一支取代后凉地位的势力。等到沮渠蒙逊杀段业建立北凉时，他又成了南凉的劲敌。由张掖沿南山峡谷南侵，西平就首当其冲。可能即是由于这种局势的变化（和内部一些原因），促成了利鹿孤迁都西平的行动。魏晋时，西平郡治西都县，即今西宁市所在。它地居湟水与南北两河交汇之处，东凭湟峡（今小峡、大峡）西望金山，南依积石，北控祁连，近窥西海，远通西域，为古代西部政治、军事的重心。特别是河西有警，敌军取道门源，即可直下西平，而由西平北指，以偏师塞祁连山南口（隋时称大斗拔谷，今名扁都口），则河西大军，无由得进。利鹿孤把都城迁到西平，其主要目的在于防范北凉的南侵，同时进一步开发经营湟水上游地区，以固根本。史暠建议兴学教胄，即在此时期内。

利鹿孤西平都城，据有关记载考察，当在今西宁市西郊古城台一带。今古城台西杨家寨有似帝王陵寝的十台一座，名曰虎台（或作武台，乃唐人避讳所改），相传为南凉王阅武之坛的遗迹。

傉檀称凉王后，或鉴于西秦的崛起，也为了与蒙逊争凉州，又把都城迁回乐都。他这次回来，史载说"大城乐都"，并引起姚兴的关注。姚兴曾问傉檀派往后秦的使臣关尚说：

车骑投诚献款，为国藩屏，擅兴兵众，辄造大城，为臣之道固若是乎？

可见姚兴对傉檀的密图是有所警惕和觉察的。关尚立即加以辩解，和弥缝说：

王侯设险以自固，先王之制也。所以安人卫众，预备不虞。车骑僻在遐藩，密迩勃寇；南则逆羌未宾，西则蒙逊跋扈，盖为国家重门之防，不图陛下忽以为嫌！

这显然是遁词。傉檀大城乐都，据西秦最后围攻时的记载，所筑有内外二城，又显然不是就乐都郡城而加筑外城的。由于新筑都城工程坚固，防守严密，所以蒙逊和炽磐曾先后多次兵临城下，甚至围攻三旬之久，均不能克。这种重城的规制，是否略同于明清时代的城关，一向很难加以具体说明。

现在乐都县治的西边约三四里处，有大古城、小古城两个东西相连的村庄。二村面积东西约 1.5 华里，南北约 1 华里。二村名为古城，但并没有城墙遗迹，因此迄今未引起人们的注意。1982 年省考古队和县政府在全县文物普查中，从当地农民口中听到了叫"北门壕子"的古城壕和"古城角落"的城墙遗迹，还有"北门十字""南门台""营门"等名称的所在，但因在新中国成立后被开垦为农田，已看不到其他遗迹。据老农们说，在未开垦前，还是留有一些残迹为他们所见到的。省考古队根据这次普查，初步推断这或即是傉檀所筑的乐都大城。

我于 1985 年 8 月下旬，趁去乐都县参加县志稿讨论会的机会，专门去访查了一次。其地负山（乐都北山）面河（湟水），谷间台地呈一簸箕形，地势开阔平坦。在新中国成立前，这块台地为旱台，并无农田。古城背面的北山土质表面呈黄褐色，但在造山过程中，山腰下部经洪水冲蚀，形成一列 90 度绛红色山峰竖切面，切面折叠栉比，形如褶裙，又绝似喇嘛红裙，所以俗称之为裙子山，景观奇秀，颇为鲜见。其东名凤凰山，像左翼一样闪出，掩住了今乐都县治；西为大峡，山势陡合，形成裙子山的右翼。这从军事上来说，东、西、北三面环山，南面阻河，无论是后凉、北凉从乐都谷进袭，或是西秦从东南来攻，一下很难兵临城下。加上城守坚强，所以屡攻不下。西秦最后的所以得手，在于傉檀的率精兵远出和武台的失算无能，而这个都城，确乎是得形胜之要，如金汤之固的。

我在察看了"北门壕子""北门十字"等位置后，又看到在今兰青公路两旁似是古城墙的大段遗迹，大致推断所谓小古城，即是当时的内城，所有宫殿都在其中，除王族外鲜卑贵族也当住在那里。在西秦破城之前，武台还把汉人（时称晋人）中他所疑忌的人，也都关在这里面。大古城也就是外城，当是守卫部队军营、仓储、市廛及汉族居民居住之所。现在所传留的营门名称，也说明外城中就有驻军营地。这种都城规制，似略近于后世的皇城中的紫禁城。

据当地老人和引导我去参观的一位老教师说，过去农民们在平地时，还挖出过很多砖、瓦、铜器和铜镜等，这些实物，可惜我一时无从看到。由于没有从事发掘，很难准确地断定这就是南凉故都遗址，但从内外城这个规制来说，仍是有一定依据的，而民间传说的来历从时间上说也是很早的。

乐都郡城、鄯州城、邈川城等，现均无遗迹可寻。新中国成立前乐都县城系明初所筑，为碾伯千户所千户驻地。所有这些城池，均无内外城记载。因此大古城、小古城同在一地的遗迹作为我们探察南凉故都的所在，是一个十分重要的依据。

傉檀在后凉灭亡后，还曾一度迁都姑臧。凉州自然是河西走廊的形胜之地，但在傉檀当日，已处在北凉、夏国、西秦包围之中，何况更有后秦的遥制，作为首都，傉檀实难安枕。因此当他大宴宣德堂时，就已有"作者不居，居者不作"的预感。表面上志得意满，心底里在预计自己的下场。果然不久，便狼狈撤出姑臧，仍回乐都自保，这只能说是他一时移节的行都了。

三、有关南凉故都的传说

在今大古城、小古城遗址的东面向南伸出的那座山峰，俗称为凤凰山。据民间传说秃发乌孤初到这里时，就有只凤凰飞落到那个山头，乌孤以为是瑞兆，便定都在这里，后人便把那座山峰叫作凤凰山。这当然只是民间附会的传说，或是统治者们自造的神话，但那时的鲜卑人，确实也有重视星象风水等的迷信。利鹿孤继位后一年就有"龙见于长宁，麒麟游于绥羌"的记载，于是群臣劝进，利鹿孤自称河西王。同时在传说中是那只落在乐都山上的凤凰，后来又飞到了西平南山，因此今天的西宁南山也叫凤凰山。利鹿孤之所以迁都西平，自然是取决于当时的形势，但从民间传说看来，似乎也与麟凤的祥瑞不无关系。还有他死葬西平凤凰山下，也是有点传说的影子的。

传说的主体，还是集中在南凉故都的遗址上。现在的裙子山下，有个突起的小土包，当地人叫"甘家楞登"，"楞登"当为"龙墩"之讹。据说裙子山下，凤凰山前，赤柱若龙，山水雄奇，有帝王龙兴之象。依风水说，若是作为祖先坟茔，其子孙必为帝王。当时南凉有位姓甘的将领，想抢先把这块地占为他家的坟地，但由于他造反夺取王位的阴谋被发觉，秃发氏便把他全家杀了，埋在一个土坑里，并在坟头上压了土石垒，作为镇压的象征，使他们永世不得翻身。后世的人以为甘氏的坟葬在龙脉上，所以这隆起的土堆，叫作龙墩，传得久了，便音讹为楞登，一般便不解其意了。

按这个传说，甘氏在这块地上想扎坟茔，其事当在初期。秃发氏在甘氏反后，便以此为新都，不论史实怎样，傉檀最终在此筑大城以为长久之计，似也与迷信风水不无关系。从凤凰来仪到地脉龙腾的传说，恰好说明南凉得地之胜了。

在甘家龙墩背面的裙子山峭壁上，尚留有几处洞窟，据说那里面有壁画遗迹，由于老早就形成断崖，洞窟高悬，无法登览，我推断那恐怕也是北朝时佛窟的遗迹。因为《水经注》上所提到的西平土楼山神祠，是晋时的佛龛，我们在目前的西宁北山寺洞窟中，同样看到壁画的残迹。其中有两处已倒塌的断崖上佛龛藻井的图案，设色和风格，基本与敦煌千佛洞所见相类。当时佛法东来已久，从库车、敦煌、安西以迄张掖，现在都有佛窟遗留，其传入西平，或更在南凉之前。南凉鲜卑，也信佛教，这些遗留在裙子山岸上的佛窟，其开凿或更在傉檀筑大城之前。说明当时佛教文化，已在湟水流域广泛流行，这在当时是影响很大的。

乐都虽然有这样的山川和历史遗迹，但以地处西鄙，文人学士之所不到。因而这些传说，多未形诸笔墨。偶然有所吟咏，也只见于方志。兹据我所闻见，略录几首如下，以作本文结尾。

南凉故都遗址背面的裙子山，后世列为乐都八景之一，称曰"红崖飞峙"。

清人袁进有诗云：

丹崖飞峙似群山，根根赤柱高参天。

悬崖穴屋遗文物，天工造化在何年？

抗日战争期间，高一涵任甘宁青监察使，曾来青海视察，有吊古诗两首云：

碾伯城边战垒荒，空余湟水抱青唐。

白眉韬略雄三杰，赤手乾坤冠五凉。

部曲不流仙海岸，居民谁忆武威王。

瓮中日月殊昏暗，马上功名马下亡。

（《乐都吊南凉王兄弟》）

花萼相辉美友于，傉檀机智盖群胡。

英才岂必生神胄，名将宁皆出圣儒。

忍见邦家归乞伏，痛凭鸩酒报乌孤。

骨骸台下骨骸泣，百战声威坠半涂。

（《咏秃发乌孤和傉檀》）

我的故友李绳武景白是乐都人，他也有遗作三首咏南凉三王道：

金山立马气飞扬，大展经纶据一方。

勋业未就身先死，空教人忆海东王。

（《吟秃发乌孤》）

规模依然古帝王，英豪硕彦聚一堂。

雄业伟烈今何在，黄土一抔卧夕阳。

（《咏秃发利鹿孤》）

黩武原非强国计，移民更是虐民方。

国破家亡何所怨，青史无情书傉王。

（《吟秃发傉檀》）

我最欣赏"移民更是虐民方"一句，是对傉檀掳掠人口的谴责。从这些后人的感叹中，也略可以看出他们对历史人物的评议和对古迹的赞赏了。

霍尔与土族

自从 1954 年青海省互助土族自治县成立后，土族族源或族属这个问题，便成为历史学者和民族学者们所探讨的一个新课题。《土族简史简志合编》这部有关土族的开创性的著作，初步归纳了这一阶段中有关土族族源探讨的成果，有：(1) 源于蒙古族说；(2) 源于吐谷浑族说；(3) 源于沙陀突厥说等几种主张。其中蒙古人与当地霍尔人在婚媾后形成今日的土族一说，在该书中颇具倾向性，并在互助土族中产生了一定的影响。

在这个基础上，近年来对这个问题的研讨又有进一步的开展。首先，有人提出"阻卜"说[1]；随之又有人提出"土达（靼）"说[2]；还有人主张"汪古"说[3]。这三种说法都与"蒙古"说有联系，而在具体问题上又各异其说。这种不同观点的争论，实有助于这个问题

[1] 陈书玉：《关于土族的来源问题》，载《历史研究》，1962 年第 6 期。
[2] 陶克塔呼：《土族源流新议》，载《民族研究》，1982 年第 3 期。
[3] 徐川一：《土族族源研究的几个问题》（稿本）。

的最终解决。

　　我是自开始以来就持"吐谷浑"说的，但先后谈得都较零散，缺乏系统。现在趁青海民族学院民族研究所召开学术讨论会的机会，从另一方面提出一些推证资料，作为补充，以求教于与会的专家和对此有兴趣的同志们。

一、从吐谷浑名称的演变看土族的形成

（一）见于汉文音译的自称

　　吐谷浑原为辽西鲜卑族慕容氏的一支，在西晋永嘉之乱时，慕容奕洛干庶长子吐谷浑与嫡子若洛廆因部落马斗相伤，吐谷浑遂率部西附阴山，假道上陇。先居洮河流域，后又扩展至黄河以南，建立了河南国，这是吐谷浑始建国的名称。《册府元龟》上记载说：

　　河南王者，其先出自鲜卑慕容氏。初，慕容雒干（按即《北史》奕洛干，《南史》作奕洛干），干有二子，庶长曰吐谷浑，嫡曰廆（按即若洛廆）。雒干卒，廆嗣位，吐谷浑避之，西徙上陇，度枹罕，出凉州西南，至赤水而居之。地在河南，故以为号。[1]

　　这段记载，基本上采自《北史》《南史》。《南史·夷貊传》编列河南、宕昌、邓至、武兴四国于西戎，说河南王其先出自鲜卑慕容氏。"提挈于魏，时通江左。"这是吐谷浑在西陲建国的第一阶段，

　　[1]《册府元龟》第九五六外臣部种族。

他当时自称河南王。

吐谷浑死后，他的长子吐延继为河南王，再传到吐延子叶延，才以吐谷浑为姓氏，同时建为国号，这才出现了吐谷浑国。《册府元龟》上说：

其后吐谷浑孙叶延颇识书记，自谓曾祖奕洛干始封昌黎公，盖公孙之子也，礼以王父字为氏，因姓吐谷浑，亦为国号。[1]

吐谷浑一系自此便以其祖名为姓氏，同时作为国号。虽然其后到刘宋元嘉年间阿豺弟子慕利延又曾一度自号河南王，而吐谷浑国名迄未改变。至于青海国王、浇河公等称号，则都是中原王朝所赐封号。

吐谷浑这个名称，无论作为姓氏及国号都是自称。汉文仅为其音译。古今读音有时差异很大，这三个汉字，据《金壶字考》应读如"突浴魂"；据《通鉴》胡注，则"吐字从暾，入声；谷音浴"。"吐"字读音从"暾"，则与"托""铎"通韵，韵母为 o，因此对后来所谓"退浑"，被认为是音讹了。现在的土族，犹自称"土户""土谷"，而地名人名，又有仍称为"土观""托红"的，土观又或译脱欢，都是吐浑的音异。从土族的这些自称看来，在族称方面古今谐声如此相近，并不能把它说成是人为的偶合的。唯有吐浑的"吐"变为土族的"土"，则古今异读，从而混同为一，不免失其古读了。

---

[1]《册府元龟》第九五六外臣部种族。

单独以谐声为佐证，有时不免失实，但是把古代文字的译音，和现在土族语言相对比，然后参以吐谷浑族历史发展过程及其所留遗迹，这仍然是考察古史的可取方法之一。以上所列举吐谷浑族称，出自汉文的音译，是吐谷浑（包括今土族）族的自称，仅就现在来说，土族称人或族为"昆"（kūn），与"浑"（魂）的读音声母有所变化，似乎"浑"字是古音，而"昆"字是今音，吐浑、托红属于前者，土观、土昆属于后者。二者韵母仍完全相同，这也符合一般音转的规律。成为问题的倒不在古今声母韵母之间的变化而在今天的一族有时又自称"蒙古尔"（mon-guor）和"察罕蒙古尔"，这是"蒙古说"论者所持的主要论据之一。但我们如果细加考察，则不难看出这种称谓的局限性和附和性来。

首先，吐谷浑族在中国史上出现于公元 4 世纪至 5 世纪之间，而室韦蒙古这个名称和民族的出现，则到了 7 世纪初的唐朝；其次，吐谷浑族西迁上陇，先后在今甘、川、青、新四省（区）地区活动，而蒙古族到了南宋末成吉思汗攻西夏时才进入今甘、青地区。当蒙古族进入青、甘、川、藏地区时，吐谷浑族早已式微，这二者之间，很难加以联系。

我们不妨用持"蒙古说"各家的主张来加以对勘，则他们之间已互相排斥否定，给谁也没有留下商榷余地。如陈玉书先生从"霍尔"与"胡儿"这个对音入手，论证白鞑靼与蒙古和蒙古与霍尔之间的关联，得出土族源于匈奴、吐浑、契丹、蒙古诸族，而以阻卜为其近支。姑不论吐浑、契丹在族系上原与匈奴、蒙古相捍格，即使是阻卜，亦实为鞑靼的改称。"胡儿"这一泛称，既与阻卜无直接联系，而且阻卜与契丹等族历史上并未进入当年吐谷浑立国地区。吐浑在朔方一带时与阻卜并列为辽的属国，也不存在转化线索，当然现在的土族更无由成为远与匈奴、吐浑，近与契丹、阻卜混同融合体的可能。而此说本身也自行否定了近年来根据清初藏文佑宁寺碑文所载土族为蒙古驻军与霍尔人通婚后所形成的这一说法。又如陶克塔呼同志以土族为明中叶成化年间固原、平凉一带"土达（鞑）"在反明失败后西移的遗裔，同样主"蒙古说"而否定蒙古驻军与霍尔人通婚所形成的这一说法。但是此说本身横空而来，实属离题太远，显得异常出奇。从所有有关史料上考察，"土达"既未流入今青海互助地区。并且土族的分布，就是在今日也遍及甘肃河西、甘南和青海黄南等地，门源、大通、乐都、民和更无待论。"土达"在反明时，势力最盛也不过两三万人，而失败后的"编民"，竟能遍布如此广大地区，且在二三百年间除了在语言方面仅有部分遗留外而全失其蒙古民族特征，这也是不可想象的（因为同时还完整地存在着比它更早进入青海地区的"青海蒙古"，却并无什么改变）。

至于"沙陀突厥说"和"汪古说"既为持上述两说者所非难，也为持吐谷浑说者所否定。我还看过一位土族同志的一篇论文稿本，他仍持"阴山鞑靼说"依然不免蹈阻卜、汪古的覆辙。但他同样也是"蒙古驻军"说的否定者。"蒙古驻军"说的所以难以为据，是由于藏文佑宁寺碑文撰写年代太迟，碑文作者在几百年之后杂糅一些民间传说，且不免掺有宗教迷信等因素，缺乏真正的历史知识。如果认真加以考察，这篇带有宗教色彩的碑文，实不能据以为信史，而且我们另找不到任何旁证。那么，现在的部分土族自称为"蒙古尔""察罕蒙古尔"，应当作何解释呢？我考虑是由于：

1. 互助县哈拉直沟、红崖子沟等接近佑宁寺地区的土族人民，可能受了这块碑文记载的影响。对缺乏一定文化知识的农民来说，宗教寺院的记载，无疑是具有权威性的，因此就成了他们对于祖先历史的一种珍贵知识。而且经过喇嘛们一讲，更能在信教群众中形成凝固的金科玉律。假如此说能够成立，则土族自称"蒙古尔"或"察罕蒙古尔"，显然是后起的名称。

2. "察罕蒙古尔"意为白蒙古，也即是白鞑靼。蒙古称黑、白，盖所以区分元时蒙古族和蒙元统治下除汉族以外的其他少数民族（如契丹、女真、阻卜、汪古、吐浑、回鹘等），即《新元史》所谓"非蒙古而入蒙古者谓之白鞑靼"。因为元时把国内各民族在政治上按归服先后分为蒙古、色目、汉人、南人四等。白鞑靼属于色目人，在政治上属于第二等，比汉人、南人（长江以南的汉人）都高。土族自称白蒙古，当然比汉人具有荣誉感。至于自称"蒙古尔"，则当是大元帝国政权被推翻以后，有了"蒙古驻军"说的文字记载后才开始形成流传。因为这时蒙古政权早已不存在了，而色目人地位也已不如汉人，这时攀附上个曾经混一欧亚、威震天下的蒙古族作为本族的祖先。既有历史上攀贵的先例，又有佑宁寺碑文可资依据，则又何乐而不为呢？所以，若以土族自称"蒙古尔"或"察罕蒙古尔"便以为土族出于元裔，也是失于考察而未能得真的。

（二）见于汉文音译的他称

吐谷浑立国河南时，曾被沙漒杂种称为"阿柴虏"或"野虏"[1]。如：

> 逐水草庐帐而居，以肉酪为粮，西北诸杂种，谓之阿柴虏。地宜大麦，多蔓菁。……西北杂种谓之阿柴虏，或号为野虏。[2]

这是原居洮水流域及嵹台山一带的羌氐等族对这支鲜卑族人的贬称。"阿柴"当为"阿豺"的别译，阿豺是吐谷浑六世孙树洛干的弟弟，树洛干在位时，自称大都督、车骑大将军、大单于、吐谷浑王、化行所部、众庶乐业，号为戊寅可汗，沙漒杂种，莫不归附，这时正当东晋义熙年间。树洛干死后，弟阿豺立，自号骠骑将军、沙州刺史，宋少帝封为浇河公。阿豺是吐谷浑的名王之一，又是承树洛干化行所部之后，因而声名远播，人们便以他的名字代称吐谷浑。"豺""柴"二字同音，据《文献通考》附注，"柴"即移切，"豺""柴""偕""阶"同属佳韵，而"佳""马"通用，据唐以来藏文记载，吐蕃时称吐谷浑遗族为"阿夏"或"阿辖"，则"夏""假""写""姐"古音皆

---

[1]《北史》卷九十六《吐谷浑传》。
[2]《晋书》卷九十七《西戎传》。

近，知吐蕃所称阿夏或阿辖即阿柴，从而也可断定阿柴即是阿豺的异译。不过，阿柴这个称号通行的时间似不太长，阿豺子慕璝为陇西公、西秦王时，汉文记载仍称吐谷浑。而在藏文中，阿夏的称谓，一直沿用到唐五代之际。

阿柴之外。在藏文记载中另见的一种名称则是"霍尔"，根据藏文读音，亦可译为"伙日"。这个名称见于汉文，最早的是《元史语解》，那上面说："和（huō）尔，唐古特语，蒙古也。"可知"和尔"即霍尔，因吐蕃在初接触蒙古族时，也称蒙古人为霍尔。

"霍尔"这个名称在藏文记载中的发现，对我们研究吐谷浑古史有重大的贡献。原来"霍尔"是吐蕃和以后藏族对吐谷浑和蒙古人等的早期称谓。其对蒙古称"霍尔"，见于萨班·贡噶坚赞（公元1182—1251年）于南宋理宗淳祐七年（公元1247年）写给西藏各地僧俗的公开信(即《致蕃人书》)。此外,藏文《蒙古佛教源流》，本名就叫《霍尔曲汇》。其对吐谷浑人称"霍尔"，见于成书于明洪武二十一年（公元1388年）的《西藏王统记》(索南坚赞著)。《西藏王统记》中记松赞干布遣使至唐请婚一事时说：

　　唐王不许。使者返藏，伪言于王曰：唐王甚喜吾等，已许嫁公主矣。乃有霍尔塞吐谷浑离间唐王，以故不果。[1]

---

[1] 王沂暖译：《西藏王统记》。

这段史料。似全引自《新唐书·吐蕃传》，但在吐谷浑前加上一个"霍尔塞"（按即黄霍尔），说明吐蕃称吐谷浑为"霍尔"。我们翻译本段时，若能在"吐谷浑"一名加上括号，则更符合原意。

与此相同，渊源于宋、元间而陆续成书于明、清间的藏族史诗《格萨尔王传》中，也有征服霍尔之部的《霍岭大战》，其中即有霍尔黄帐、霍尔白帐、霍尔黑帐的称谓，则知"黄霍尔"即是霍尔黄帐，都是吐蕃对吐谷浑的旧称而为后世藏族所沿用。在这里我们不妨附论一下吐谷浑与吐蕃的关系。

西藏这个地方在吐蕃王国未兴起前，本是汉西羌之地，其民族也属西羌种。他们中的发羌、唐旄等部，远在江、岷间，不与中国通。发羌原居住在黄河源头，后逐渐南移，因此未尝与中国往来。到晋、宋时吐谷浑立国西陲，役属群羌，包括当时活动在今四川、甘肃、青海及新疆天山南路的众多羌族部落，显然它的声威也会从此及于发羌活动地带。发羌后来统一当地唐旄等诸部，自称为蕃（读如拨，原拨字音的汉译）。唐王朝或以它原附吐谷浑，所以称为吐蕃（说另详拙著《吐蕃名义试释》）。吐蕃兴起后，必须向内地发展，便首先与吐谷浑相接触，到唐贞观八年始通于唐，于是和吐谷浑发生了冲突，最后吞并了吐谷浑国原来的土地进而和唐争衡。后来西藏人记载这段历史，便称吐谷浑人为"霍尔"，我猜想这有可能是"浑"字的音转。吐蕃灭吐谷浑后，也先后混称回纥、沙陀、蒙古等为"霍尔"，这是因为古代民族出居野处，与外界隔绝，往往以为天底下只有他们一种民族，后来逐渐有了交通往来。对外也只能知道一点大概。如汉族最早对西部民族只知道有西戎，随后逐渐才知道有绵诸、大荔、义渠、陆浑诸戎；不仅知有戎，而且进而还知有氐羌。对北方的胡人，南方的百蛮，起初也概称为胡、蛮。若要细分，总得个长的认识过程。吐蕃先前只知道与它接境的吐谷浑人，以后接触到与吐谷浑相接的回纥、沙陀以迄蒙古，便也以"浑"字音转的"霍尔"称呼他们，或许还以为这些非汉族的少数民族都是吐谷浑统治下的属民。一直等到他们与这些民族逐步熟悉后，才把它们区别开来，如称蒙古为"苏胡"、回回为"纥纥"或"嘉回"，不再混称为"霍尔"了。有人以为藏语"霍尔"，并不专指吐谷浑，因而否定吐谷浑与土族的族源关系，是值得商榷的。如上所论，则"霍尔"虽是吐蕃和藏族对吐谷浑的一种他称，但却有沿自吐谷浑自称的可能。总之，无论是自称或他称，"霍尔"乃指吐谷浑，并且是早期对吐谷浑故地的一些非汉人的泛称，是可以肯定的。

其次，见于藏文的另一种他称，便是前面已提到的"阿夏"（或译"阿辖"），藏文作（ འ་ཞ ）。1980 年青海民族学院印行王尧教授辑译的《敦煌古藏文历史文书》其中有关吐谷浑记载，藏文均作"阿夏"，因此可知唐五代时，吐蕃人称吐谷浑遗族为"阿夏。"我猜想吐谷浑在未亡国前，雄踞西陲，与吐蕃地位等夷，因此吐蕃称它为"霍尔"，承认它是一个敌体。等到吐蕃吞并了它以后，便不再承认其为并立的敌体，便恢复当年沙强杂种对它的旧称。或者这种称谓即是吐蕃的史例，从而见之于著述，也有可能。不过对我们说来，它的所以值得重视，倒是借助于它使我们了解到吐谷浑后裔在吐蕃境内继续活动的一些情况。后世和现在的论者，大都以为吐谷浑没于吐蕃后，便完全被同化融合了。但经我们考察，西陲的吐谷浑遗裔，最少在唐代还仍以属国的地位存在着，被称为小王，并与吐蕃王室联姻，这对认为吐谷浑国自始就是一个羌化的国家论者，无疑是一条有力的反证。但也必须指出，"阿夏"这个名称，存在的时间并不太长，似乎在吐蕃王国崩溃以后，它也随之消失。而"霍尔"的遗称，却一直保留到现在。前后异称，均各有其历史背景，而并不是偶然的。

（三）从吐谷浑到土人的演变过程

自吐蕃王国势力东向发展后，吐谷浑便受到威胁。随着吐谷浑大臣素和贵投吐蕃，吐蕃尽知其虚实，便出兵击破吐谷浑于黄河上。吐谷浑王诺曷钵引数千帐走凉州，唐派苏定方进行了安置。后来诺曷钵请内徙，唐王朝拟徙其部于凉州之南山（祁连山区）结果未能定议。咸亨元年，唐王朝为保吐谷浑派薛仁贵率大军讨吐蕃，想把诺曷钵护送到故地，结果因兵败大非川，诺曷钵只好退居浩门河流域。以后又因吐蕃势力进逼，又徙灵州（后改安乐州）。最后吐蕃取安乐州，诺曷钵余部便东迁朔方、河东，就是后来被称为"退浑"的那一支，北宋时没入辽国。入元后便逐渐失载，可能被他族所同化了。

被吐蕃所统治的吐谷浑各部，除素和贵等所统及鄯善、且末诸部外，有些在武则天圣历三年（公元 700 年）时，曾脱离吐蕃而到河西走廊的甘、肃、瓜、沙等州降附唐朝。当时有人建议把这部吐谷浑人内迁到秦陇，因凉州都督郭元振反对，只让他们依附安乐州王室而存在。吐蕃取安乐州后，他们不能再徙，从此沦为吐蕃的奴隶，因为此后在本地区就出现一种被称为"浑末"或"嗢末"的所谓吐蕃奴部。大中二年，沙州首领张议潮起义。五年，奉使献图。《新唐书·吐蕃传（下）》说：

明年，沙州首领张义（议）潮奉瓜、沙、伊、肃、甘等十一州地图以献……其后河、渭州虏将尚延心以国破亡，亦献款。秦州刺史高骈诱降延心及浑末部万帐，遂收二州。

这里所提到的"浑末"是一个什么部众呢？原书接着解释说：

浑末，亦曰嗢末，吐蕃奴部也。虏法：出师必发豪室，皆以奴从，平居散处耕牧。及（尚）恐热乱，无所归，共相啸合数千人，以嗢末自号，居甘、肃、瓜、沙、河、渭、岷、廓、叠、宕间，其近蕃牙者最勇，而马尤良云。

又，《通鉴》二五〇咸通三年十二月条有云：

是岁，嗢末始入贡。嗢末者，吐蕃之奴号也。吐蕃每发兵，其富室多奴从。往往一家至十数人，由是吐蕃之众多。及论恐热作乱，奴多无主。遂相纠合为部落，散在甘、肃、瓜、沙、河、渭、岷、叠、宕之间，吐蕃微弱者反依附之。

以上两处记载，都说浑末或嗢末是吐蕃奴部，又说以"嗢末"自号，似乎未能得实。设使嗢末是奴隶的称号，他们便不会自称为奴隶；同时这个部族名称，到大中、咸通间才出现在今河西、甘南及川西广大地带，说明他们原来并不都是吐蕃发兵时的从属。吐蕃是并合群羌而混成的中古西陲一大民族，而这些浑末或嗢末，显然又不是属于吐蕃族系的奴隶部，而是散处在河、湟、岷、叠间为吐蕃所役属的另一民族，它完全有可能是吐蕃统治下的吐谷浑遗族，原为吐蕃所役属，沦为奴隶，及吐蕃王国势力分崩离析，他们便打出吐谷浑族的旗号而向唐室入贡。吐谷浑族后期或称吐浑、退浑，也简称浑，"浑末""嗢末"只是汉文记载的另一译名而已。（"末"意为人）

我所以这样说的理由，还可列出以下四条：

第一，前面已谈到在武则天末年，有一部分青海地区吐谷浑人脱离吐蕃统治移到凉、甘、肃、瓜、沙等州，求唐保护。唐王朝拟迁入内地不果，便就地收容了他们。这次嗢末人趁机互相纠合，自为部落，并向唐入贡，吐蕃微弱者反而多依附它。他们本是吐谷浑遗裔，此时打出"啒末"旗号，自然有此可能。

第二，与甘、肃、瓜、沙这一地区相呼应的，还有河、渭、岷、叠、宕之间的啒末，这一地带，原来就是吐谷浑王国的发祥地，自然也有较多的遗裔存在。吐蕃在吞并吐谷浑后，当然视他们为奴隶，但到吐蕃王国崩溃后，他们便不再承认自己为奴隶了。所以若以"啒末"本义为奴隶，实是一种附会。

第三，《新唐书》说啒末人近蕃牙者最勇而马尤良。按吐谷浑族源出鲜卑，为东胡的二支。它西迁上陇时，仅以千七百户之众而能役属群羌，开地千里，本以勇名。而吐谷浑居青海时，青海湖上产青海骏马，号称龙驹。啒末部马尤良，正是吐谷浑的传统。到现在浩门马犹称走马，而土族也有善养马之名。

第四，现代发现敦煌文书录有张议潮在收复凉州后遣使入告的奏文说：

咸通二年（公元 861 年），收凉州。今不知却□□杂蕃浑，近传啒末隔勒往来，累询北人，皆云不谬。伏以凉州是国家边界，啒末百姓，本是河西、陇右陷没子将（孙？），国弃掷不收，变成部落，昨方解辨（辩），只得抚柔……[1]

根据当时这段记载，包括张议潮在内的人，虽然也知道当时河

---

[1] 姜亮夫：《唐五代瓜沙张曹两世家考》引《敦煌文书》，载《中华文史论丛》，1979 年第三辑。

西走廊一带人"杂蕃浑",但还不解嗢末究竟是什么人。经过在收复瓜、沙等州后的调查访问,才知道这本是河西、陇右陷没子孙变成的部落(按"辨"字似并不误,意谓在询问北人后,才分辨清楚嗢末是什么人。疑为"辩"字,便不免曲解)。不过,问题还并没有完全弄清楚。河西陷没子孙,究竟是汉族还是附唐的吐谷浑族,他并未说明,但我们可以肯定这绝不是吐蕃族。那么所谓吐蕃奴部,自非吐谷浑莫属,只是它并非吐蕃发兵时从征的奴部,而是为吐蕃所役属的吐谷浑遗裔。若是汉族,则吐蕃微弱者更不可能争附了。因此,我断定浑末或嗢末,也是吐谷浑族遗裔的一支自称,而被后人理解为是另一种部族。这还可以从后世一些记载和遗族得到进一步的证明。《西宁府新志》说:

> 红帽儿族:沙州番也。一云即安定王部落。正德中为海敌〔虏〕残破,流沙州。后徙西宁塞外。善射,海敌畏之。时亦梗内地。万历十九年,经略尚书郑洛招抚之。后却尔失加与瞿昙寺有姻戚,复徙牧其境,居庐室效顺焉。一支为剌客卜尔族。[1]

又,郑洛《收复番族疏略》说:

> 以故生番倪首归顺,岁纳添巴,愿为部落,如红帽儿、姑六只

[1]《西宁府新志》卷十九《武备志·番族》。

等，不知其几已。[1]

明兵备按察石槚在他的报告中也提到"红帽儿"族。在《武备志》内还曾说到"红帽善箭、昝哑善刀"，为海上蒙古所畏。显然，明中叶后在青海境内番族中出现的"红帽儿"，实即唐、宋的浑末或嗢末的异译。上述"红帽儿"活动的地域，在今西宁、互助、乐都境内，正是现在土族集中地区。而《西宁府新志》更说：

（唐）懿宗咸通七年……吐蕃奴部号浑末，居甘、廓等州。

则当时西宁周围地区，也有"浑末"居住。如此，则浑末、嗢末、红帽儿、土族岂不就联成一线了吗？不仅如此，几十年前我们把玉树地区叫"红帽儿"。兹查陇右节度使哥舒翰奏有云：

苏毗一蕃，最近河北，吐译（浑）部落，数倍居人。

按唐时苏毗即今之玉树地区，当时也是吐谷浑活动的地方，则它被后世称为"红帽儿"，无疑也是"浑末"的异写。张议潮把瓜、沙、甘、凉的嗢末认为是河陇陷没的子孙，从这里可以看出他所了解得不够详确，实际上都是没于吐蕃的吐谷浑遗裔。我曾问过几个

[1] 同上书，卷三十三《艺文志奏》。

玉树人士，他们说在今玉树地区内除"红帽儿"称号外，也还有"霍尔""阿夏"的地名。"红帽儿"是汉文的记载，"霍尔""阿夏"是藏族对吐谷浑的称谓。这同样有助于我们对吐谷浑遗裔的探察。

当然，民族是一个历史范畴，而民族的演变和融合又是历史发展的必然趋势。历史上从来没有一个相沿不变的民族，但也没有突然新生出来的民族。我们竭力找出浑末是吐谷浑的遗裔，"红帽儿"是"浑末"的异译，有一部分土族原来就叫"红帽儿"，绝不是把今天的土族等同于当年的吐谷浑，但它与吐谷浑的渊源传承关系却是不可否认的。

二、从"霍尔"名称的遗留看吐谷浑遗裔分布的地区

吐谷浑诺曷钵部由安乐州再迁朔方、河东直至没于辽国而遂失记载的经过，我已写过一篇文章大致叙述过了。其仍留故地而为吐蕃所并吞的青海湖地区一部吐谷浑遗裔，于武则天当政后期脱离吐蕃投奔凉、甘、瓜、沙的简况，也已在本文第一节中作了交代。这里需要将其继续生息活动于今安多（或称阿木多）地区的吐谷浑遗裔作一番考察。这个工作之所以能够进行，主要将依靠藏文中"霍尔"这一名称的遗留。在这里我们不难看出吐谷浑遗裔中尚有一部分仍以部族形式在安多等地区存在着。兹从地名、族称遗留的痕迹，对本地区吐谷浑族的下落，作一概括的考察。

（一）从地名分布看吐谷浑族在本地区生息活动的踪迹

我们知道现在的藏族是羌族和吐蕃的后身，它在本地区始终是

一个处于优势的民族，在长期的历史发展过程中，有很多被藏化或汉化了的吐谷浑的痕迹为他们的语言和记载所保存。从我已约略所接触到的资料来看，从今青海果洛藏族自治州一直到甘肃甘南藏族自治州的广大地带，都有这类历史痕迹保留着。现分别举例如下：

1. 果洛地区有关霍尔、哈尔、霍若、合尔、和科等地名或部落。

在达日县境内有：

哈尔青达（上红科公社哈尔青大队）。"哈尔"是今汉文音译，与"霍尔"为同音异书。

霍尔那合（意为黑霍尔）、尼霍尔。

霍若夏尔、霍吾隆哇、霍若夏尔贡玛。

霍阿隆达、霍若仓尖、哈尔穷亚勒。

在久治县境内有：霍尔杰杂隆、莫合尔哇嘛。

在玛多县有：和科贡巴（即是霍尔寺院）。

在玛沁县有：藏霍尔（藏是地名）。

2. 在海南州共和县有：和尔、和尔河；贵德县有贺尔加。

3. 在黄南州尖扎县有：霍尔哇西、合日地柔、和黄乃亥（即霍尔那合的另一译名，意为黑霍尔）；同仁县有和日大队；河南蒙古族自治县有和日合多曼；泽库县有和日公社（环科日扎）、和日寺。

4. 与黄南地区相接境的循化县有：贺隆堡（霍隆即霍尔沟）、贺庄；与循化接境的甘肃积石县有大河家；临夏县有何家（河、何、贺音均读 huò 与霍同）。

5. 黄河以北的海西天峻县有霍尔仓；海北刚察县有哈尔盖。东部农业区的化隆县有卧龙岗（原名卧日尕，《西宁府续志》作若尔哈）、加合尔（即汉霍尔，与卧龙岗相邻）、合什群、哈尔洞、列仁何什加、贺什加、合什藏及卧伙勒（即藏霍尔弯）。

乐都县现有和尔茨（大队）、和尔红（大队）。再从《西宁府新志》看，县城西南六十里有郭尔庄、河儿洞庄；胜番沟有小河儿族庄。

互助土族自治县内则更有贺尔川、合尔屯、合尔吉、合尔郡、合日江等村庄，今均为土族聚居地。而土观、托红尚不在其内。

从记载上看，在湟源县隆奔族白杨沟也有个合儿庄。

在以上这些地方，除互助外现在大多已找不到土族，但仍可说明在过去都曾是"霍尔"活动居留过的去处。因此，后来把这些地方叫作霍尔沟、霍尔庄；或汉霍尔、藏霍尔、黑霍尔等等，这种名称并说明这些村庄得名时，有些霍尔人已被藏化或汉化了。

（二）从一些文字记载中的族称来看吐谷浑族遗裔分布的地区

1. 乾隆《循化厅志》记载循化东乡西番有火龙布寨族（按即后来的贺隆堡）；口外西乡四十四寨内有"合儿寨"西番共五族。今甘南夏河县境内有火力藏族（当时夏河属循化管辖）。又，今黄南泽库县（时属循化）有和日四族（和日措玉），不见于《厅志》。

目前甘南卓尼一带尚有一些自称为"土户家"的族人，听说直到洮、岷，间有存在。我还未到过这些地方，尚不得详述，但这块地带原为吐谷浑和西秦乞伏氏活动中心，自当有遗迹可寻。

2.乾隆《西宁府新志》中载有西宁南一百五十里有火力加族，今俗称为贺尔加。

另外见于《府志》的便是前述红帽儿族，这个名称与土官庄、土官沟、托红庄及土观呼图克图等同属于吐谷浑的音转。

3.我前两年在一篇文章中，根据吴均先生的提示，曾谈到今四川霍尔甘孜的事。后来翻查《清史稿》，那上面对霍尔三十九族的记载是：

三十九族者：曰夥尔、曰图嘛鲁、曰吉宁塔克、曰尼牙木查、曰松嘛巴、曰勒达克、曰多嘛巴、曰达尔羊巴、曰他玛、曰夥儿、曰拉寒（原注：他玛、夥儿、拉寒三族共一土司）、曰夥耳、曰琼布噶、曰琼布色尔查、曰琼布纳克鲁、曰扎玛尔、曰上阿扎、曰下阿扎、曰上夺尔树、曰下夺尔树、曰上刚噶尔、曰下刚噶尔、曰他玛尔、曰提玛尔、曰权多、曰哇拉（原注：权多、哇拉二族共一土司）、曰麻弄、曰布川目桑、曰书达格鲁克、曰奔盆、曰策令毕鲁、曰色尔查、曰纳布贡巴、曰结拉克汁、曰拉巴、曰三渣、曰朴朴，皆自为部落。[1]

其中直接称为"霍尔"的有"夥尔""夥儿""夥耳"三族，其余各另有名称。但从习惯上统称霍尔三十九族而言，则似乎都属于霍尔

[1]《清史稿》卷五百十三《土司传》。

族而并非藏族或他族。这些部落均设土总百户或十百户、十百长等以治之，归驻藏大臣管辖。时任驻藏办事大臣的赵尔丰说"其族恭顺"，因而"悉加慰遣"。可见他们并不同于当地瞻对、巴塘等土司属民。

有关"霍尔"三十九族的土司设置及土官衔号，均沿自元、明，有安抚、长官等司，清初未改流前，在建昌道提标辖下，计有霍耳竹窝安抚司、霍尔章谷安抚司、霍耳孔撒安抚司、霍耳甘孜麻书安抚司、霍耳咱安抚司（《圣武记》又有霍尔林葱安抚司使）及霍耳白利长官司、霍耳东科长官司等土官，每安抚司下有土百户二至六不等。这些都是以"霍耳"命名的（雷耳即霍尔的又一译名），实际上如纳林冲长官司，与章谷土司是一家，《圣武记》即作霍耳林冲；又如德格土司罗追彭措的妻子玉米者登仁甲。《清史稿》说她是"本藏女，于瞻对藏官有姻谊"。这又说明罗追彭措不是藏族，也可能是霍尔。以上土司，大多到宣统二三年时才改流，所以在新中国成立前还保留有"霍尔吉恰（总管）"的名目。这些仍自称"霍尔"的部族，现在无疑都已藏化了，但从这个称谓的遗留，仍可确定他们本是吐谷浑族的后裔。因为本地区与玉树、果洛接境，都是吐谷浑当年活动及统治的区域。这么众多的"霍尔"人，虽然都已藏化了，但直到清末，仍不直接称它为藏族人，更不说它是蒙古人或"野番""倮夷"。而迄称为"霍耳"，是值得我们深思的。

4. 曾巩《隆平集》上有一段记载说：

厮啰三子，皆被恩命，曰瞎毡，居合龙谷。

"合龙"当即为霍尔隆，亦即贺隆的对音，其义为霍尔沟。霍尔沟的名称，当不止一处。瞎毡所居合龙谷，究应在何地呢？按唃厮啰起家宗哥川，即今平安东南川；其以后活动地带，在今乐都、民和、化隆、循化、西宁、贵德区域之内。今循化有贺隆堡，虽不一定为瞎毡居地，而"合龙"这个地名，见之于宋代，到今日为止，是汉文记载中最古的，可与其后的藏文记载相比证。

三、"霍尔"与西宁州土人

唐宋以后，分布在广大安多地区的吐谷浑遗裔，基本上在羌族后身、藏族前身的吐蕃族控制下存在着，其间被融合同化的现象，自然无可避免。而它的族称和活动地带，却由藏族语言和文献传留下来，从《西藏王统记》《格萨尔王传》到《安多政教史》，"霍尔"或"霍耳"这个为一般人所不解的名称，便为中外有关著作家和旅行家所采录。《王统记》把"霍尔塞"与吐谷浑联系起来，《政教史》把"霍尔"与土人联系起来，为我们最终弄清这个问题，留下了宝贵的资料与线索。唯有汉文记载，由于唐宋以后吐谷浑渐归式微，认识逐步模糊甚至泯灭了。

蒙古统一中国，建立了大元政权，在边疆地区利用色目人优势建立起土司制度。其中在甘肃边外的有些土司，均被称为土人。这种族称到明初便正式见于记载。明《洪武实录》中所谓的"西宁州

土人"，直到清初《秦边纪略》所谓的"土人"，都是指南木哥等土
司所属而言。而比此稍后一点的外国人游记中，正好把青海境内祁
土司和甘南卓尼杨土司的属民，称为"假霍尔"（"假"为译音，或
译"嘉""加"，是藏族对汉人的称谓）。这位外国旅行家不无赞赏
地说："他们自称属于蒙古系。一般说他们与在社会风气中已失去
祖先那种勇敢自强的性格的今天的蒙古人相反，他们完全保持了这
种性格。"可见他虽然没有明白地否认这些"假霍尔"源出于蒙古，
但却指出他们与清中叶时期蒙古人的性格，已大有所不同。这种观
察不能不说是很敏锐的。"土人"的性格，就是与蒙古人大有区别。

我们现在把西宁州土人作为吐谷浑后裔来考察，首先是由于它
出现在吐谷浑后期活动的地区；其次是发现本地区中既存留有"土
官""土观""托红"等地名，又遍布着合尔屯、合尔郡、合日江等
土族聚居的村落；第三是"土人"名称出现的元、明之交，正是吐
谷浑族汉文名称趋于泯灭之际，因而以"土"代"吐"，失其本义。
幸好土族至今仍自称"土户""土谷（古）""土昆"。这能使我们体
会出"土"与"吐"之间的演变痕迹来。而更重要的一点则是浩门
河流域一带（包括祁连山北坡直至永登、连城）原是唐末吐谷浑余
部分片聚居地区，而这个地区又偏离交通干线，这种地理条件的限
制，有利于保持他们民族原始的特征和风貌，不至于像其他地区一
样地被藏、汉族等所融合同化。尽管吐谷浑的名称变为土人，但仍
区别于蒙古、藏、汉、回及维吾尔而独立存在。"土"即是"吐"

的同音字，"土人"即是"吐浑"的改称，应当说是符合其实际的。

我还查阅了一些有关资料，明初西宁州土司中，由元归服的南木哥、帖木录、乩铁木、朵力乩、哈喇反，《清史稿》上都载明他们是"西宁州土人"。而《西宁府新志》中还明确地记载着大通县河西逊让堡居民，尽属土人，汉人间有；祁家堡皆系土人；扬化堡、多洛堡多系土人；百胜堡汉、土各半；碾门、新庄十之六为土人；旧庄堡十之二为土人。实际上不仅是大通，整个浩门河两岸以迄乐都、民和都分片聚居着土族。以多寡来比较，互助县居首，民和县居二、大通县居三。包括门源、乐都在内，是保持土族特征较显著的典型地区。自此过了黄河，西迄临夏、同仁，南达卓尼、夏河以至洮泯，也可找到土族的踪迹。我设想这些地区的所有土族中，应当还包括有鲜卑族中的南凉秃发氏和西秦乞伏氏的遗裔在内，当然也会有部分吐谷浑化的汉、羌族人民的后裔。

过去单以互助土族自治县那三万左右的土族人口为依据，说它是蒙古将军格日利特部下的后裔，既太片面，又缺乏佐证。从吐谷浑的历史地理来说，不仅互助是弹丸之地，就是西宁，也只是其活动地区的一部分，无法考察清楚问题的全面情况。若把吐谷浑和霍尔、阿夏、浑末、土人等贯联起来，加以分析考证，虽然还不能说问题全盘得到解决，但总可以有点接近真实了。

四、余论

最后，还有几个相关的问题，一并在这里附加论列如次：

1.关于"蒙古说"中的蒙古、阴山鞑靼、汪古、阻卜、土达（鞑）
等活动地区问题。

所有阴山鞑靼、汪古、阻卜在元、明时期，其向西陲活动的足
迹，最远只到河西走廊为止，并未到过河湟流域，更谈不上到今果
洛、玉树、昌都、甘孜以至洮岷、川西等地区。既然连到也未曾到
过，便无所谓族源与后裔问题。至于"霍尔"为"胡儿"的对音问
题，这里虽然早就有过匈奴、小月氏等"胡儿"，但那是秦、汉间事，
与本问题无涉。晋以后鲜卑慕容、秃发、乞伏等部移入，但"霍尔"
名称起自吐蕃，最初且系泛指吐谷浑故地及与其接境的蒙古、回纥
等族而言。而当时汉族，早已不用"胡儿"这个称谓，吐蕃自无从
沿用。唐人诗："汉儿学得胡儿语，翻向城头骂汉儿。"其所谓"胡
儿"，却是指吐蕃而言，对于吐谷浑，则又称作"退浑儿"，就是这
些称谓，也只是诗人的语言，并不存在实用意义。[1]且所谓代表"胡儿"
的契丹人，也从未到过这里，所云"乞塔坪""乞塔庄"等乃是"疙
瘩"或"圪垯"的异写，青海果能成为当年契丹人逃亡的乐土，且
化为"胡儿"的实体，那么其他地区大量的"霍尔"，又是哪一种"胡
儿"呢？"汪古"是白鞑靼，"霍尔"同样是白鞑靼。"阻卜"要是
敕勒的后身，则元代不需要改鞑靼为阻卜。这些都既背于理，又违
事实，而仅是为对音而讲对音，自不免荒唐离奇。

从章吉驸马做宁濮郡王，蒙古确乎到过青海，但并没有与他族

---

[1] 吕温：《蕃中答退浑词》，见《吕和叔文集》。

融合的事。漠南土默特部俺答汗等族曾移牧青海，但最终仍归原牧地。其后是准噶尔部固始汗，曾以青海为基地，统一唐古特四部，当然也包括喀木（即昌都、甘孜等地区），但他所留下来的后裔，是今青海蒙古二十九旗和居延海附近的额济纳旗等，并未演变成任何族。[1]最后说到土达(鞑)，它在明朝成化间居住在平凉、固原一带，反明失败后，并未移向浩门河流域。即便说它流移到了这里，在短短时间里变成了与蒙古族大相径庭的土族，那么其他地区早在明以前存在的"霍尔""浑末"等，又是与土达(鞑)怎样结合起来的呢？"蒙古说"的自相矛盾和违背事理，大率如此。

2.《土族简史简志合编》定今土族语言为阿尔泰语系蒙古语族，因为现在土语中保留有相当一部分蒙古语词汇。语言是构成民族的主要因素之一，因此持蒙古说者以此为他们的重要认证之一。我对语言问题缺乏认识，无从细论，但鲜卑语属东胡系，与蒙古语族宜有相通部分，而并非源自蒙古语。这和哈萨克语与维吾尔语及撒拉语也有一大部分相通是一个道理，不能确定说是谁受谁的影响。东胡、肃慎系是今满族的祖先，前者是历史上的民族，后者是现代的

---

[1] 土族果为格日利特或阴山鞑靼的后裔，则在明代俺答部自青海湖侵扰时属西宁卫地的大通、互助、湟中等地区时，应显露出本民族的身份，而那时却并无"蒙古尔"之称。后来在固始汗统一唐古特四部后，土族仍无"蒙古尔"或"察汗蒙古尔"之称，显然在正德以前还没有产生这个说法。我在最初讲到这个问题时，吴均先生也认为"蒙古尔"说为后起，并提出撒里畏吾尔一名的成因，可以作为这一方面的借据。因为撒里畏吾儿这个名称随着时代的迁移而改变，土族果出元裔，则亦应在明中叶"海寇"（明时对青海俺答部的称谓）横行时改变自己的名称。他还指出估宁寺是在萨迦及噶举派小寺的基础上修建的，格日利特是否在这原萨迦及噶举派小寺之中，也称为"尼达"呢？目前在藏文中尚无文献可征。若明万历初修佑宁寺时果有格日利特"尼达"说，则事实完全两样。又，"尼达"本为宗教词语，佛教中护法，成分本极复杂，所谓"土主""山神"，包括恶煞及异教徒等在内，不一定即为始祖的象征云。

民族。土族源于鲜卑吐谷浑，而鲜卑源自东胡，这从族系上来说，也有远近之分。蒙古是后来形成的族系，它一般是源于室韦，而与东胡、突厥、匈奴有远源关系。光凭现代的语言来定土族与蒙古的族源关系，这个线索还是不很清楚。若说杂有其他民族语汇，则现在土语中杂有不少藏语和汉语，但从来没有人说他们源自藏族或汉族。至于所受影响，他们倒是早期所受汉族文化影响，后期所受藏族文化影响，都比蒙古族的为大。这值得今后作更深入的专题研究。

3. 有位土族同志在探察土族族源时，曾经提出吐谷浑西迁时仅七百户或一千七百户，其人口总数尚不满万，加上沿途丧亡，则到陇上时当比此数更少。其族自难发展成为大国而且还能留下来如此众多的遗裔。这个提法，也有一定道理。但历史地去看这个问题，却并不那么单纯。吐谷浑立国西陲，长达350年，包括东迁灵州作唐附国，共延续了363年。在这么长的时期内，它役属群羌，并先后接受汉族和吐蕃的文化，在中国西部居于先进和优势地位，看那些王室成员们谈论诗书，并在成都建造九级浮屠，和在黄河上建桥，史书又说他们善作农器等，可见这个民族在当时是蓬勃向上，发展很快的。人口问题，归根结底是经济问题，地理环境优越和生产发展，便为人口的发展提供了有利的条件。历史上的川西北、甘南、青海南部和青海湖地区，水草丰美，为理想的放牧场所，兼可以经营农业，这是吐谷浑族人口迅速发展的客观因素。加上他们文化较周围民族高而国势又强盛，即使亡国后，也长期以部族形式存在，因此不仅留下了许多民族广布的遗迹，而且还有一部分人发展成为现代的土族，为中华人民共和国五十六个民族之一，享受民族区域自治，其源远流长，是并不偶然的。

再若以近代人口发展为例，清代是满族贵族执掌全国统一政权的，入关时满洲八旗每旗有 7300 人，八旗共有 6 万人。但到了清中叶，光是八旗驻军（京师和各省），就有 20 万人左右，满族人口超过了百万。以此作为对比，吐谷浑族情况，也当与此相近似。

再以清代全国人口为例，清政权到康熙时开始进入盛期，康熙五十年（公元 1711 年）全国人口据统计为 2462.130 万多人，到乾隆二十九年，全国人口便增加到 20559.10 万多人[1]。在 54 年中，人口增加了 7 倍多，以后便又增长到 4 亿，这就是近代中国所通称的四万万人口的来历。由 2000 多万到 4 亿，前后不到 200 年。当年吐谷浑的时代条件，并不和近代完全相同，但人口增长的基本因素是大体接近的。这样看来，吐谷浑后期，不仅在吐蕃统治地区"番浑杂处"，而且还在河西及党项地区"羌浑杂处"，是它人口发展的必然现象。何况越到后来，所谓"浑末""霍尔"，还应包括南凉秃发部和西秦乞伏部遗族在内，再若加上被它所融合同化的部分西羌杂种和汉族等，则当时本地区活动的鲜卑人。当也不下百万，约与清代满族的情况相仿。只是近代的有据可查，而古代的只能约略估计对比罢了。

---

[1] 郑天挺：《清史简述》。

4. 对近代中国边疆少数民族的研究，是从中华人民共和国成立后才有计划地开始的，无疑是取得了巨大成果。但有些问题，还有待于深入。这里我且谈两个问题：

第一，是与青海紧邻的裕固族族属问题。裕固是现在的定名，而他们自称则为"尧呼尔"或"西拉玉固尔"，当地人则又称它为"黄番"，居住在河西走廊祁连山北坡。地区的闭塞，使得他们仍能保持原来的一些民族特征。就语言来说，既有属于阿尔泰语系的蒙古语族的，也有属于突厥语族的。其族源出东胡系，正与土族相类。当然近肃南一带的一部分同时兼操汉语，则属习染问题。就风俗习惯而言，也更与土族相近。其居地东南两面，现都居住着土族，因此。我想这个民族的情况与上述"红帽儿"相类。"红帽儿"也曾被称为"沙州番"。或以为即宁王卜烟帖木儿部族（后封为安定王），因此在青海境内把它或径称为安定族。明初塞外四卫，以安定卫居首，而部民并全非蒙古族系，兼杂羌、吐蕃、土人、畏吾儿诸族，所以今裕固族又被称为撒里畏吾儿。古今异名，多由于人们未加细考所致。现在要正名，必须以其自称"尧呼尔"及"西拉玉固尔"为准。就此推论，则"呼尔""固尔"即"霍尔"的音转，而"尧""玉"犹和所谓黑、黄或地域等一样同为冠词，可证其族源亦属吐谷浑，其亲缘仍与土族为近。我先这样粗略提一下，以供同志们讨论考查，并请专家们审议。

第二，关于青海、甘肃保安族问题。明初定西陲，今青海黄河南部先后归河州、洮州管辖、万历时在今同仁隆务地区设保安营并筑城堡,定名为保安堡,后归循化厅。在那里有一种较老的当地民族,本地人称为保安土人,新中国成立后定名为保安族。这个族在今甘肃临夏地区积石回族撒拉族保安族自治县也有部分聚居,原称保安三庄。这个民族非羌、非藏、非汉、非回,对它的族源,尚缺乏探讨。但他们的原居住地叫作"年都乎"而又被称为土人,这还是与土族有一定联系的("年都乎"与"土户"音近)。何况本地区原来就是吐谷浑活动中心。若能剔除它后来习染的一些民族成分,大致仍不难寻出它的族源来。我借青海民族学院民族研究所学术讨论会这个机会,姑且这样提出来作为引玉之砖,供大家探讨。

吐谷浑族与吐谷浑国——吐谷浑历史考察之一

　　中国中古史上在今川、甘、青、新高原立国的吐谷浑族，原为辽西鲜卑的一支。西晋时徒何涉归受封为鲜卑单于，他有个庶长子名吐谷浑。涉归死后，嫡子若洛廆继立，兄弟二人因部落马斗相伤引起纠纷，吐谷浑遂率本部落千七百户（《北史》作七百户）西附阴山（今内蒙古呼和浩特境内大青山）。当时正值西晋怀帝永嘉（公元 309—312 年）之乱，随又西迁上陇，止于枹罕（今甘肃临夏、永靖之间枹罕山地区，其中部或称枹罕原）。其时这块地区为群羌所居，吐谷浑以此为据点，自陇西向西、南、北三方开疆拓土，成为一个地跨甘松（今四川松潘地区）之南,洮水之西,南极白兰（今青海果洛州地区），东西三千里，南北千余里幅员的大国；后来还曾囊括鄯善、且末，且一度远征于阗。直至唐高宗咸亨元年（公元670 年），薛仁贵兵败大非川，吐蕃尽有吐谷浑故地为止。吐谷浑享国共 363 年 [一般从高宗龙朔三年（公元 663 年），吐蕃进逼吐谷浑。吐谷浑不能抗，走青海之阴算起，共 350 年]。此后，吐谷浑王诺曷钵附唐，唐最初置于浩门水南（今青海门源、大通、互助、乐都一带），再徙于凉州，最后移居灵州（后改为安乐州）及朔方、河东，仍称可汗，袭青海国王。至德宗贞元十四年（公元 798 年）慕容复卒，封嗣始绝。若依此计算，则吐谷浑自立国至国除，共计 385 年之久。自国除后，其在河东部族，语遂谬为退浑，至宋时其地没于辽，从此在汉文记载中便逐步消失，不为人所注意了。

吐谷浑族从中国历史上来说，它是一个少数民族，但从青海历史上来看，它又确乎是与西羌和吐蕃相雄长，与北魏、隋、唐相争衡的一个西北边陲大国，不仅当时少数民族中共享国 136 年的十六国远莫能比，就是统治中原的正统王朝北魏、北齐、北周三代，在立国时间上也瞠乎其后；同时它先后与唐联姻，与吐蕃结盟，在双方势力消长和互相融合的过程中，具有重要的历史作用。至于它汲取汉族文化和佛教文化，经营青海、新疆农业、畜牧业以及开发矿藏等方面，也都值得重视。何况它所建立的政权，虽然在唐中叶被消灭，而它的部族，除了附唐入居内地的一部融合于汉族、契丹族，附吐蕃的大部分融合于后来的藏族等外，看来还有几部分，到现在仍生息于青、甘、川等省区内，就其种姓和特征而言，仍有遗迹可寻。近年国外研究吐谷浑族的情况，我还无从获知，而国内有些论述，似尚值得商讨。兹就个人所见，对下列诸问题，试加探讨，以就正于方家。

吐谷浑,《金壶字考》谓其音读为"突浴魂","谷"读为"浴",是从吐谷浑语原音,但今土族自称"土谷(gǔ)家"或"土户家"则谷(gǔ)、浴仍通用。按古韵鱼部,辜、股、故、固,与娱、芋、宇、羽同入韵,则土族自称"土谷(gǔ)家",仍保留其古音,与"浴"仍不相背。这个民族原为西晋时辽西鲜卑慕容氏的一支。鲜卑是中国古老民族之一,后来概称为东胡族。按《史记》索隐引服虔云:

> 东胡,乌桓之先,后为鲜卑。在匈奴东,故称东胡。

这是由于战国、秦、汉间人称匈奴为胡而得出来的名称。现代中外学者对此颇多异说,如法人沙畹氏(Edouord Chavannes)等以为东胡即 Tungus(通古斯)的汉译;而日人白鸟氏以为通古斯一名晚出,实由东胡所译出。就此名称出现之先后言,白鸟氏之说为近实。我国前辈学者对此更有进一步的考证,如吕诚之(思勉)先生说:

> 彼等之本名,实为鲜卑,一因鲜卑占地较东胡为广;二因其同族别支乌桓,其后不称乌桓而称鲜卑。(见吕思勉著《中国民族史》)

冯家昇先生继此引《逸周书》王氏补注:

管子曰：桓公败胡貉，破屠何。注：屠何，东胡之先也。

又引何秋涛《王会篇》笺释：

屠何即涉河城，在奉天锦州锦西县西北。……破屠何，即徒何也。

据此，他推论东胡、屠何、徒何，都是一名的异译，而均由原音译出。（见冯家昇著《东北史中诸名称之解释》《述东胡系民族》）

如此则东胡为鲜卑本名，既非居胡（匈奴）之东而云然，也非通古斯的转译。从这里我们得知屠何即徒何，那么，《北史·吐谷浑传》所云：

吐谷浑，本辽东鲜卑徒何涉归子也。涉归一名奕洛幹，有二子，庶长曰吐谷浑，少曰若洛廆。涉归死，若洛廆代统部落，是为慕容氏。涉归之在也，分户七百以给吐谷浑（《魏书》此句下有"吐谷浑"三字），与若洛廆二部。马斗相伤。若洛廆怒，遣人谓吐谷浑曰：先公处分，与兄异部，何不相远，而马斗相伤？吐谷浑……于是遂西附阴山，后假道上陇。

可见吐谷浑原为人名，为辽东鲜卑慕容氏徒何涉归的庶长子。据上引文，徒何乃指徒何城，即是说吐谷浑乃辽东锦西徒何城地方的鲜卑族，姓慕容氏。吐谷浑弟慕容廆后入中原，建国燕国，后迭为后燕、西燕、南燕，在十六国中居其四。

吐谷浑既建国于上陇，西北诸种谓之阿柴虏。《北史》上又说：

吐谷浑死，有子六十人。长子吐延……有子十二人。叶延少而勇果………颇视《书》《传》，自谓曾祖奕洛幹始封昌黎公，吾为公孙之子。案《礼》，公孙之子得以王父字为氏，遂以吐谷浑为氏焉。（《北史》卷九十六《吐谷浑传》）

从此吐谷浑由人名转为其后裔的姓氏，而刘宋、北魏、隋、唐及吐蕃等王朝，并以吐谷浑名其国了。

至叶延弟阿豺立，兼并羌、氐，地方数千里，一时号为强国。正因为吐谷浑役属群羌，兼并羌、氐，其后来种姓，已渐非纯鲜卑族，但谓它已羌化，则未尽然。

说吐谷浑实际上是羌族所建立的国家，其说始于近人范文澜先生。范先生说：

据《后汉书·西羌传》所说，羌人只有部落酋长，没有君臣上下，部落多至一百五十个，各随水草迁徙，不相统属，长时期停留在原始社会阶段上，不能建立起国家来。西晋时，辽东鲜卑慕容部酋长涉归有庶子名吐谷浑，率所部七百户西迁，住在枹罕（枹音fú，甘

肃临夏县）地方。他的子孙征服羌族，建立吐谷浑国。(《中国通史》
第四册第四章《吐蕃国》)

吐谷浑国受汉文化影响，采用一些汉族制度。羌族自原始社会
进入低级的封建社会，慕容部是起了推动作用的。少数慕容部贵族
与众多羌族部落酋长融合成为一个统治阶级，鲜卑人羌化了，因之，
吐谷浑实际是羌族的国家。(同上)

这是说吐谷浑族在建国过程中先后受了汉族文化和羌族种姓的
影响，因而已不成其为鲜卑族。从这个论点出发，他更进一步说：

羌族在青海建立起吐谷浑国，是社会发展中一个光辉的标志。
(同上)

他不说吐谷浑族在羌地立国，而说是羌族在青海建立起吐谷浑
国。这样，吐谷浑国成了羌族在建立吐蕃国之前的一个羌族国家，
而吐谷浑族也就成了羌族的组成部分，不复独立存在了。但证以当
时和后来的历史事实，并非完全如此。

要说是建立国家或政权，必须以民族人数多寡为转移，则魏、晋、
南北朝时内迁各少数民族在中原建立各个分立的政权，从民族人数
比例上，均远不及汉族之多，更如前秦、北魏、北齐、北周诸王朝，
都统一过北方，而均不存在汉族建立北魏、北齐、北周等国家的称

谓；后世如辽、金、元、清，都先后由契丹、女真、蒙古、满族作为中国的一部或全部国土的统治者，同样也不存在把这些少数民族完全被汉族所同化的情况。因此说羌族建立了吐谷浑国，吐谷浑族由于在羌地立国便也被完全羌化，既在道理上很难讲通，也是不完全符合事实的。

在中国这样一个多民族形成的统一国家中，民族间的融合或同化，是很自然的现象。但这中间还必须具备一定的条件，一般是边疆地区少数民族在进入中原地区时，由于中原地区文化比较先进，生产力水平比较高，因而逐渐被这文化先进的大民族所融合。如周、秦时入居中原的羌、戎、苗、蛮等族，都被内地民族所同化，而共同融合为华夏族；魏、晋、南北朝时，被称为五胡的边地少数民族，入主中原，到隋统一南北，又都被融合于当时的"大民族"汉族，从唐到辽、金、元更形成民族间新的融合。这样一来，自古生息在中国这个国度的少数民族，既有被"大民族"所融合吸收的一面，而"大民族"兼具有新的民族素质的一面。融合同化与统治并不是一回事，中国自来是由国内各民族交替或共同地统治着，如商民族、周民族、秦民族、汉民族，在当初也都不是一个单一的民族，隋唐以后，不仅民族之间融合规模日趋扩大，而且还曾出现元、清这样由少数民族统治的王朝，尽管仍存在民族之间的压迫与斗争，但并不存在各自否认中国的局面，只是在文化上有先进与落后的区别而已。马克思说：

野蛮的征服者，总是被那些他们所征服的民族的较高文明所征服。(《马克思恩格斯全集》第九卷《不列颠在印度统治的未来结果》)。

可见同化或是融合，并不决定于谁是政治上的统治者，而决定于民族间文化和经济发展水平。如中国历史上最后入主中国的蒙古和满二族，也均没有能够用政治上的优越权力把文明比他们高的汉族融合掉。相反，入关后的满族，在将近三百年的时间中，渐染华风，甚至有相当多的人数被融合入汉族和其他聚居族当中。唯有少数民族，倘若是一直居住在原来地区，仍处于较落后状态后，则其民族特征，常被保持下来而不为别族所融合。如蒙古族在元朝政权被推翻后退居漠北，其民族特征，依然未受大的影响；又如自吐蕃王朝以来的藏族，由于始终未离故地，即使在杂居地区，也因聚族而居，被同化融合现象仅限于个别情况之下；大片聚居的回族、撒拉族及本文所欲考论的吐谷浑族后裔土族，也都是这样。这也是一条历史发展规律，非一时的政治或其他力量所能改变的。

近年来一般都忌谈民族的同化与融合，甚至还认为民族融合不能在阶级社会中实现，这都是片面之见。在我看来，同化与融合，也并不是截然可以划分的两码事。实际上同化着重指改变本民族原有的特征，而融合则偏指"大民族"融合多种少数民族后使本身兼具备有一定的新的素质，如在体质上、性格上、精神面貌上、习俗上等。融合并不是混合，也不是消灭，而是各民族之间在一定程度上的新陈代谢。融合并不专指"大民族"对"小民族"，同时也指"小民族"对"小民族"和"小民族"对"大民族"。如汉时没于匈奴的汉军，唐时没于吐蕃的唐军及边地各族人民，以及同时期被回纥（回鹘）掳掠、贩卖的大量汉族妇女等，都属这类。历来居住在边地的汉族，一直是少数族，而吐谷浑、吐蕃、回纥等则是多数族。这中间相互转化的过程，有的是自然的，也有的是被强迫的，然后才逐步融合为一体。总之，文化水平较高的民族更有融合力。这是肯定的，也是主要的。

根据上述的分析，来看吐谷浑民族是否早已完全羌化的问题，便比较容易探察出其实际情况，不致人云亦云。首先我要肯定这样四点：

（一）吐谷浑人原为鲜卑族，是古老的中华民族大家庭成员之一。

（二）吐谷浑曾在今甘、川、青、新四省（区）毗连的广大地区建立王国，在此地区内同时存在着羌、氐、匈奴、鲜卑、汉以及南诏的乌蛮、白蛮，西域的且末、于阗诸民族，不过在人数比例上，以群羌为较众多而已。

（三）吐谷浑族和他们所建立的国家，受汉化程度较深。从吐谷浑王叶延开始，便已设置了司马、长史等汉官职；视罴时又任用秦陇英豪为谋主。马端临《文献通考》也说自吐谷浑至视罴的儿子树洛干，"皆有才略知古今，司马、博士，皆用儒生"。到拾寅时，更建立城郭，"其居止出入窃拟王者"。他们还先后和前秦、西秦、南凉、北魏、北周及南朝刘宋、萧梁通贡使，接受封号，并由南朝

引入佛教。这些事实都说明他们先于羌族广泛吸收了汉族的文化和
佛教文化。到夸吕自称可汗，在政治上更进一步汉化。《北史·吐
谷浑传》说：

> 伏连筹死，子夸吕立，始自号为可汗。……官有王、公、仆射、
> 尚书及郎中、将军之号。

其衣服（官服）也略同于华夏。隋开皇十六年，以光化公主妻夸吕
子世伏，唐初封诺曷钵为河源郡王，号乌地也拔豆可汗，尚弘化公主。
旋又以金城县主妻诺曷钵次子苏度摸末。至高宗龙朔三年，因受吐
蕃进攻，诺曷钵以数千帐附唐；咸亨间又辗转从青海东部浩门河流
域走河西，再迁灵州（后改为安乐州），拜为安乐州刺史，仍存青
海国王封号。其后吐蕃陷安乐州，这部分附唐的吐谷浑族，在走朔
方、河东后，渐归衰微。然而终被他族所同化，则犹在辽、宋之间。
其为吐蕃所并的西部吐谷浑和在青海的东部吐谷浑族，自唐中叶至
宋时，其族名仍称吐谷浑（藏语称阿辖，说详后），亦并未为吐蕃
所完全同化。

　　（四）唐五代以后，吐谷浑族虽因其所建立的西陲政权被推翻
而在历史上渐消失其原族名，但这个民族仍有一部分一直存留到现
代，而未为人所发现。这说明其不仅在建国的当初并未被羌化，而
且在被并后的一千多年间，仍有相当一部分遗族在原羌地继续保持

其民族的一些特征，既和羌族后裔的藏族有异，也与汉族、蒙古族不同。因此说吐谷浑国是羌族所建立的国家，是不符合事实的。持此论者，或以西迁的吐谷浑部，原只七百户或千七百户，因而否认其民族的政治上的能量和势力。实际上在三百多年的发展过程中，吐谷浑族人口增殖甚大，仅随诺曷钵在唐初内附的，即有数千帐；而吐蕃在中唐间用兵，所征调吐谷浑兵辄以万、十万计，其能长期独立存在，不是无因的。

至于吐谷浑在今甘、川、青、新四省（区）所建立的国家，则自上陇时起，规模就颇不小。《北史·吐谷浑传》说：

> 自枹罕暨甘松，南界昂城（今阿坝州）、龙涸（今松潘），从洮水西南极白兰（今果洛地区），数千里中，逐水草，庐帐而居，以肉酪为粮。

又，《梁书·诸夷传》说：

> 其地则张掖之南，陇西之西，在河之南，故以为号。其界东至叠川（迭部），西邻于阗，北接高昌，东北通秦岭，方千余里，盖古之流沙地焉。

又，《南齐书·河南氐羌传》说：

鲜卑慕容廆庶兄吐谷浑为氐王，在益州西北，亘数千里。其南界龙涸城，去成都千余里。大戍有四：一在清水川，一在赤水，一在浇河，一在吐屈真川。

可知其早期活动中心在甘南洮河流域；中期在赐支河曲，时称为河南地；后期分为东西两部，即同时存在两个政治中心：东部王城居伏俟城，在今青海湖西岸，西部王城居鄯善，在今南疆若羌。东西相为呼应。夸吕可汗在北朝宇文周时，始都伏俟城。当时幅员东西三千里，南北千余里，国分东西两部，即自此始。隋时两次征伐，国土日蹙，隋末大乱，又渐恢复。唐初，吐谷浑受到吐蕃的进攻，国土被压缩到青海湖周围。贞观九年（公元635年），唐将李靖等伐吐谷浑。至柏海（今星宿海）上，吐谷浑王伏允败走于阗，其子慕容顺杀执政的天柱王附唐，旋又被其下所杀，唐诏封其子诺曷钵为河源郡王，虽也还称可汗，但已失去独立。高宗龙朔三年（公元663年），吐蕃再攻吐谷浑，诺曷钵东走鄯州，旋移凉州，再迁于灵州，其国遂亡。东、西两部吐谷浑都为吐蕃所并，诺曷钵辗转于灵州（安乐州）。到肃宗时安乐州也被吐蕃军队所占领，内附的吐谷浑王室和部族，又走避到河东，这已是唐德宗贞元年间的事了。

吐谷浑国地理考略——吐谷浑历史考察之二

根据上期第一部分所述，吐谷浑立国时间既如此其长，而幅员又如此其广，我们对它活动的主要地区情况，就应该有较明确的认识，但由于当时缺乏记载，因此对其中有些地理情况，尚欠明晰。我在《读＜青海地方史略＞琐议》（见《青海民院学报》1979 年 3—4 期）《再议〈青海地方史略〉》（见《青海民院学报》1980 年 1 期）两文中，虽曾对其中一些地名和地望等做过探讨，但由于当时手头尚无有关史籍，所论仍不够明确，兹据历代正史上有关吐谷浑的记载，再来做一番考察，虽然仍甚零碎，而或可对有关此方面的研究者提供一些线索资料。

（一）西零

《晋书·吐谷浑传》：

> 吐谷浑……属永嘉之乱，始度陇以西，其后子孙据有西零以西

甘松之界，极乎白兰数千里。

新中国成立后青海省有关方面编的资料，均以"西零"为西宁。我在《再议》一文曾加考证说：

按西零原指西零羌，《水经注》说："湟水流经龙夷城，故西零地"。《西宁府新志·地理》说龙夷城在西宁县西，故先零地。并引阚骃《十三州志》说："城在临羌新县西三百里，王莽置西海郡，治此城。"昔则龙夷故城即今之海晏县三角城，西零即先零，其非西宁可知。

《十三州志》的说法，本属可信，但我又查到梁·沈约《宋书·鲜卑吐谷浑传》说：

浑既上陇，出罕开、西零。西零，今之西平郡；罕开，今枹罕县。（卷九十六，列传第五十六）

按西平郡东汉建安中置，治西都县，一直到三国、西晋，郡名未变，治所在西都，即今西宁市。南凉秃发乌孤以廉川城为都，称西平郡王，后迁西都，再迁今乐都，仍称西平郡王。南北朝时，北魏势力进入今青海地区，改西平郡为鄯州，后又改乐都为西都县，迄无西零名称。沈约在撰《宋书》时，以西零为西平郡，误将部族名为地名，实际上确切点说，应为西零（羌）活动地区在西平郡范围内。正因为沈约未弄清楚这个地名，所以《西宁府新志》不从，而另据《十三州志》确定西零羌居地在王莽置西海郡治所龙夷城。王莽所置西海郡废后，东汉在今西宁置西平郡（隋又置西海郡，其地在赤水积石镇，是今兴海县所在地，与今海晏并非一地）。

《西宁府新志》说龙夷城在西宁县西，故先零地。西、先一音而异译，先零在汉时为西羌的一种，先在今青海省东北部及甘肃临夏一带，汉武帝时移居西海、盐池，出入河湟。后为马援所破，迁于今陇南一带，其故地至西晋后为吐谷浑所占。所以《新志》说是故先零地，先零即指先零羌。

《宋书》作者沈约，梁武康人；阚骃，晋末敦煌人，曾仕北凉，自比沈约熟悉西北地理。且《十三州志》的成书，远较《宋书》为早。今人以西零为西宁，当志沿此而致误。又《水经注》作者郦道元生世，与沈约几相当，而《水经注》为地理专著，也非沈书可比。此不可不辨。

（二）吐谷浑先后活动地域

吐谷浑早期活动地域，根据《晋书》《北史》及《梁书》等有关记载，先以洮河流域为中心，东至甘松（宕昌）南界龙涸（松潘）、昂城（阿坝）。继向西南发展，奄有河南赐支河曲（今青海黄南、海南两州地区），更南极于白兰（今青海果洛州地区），西北极于且末、鄯善、于阗（今新疆东南部），甚至曾一度南到罽宾（今阿富汗）。

到唐初其势力分为两部：东部以伏俟城（今青海共和县石乃亥）为中心；西部以鄯善（今新疆若羌地区）为中心。最后因受吐蕃进迫，退到西平郡（今湟水中游地区）附唐，再转徙河西走廊，更迁灵州，以后趋于灭亡，其部族大部均为吐蕃所并。

吐谷浑族建立起来的政权，幅员东西达三千里，南北达一千多里，实际上是役属群羌，并先后与前凉、前秦、南凉、西秦及北魏、西魏等割据政权属地交错，兼与江左宋、齐、梁政权通贡使；到了隋唐，则更与其所建置郡、县以及吐蕃统治势力相消长，并非真正长期统一的国家。其政治中心早期在洮河流域，中期在河南地，后期在青海湖周围。经过近代国内外有关专家的研究与考察，上述情况，已明确一致。惟尚有一些地理上的问题，则言人人殊，出入颇大，就是《中国历史地图集》（中华地图出版社），也不免如此，因此尚有必要继续加以探索。

（三）对吐谷浑几个地名所在的考察

1. 白兰：1950 年夏，客居顾颉刚先生沪寓，常与先生谈论西北古代舆地。某次，先生询及白兰地望，当就所知草《白兰地望考》一文呈览，断其地在今巴颜喀拉山之阳，说为先生所采（见《史林杂识初编》）。前年写《读＜青海地方史略＞琐议》，据先生所论，更有所补充。

白兰为白兰羌所在地，是群羌居白兰地区的一大部落，长期为吐谷浑所役属，且一直为其经营东西及退保的重要战略地带。关于这一地带，除了顾先生所论证和我前所补充外，近来细检有关正史记载，发现尚可从其他方面证实其地的明确所在，特再论证如次。

《南齐书·河南氐羌传》云：

（吐谷浑）地常风寒，人行平沙中，砂砾飞起，行迹皆灭。肥地则有雀鼠同穴，生黄紫花；瘦地辄有瘴气，使人断气。

又，《宋书·鲜卑吐谷浑传》亦云：

其国西有黄沙，南北一百二十里，东西七十里，不生草木，沙州因此为号。屈真川有盐池，甘谷岭北有雀鼠同穴，或在山岭，或在平地。雀色白，鼠色黄，地生黄紫花草，便有雀鼠穴。白兰土出黄金铜铁。其国虽随水草，大抵治慕贺川。

在以上两段记载中，都提到吐谷浑河南居地及白兰都有"雀鼠同穴"这样一种在当时看来是奇异的现象。这种动植物生态，给我们提供了这种动物所适应的地理环境，实有助于考察其地区的所在。

雀鼠同穴这一动物生态现象与植物生态所呈现的黄紫花草，构成吐谷浑与白兰羌所在地区的特殊地理环境，而今之大积石山地区，仍有这种动植物生态存在，恰能说明白兰羌所在地与吐谷浑政治中心赐支河曲地理环境完全相同，可知其地即在大积石山范围内，而并不如近人所说在今柴达木盆地之中。(《中国历史地图集》在魏晋南北朝部分中，标其所在于今都兰至格尔木区域内，而在隋唐部分中却又标其地于今果洛州地区内，前后显不一致；据闻有些东邦学者的考证，也与此相同。)

《南齐书》和《宋书》的记载，都偏指吐谷浑活动中心在赐支河曲（河南地）时的情况而言。吐谷浑在此时期内，凡遇到从东、北两方面来的袭击而不能抵抗时，则辄退保白兰以自固，是其地在河西九曲之南，而不在其西北。《周书·异域传（上）》云：

白兰者，羌之别种也。其地东北接吐谷浑，西北至利模徒，南界那鄂，风俗物产与宕昌略同。

这里所谓其地东北接吐谷浑，即指当时吐谷浑王城所在的赐支河曲，亦即河南地。则白兰地居河曲的西南，显然可见。其时党项羌居地在白兰之北，东北接临洮、西平，则利模徒实即在党项境内。《新唐书·党项传》谓：（北）周灭宕昌、邓至，而党项始强。其地古析支，南界春（春）桑、迷桑，北界吐谷浑。利模徒可能即为近白兰的党项别部，那鄂也似为小部落，当在迷桑、嘉良之南。顾刚先生定其地位于附国东北，其说可从。杜佑《通典》说："白兰，羌之别种，周时兴焉。"按宇文泰于（西）魏大统十五年（公元550年）讨宕昌。白兰即于周武帝保定元年遣使献犀甲铁铠。而至保定四年

（公元 564 年）周遂灭宕昌置宕州，白兰盖于此时始见于记载。另外《周书》等都说其风俗物产与宕昌同，而宕昌正居同和郡（今岷县）、武都郡（今武都）之间，当白兰之东，西倾山之西。如此则颉刚先生所考，确然不移。

其次，吐谷浑王视连居河南时，西秦乞伏乾归封他为白兰王；后又封视罴为沙州牧、白兰王，盖欲断吐谷浑与中原王朝的联系，故为视罴所不受。西秦用武力进攻，他才退保白兰，说明白兰在河南地之南。

再次，吐谷浑子吐延为羌酋姜聪所刺，剑犹在体，便呼其子叶延给大将纥拔堡说：

吾气绝，棺敛讫，便速去保白兰。地既险远，又土俗懦弱，易控御。（《魏书》卷一百一，列传第八十九）

由于白兰地当今果洛藏族自治州南部，甘孜藏族自治州北部：北控积石山，南依巴颜喀拉山，西北拒黄河天险，确是退保的战略要地，因此视罴、树洛干、拾寅等，都在受攻击时退保白兰。后魏时慕利延败走白兰，后魏军穷追，慕利延乃越巴颜喀拉山西奔于阗，在今南疆又开疆拓土，且略地远至罽宾。若以吐谷浑及白兰地在今柴达木盆地中部，则荒漠沮洳，非举族西迁所可能办到的。待后魏军撤退，慕利延又重返故土。

　　王忠先生据《新唐书·党项传》附白兰羌有"白兰羌，吐蕃谓之丁零，左属党项，右与多弥接，胜兵万人，敢战斗，善作兵，俗与党项同"的记载，以为"白兰羌在党项之右，常璩《华阳国志·蜀志》汶山郡有白兰，白兰羌当即自川西迁入青海，有人疑即因居巴颜喀拉山而得名，恐非事实"（见所著《新唐书·吐蕃传笺证》）。按白兰羌居党项之右，乃唐吐蕃时事，自西晋迄隋，党项实居白兰之北，约当今四川阿坝藏族羌族自治州东部。唐时多弥、松波（苏毗）居今青海玉树藏族自治州境内通天河流域，均在白兰西南。汶山郡距白兰所在地颇远，但西去即可与之相连属。至于是否即由此西迁（或东迁），则尚非片言所可断定。白兰部族颇大，在吐谷浑亡国后，他尚有胜兵万人，恐非原汶山郡小部所能组成。仅以汶山郡曾有白兰（按常志作"白兰峒"）的记载即认为白兰羌当即自川西迁入青海，亦乏确证。且白兰羌因居白兰山而得名，这并非顾祖禹所悬猜。《隋书·吐谷浑传》云：

　　吐谷浑与若洛廆不协，遂西度陇，止于甘松之南，洮水之西，南极白兰山，数千里之地。

　　其境内有白兰山，本无可疑也。《宋书》说白兰土出黄金铜铁。《新唐书》说白兰羌善作兵。善作兵是由于其地产铜铁矿，而地多黄金，则至今犹然，这也非柴达木盆地中、西部所可比。因此我仍认为顾刚先生《史林杂识·白兰》附图，定其地于果洛州部果洛山之西、巴颜喀拉山之东南端，是完全符合史实的。《中国历史地图集》隋、唐部分，考定其地于今果洛州甘德、达日地带，当亦据此。（关于白兰，其后我有《白兰国址再考》一文）

2.沙州：吐谷浑阿豺在宋少帝景平中被刘宋封为督塞表诸军事、安西将军、沙州刺史、浇河公；慕容璝于宋文帝元嘉九年也被授予都督西秦、河、沙三州诸军事的头衔；西秦亦封视罴为沙州牧。这个沙州，显然不是指前凉所置在今敦煌的沙州。那么其地究竟何指？迄无明文。按《魏书·吐谷浑传》云：

阿豺立，自号骠骑将军、沙州刺史。部内有黄沙，周迴数百里，不生草木，因号沙州。

这里说这个荒沙滩，周回有数百里。前引《宋书·鲜卑吐谷浑传》则具体说：

其国西有黄沙，南北一百二十里，东西七十里。不生草木，沙州因此为号。

是知沙滩地在吐谷浑王都之西，东西狭而南北阔。上文既已确定吐谷浑中期都城所在地在赐支河曲的河南地，则其西即为今海南州贵南县地。从贵南县去拉加寺，在其东南境有黄沙，其北部今名穆格滩（藏语穆格塘），而南部尤阔，其间不生草木，亦无人烟。我的妹妹昔曾经其地，据说单马清晨自沙滩北头向西南行，至晚始达南端的茫拉沟，足有一百三四十里。其黄沙中心正在茫拉，北逾黄河与共和县境的塔拉联为一片，面积更阔。颉刚先生近又在所著《从古籍中探索我国的西部民族——羌族》一文中引段国《沙州记》云：

"浇河郡西南一百七十里有黄沙，南北一百二十里，东西七十里，西极大杨川，望之若人委耩糠于地，不生草木，荡然黄沙，周回数百里。"（《通鉴·晋纪》三十六，胡三省注引段国说，吴士鉴《晋书斠注》以为《沙州记》文，今从之）读此，知道乞伏乾归任视罴为沙州牧，原来是这里的沙州，这沙州因这片黄沙地得名。那时西秦设立的沙州辖有西平、湟河、三河三郡。都在今青海省东部，也即吐谷浑疆域。（见《社会科学战线》1980 年第 1 期）

顾先生据《沙州记》（按此文又见郦道元《水经注》卷一河水条引）第一个明确指出了西秦所设立沙州的所在，才启示我得以进一步指出该沙州的今地来。何以说沙州故地即是今贵南县穆格滩呢？上引《宋书·鲜卑吐谷浑传》有云：

白兰土出黄金铜铁。其国虽随水草，大抵治慕贺州。

慕贺州不见于地志，而其地在两晋南北朝时称莫贺川，或以为
"州"即为"川"之误，我则以为西平、湟河、三河三郡既均隶沙州。
而《宋书》谓其国大抵治慕贺州，则沙州应为汉名，而慕贺为其本名，
实当为一地，慕贺、莫贺、穆格乃一音之转。穆格为今藏语，据温
存智教授说，是饥馑、荒凉之意，我想引申可为荒漠，这与"荡然
黄沙""不生草木"相应。"慕贺""莫贺"则当是吐谷浑原语，今
藏语即其译音。与"慕贺""莫贺"相近的译音，还有一个莫何川。
《晋书·吐谷浑传》云：

（树）洛干十岁，便自称世子，年十六嗣立，率所部数千家奔
归莫何川……号为戊寅可汗。沙漒杂种，莫不归附。

树洛干父视罴为西秦所败，退保白兰。其后视罴死，树洛干奔
回莫何川，是其故地可知。"莫何"当为"慕贺""莫贺"的同音异
译。当时汉族对边地山川、译名多不一致，如沙漒以"羌"为"漒"，
而在别处又仍用羌名，即是其例。《南齐书·河南氐羌传》又以慕
贺川为慕驾川，"驾"为"贺"之误写，亦极显然。今柴达木盆地
亦尚有莫何川，而共和县切吉，又或称莫合，都是一名的异写。两
晋南北朝时的莫贺川，即为今之茫拉川，茫拉之名始于明代，为藏
语的译音。

又，《新唐书，吐蕃传》云：

　　宗时有司无状，弃四镇不能有，而吐蕃遂张。入焉耆之西，长鼓右驱，逾高昌，历车师，钞常乐，绝莫贺延碛，以临敦煌。

　　此沙碛在且末、鄯善以西，原为吐谷浑西部，沙碛名莫贺延，正与莫贺川同。今蒙古语称沙漠亦为莫贺，吐谷浑原为鲜卑部族，其语言当与蒙古语同出一源。又《新唐书·吐蕃传》记刘元鼎使吐蕃所见有云：

　　东北去莫贺延碛尾，阔五十里，向南渐狭小。北自沙州之西，乃南入吐谷浑国，至此转微，故号碛尾。计其地理，当在剑南直西。

　　刘元鼎把河南吐谷浑沙州境内的沙碛，也叫作莫贺延碛尾，则莫贺语义本为荒沙。得此证而益信。今藏语穆格义亦为荒沙，足证吐谷浑慕贺州所在即在今贵南县境内的沙漠内。今穆格滩有故城遗迹，俗称穆桂英城，传谓穆桂英西征至此，实则为穆格的音讹。设能对此古迹进行发掘，当可有所发现。

　　3.伏罗川：刘宋元嘉十九年（公元452年），吐谷浑王拾寅始居伏罗川，近人或以伏罗川在今都兰县西部巴隆一带，我曾先后约加探索，但迄未能确指。今按《北史·吐谷浑传》云：

　　（魏）太武拜叱力延归义王，诏晋王伏罗率诸将讨之。军至大母桥，慕利延兄子拾寅走河西，伏罗遣将追击之，斩首五千余级。慕利延走白兰。

此处"河西"当作"阿曲"，盖形近而伪。《北史·晋王伏罗传》云：

晋王伏罗，真君三年封，加车骑大将军，后督高平、凉州诸军讨吐谷浑慕利延。军至乐都，谓诸将曰："若从正道，恐军声先振，必当远遁，潜军出其不意，此邓艾擒蜀之计也。"诸将咸难之。伏罗曰："夫将军，制胜，万里择利，专之可也。"遂间道行，至大母桥，慕利延众惊，奔白兰。慕利延兄子拾寅走阿曲，降其一万余落。

《魏书·吐谷浑传》"阿曲"亦作"河西"。又，《魏书·晋王伏罗传》：

遂间道行，至大母桥，慕利延众惊奔白兰，慕利延兄子拾寅走阿曲。斩首五千余级，降其一万余落。

"河西"上二书均作阿曲。今兴海县大河坝原为阿木曲乎（或译阿粗乎）族住牧地区，为环海八族之一，当即阿曲旧地。大母桥当为赤水上的桥，即今共和县曲沟水入河处，在恰卜恰东南，居赐支河曲西端。在晋时前凉、前秦、南凉及南北朝时北魏均名其地为赤水，西魏始改称树敦城，隋移赤水镇于今兴海县，于其地置河源郡，唐于树敦城置金天军，亦即兴济梁所在。"大母"当为当地土语，或即吐谷浑语。伏罗此次行军，盖不取道浇河郡，而经由临津渡河至乐都，逾赤岭直捣赤水，慕利延猝不及防，惊奔白兰，而拾寅则退走阿曲，两人均系南奔。其部众作战地则在曼头城。《北史·太武帝纪》云：

（太平真君六年秋八月）壬寅，征西大将军、高凉王郁等讨吐谷浑慕利延。军到曼头城，慕利延驱其部落西渡流沙，郁急追。故西秦王慕璝世子被束逆军拒战，郁击破之。中山公杜丰追度三危，至雪山，禽被束及慕利延元子什归炽盘，子成龙，送于京师。

前所云"伏罗遣将追之"，即指此。此所谓西渡流沙，即指由白兰奔于阗。至所云三危、雪山，盖泛指昆仑。伏罗川不在今柴达木盆地，即此可证。那么，伏罗川究何所指？根据此次战事在曼头城进行的事实。则其地实即曼头山（今共和县南山）之阳，也即是今恰卜恰、曲沟（赤水）与曼头城（隋时远化县治）所构成的三角地带，从地图上看，这里正当唐代大非川的东南端，但当时既无大非川名，亦无伏罗川之称。伏罗川盖即因晋王伏罗出征至此而得名。伏罗此次出征在北魏太武帝太平真君五年（公元 445 年）十月，慕

利延走白兰；次年秋八月高凉王郎率兵再追，慕利延走于阗。过了
七年，到正平二年（公元 452 年）慕利延才又回故地。这年慕利延
死，树洛干子拾寅立，于是汉文史籍上才有"拾寅立，始邑于伏罗
川"的记载，以出征大将名其地，这在历史上不乏其例。或许由于
这并非吐谷浑本名，所以到隋唐时，又被改称大非川。"大非"可
能仍是吐谷浑语，其义不详。

　　4. 赤水：《南齐书》说吐谷浑大戍有四：一在清水川；一在赤水；
一在浇河；一在吐屈真川。其中赤水到西魏时被改称为树敦城，北
周因之，说已详前。这里主要考察一下它作为王都的情况。《周书·史
宁传》云：

　　时突厥木汗可汗假道凉州，将袭吐浑，太祖令宁率骑随之。军
至番禾，吐浑已觉，奔于南山。木汗将分兵追之，令俱会于青海。
宁谓木汗曰：树敦、贺真二城，是吐浑巢穴，今若拔其本根，余种
自然离散，此上策也。木汗从之。即分为两军，木汗从北道向贺真，
宁趋树敦。浑娑周国王率众逆战，宁击斩之。逾山履险，遂至树敦。
敦是浑之旧都，多诸珍藏，而浑主先已奔贺真，留其征南王及数千
人固守。宁进兵攻之，退，浑人果开门逐之。因回兵奋击，门未及
阖，宁兵遂得入，生获其征南王，俘虏男女、财宝，尽归诸突厥。
浑贺罗拔王依险为栅。周回五十余里，欲塞宁路，宁攻其栅，破之。
俘斩万计，获杂畜数万头。木汗亦破贺真，虏浑主妻子，大获珍物。

宁还军于青海，与木汗会。

这是魏恭帝三年（公元 556 年）的事，上距拾寅始邑伏罗川，共 103 年，由赤水改称的树敦城，始终是吐谷浑王城，珍宝山积。史书上说吐谷浑亦知种田，有大麦、粟豆；唯其北境多寒，仅得芜菁、大麦。赤水地处南境，气候较暖。水草鲜美，更宜养畜，所以富庶如此。在拾寅为王的几十年中，由于他屡通刘宋，接受封号，魏兵多次征讨，并入其境，刍其秋稼。这种既牧且农的地理环境，也可证明伏罗川并不在柴达木盆地。我过去推断伏罗川在今果洛境内，也是错误的。至于赤水镇（即隋河源郡所在）移设于今兴海，则是隋时才开始的。大概由于北周时史宁等攻破树敦城，城遭到破坏，不复成为军事要塞的缘故。另外，与树敦同时提到的还有个贺真城，这个城在史书上仅此一见，但它在当时却是与树敦王都并称的一大名城，乃是其新都。它的具体所在，当从以下两方面来加以考察。

（1）当魏兵在凉州集结时，吐谷浑王已奔南山，而仅留兵拒守。随后又说他奔贺真，于是木汗从北道趋贺真，而史宁从南道趋树敦，两军期会于青海。因此必须先求出南山的所在。此外所指南山，当是青海南山，它西北起今天峻县境内，东南迄于今共和县东北部，其东端正是树敦城所在地。这在唐代被称为大非岭，居大非川之北。吐谷浑王这次不南奔白兰，以避魏兵之锋，却出西北奔南山，则贺真城的所在，必须从这个方向去探索。

（2）突厥木汗可汗是由北道进攻吐谷浑的。假设南道由浇河郡西行径趋树敦，则北道必是越赤岭西趋南山。而吐谷浑后期王都，即在今青海西的伏俟城。贺真城当是伏俟城的早期名称或即在其附近。这时正值夸吕在位，史载伏连筹死后，夸吕即移都于伏俟城，在这次战役开始前，他已先奔贺真，最后贺真终被木汗攻破，并掳其妻子，按理伏俟城即在南山北端，却并未再提到。如此则贺真实即伏俟城，可能夸吕初移都时，该城尚名贺真，经此次战役后，始定名为伏俟，而大多汉文记载，统以伏俟概之，因此贺真一名，仅见于《史宁传》，否则木汗在破贺真后，便不会弃伏俟城王都不攻，而径回军与南路来的史宁会于青海了。

史载伏俟城距青海十五里，其遗址近在共和县东北角上的石乃亥发现，城内有王宫等遗迹，与史载有城郭而不居的说法相吻合。当时对吐谷浑的城池称为大戍，似主要只起军事堡垒作用。

以上从南山方位的推定及南北两军会师于青海的实况，得出贺真城即伏俟城的结论，似可供历史地理学者们做进一步探讨。

伏俟城在隋于大业五年灭吐谷浑后，就其地置西海郡。隋末大乱，吐谷浑王伏允又复返故地，至公元670年，伏允走西平附唐，吐谷浑东部王都伏俟城，遂没于吐蕃。

5.屈真川：吐谷浑四大戍之一的屈真川。或称吐属真川，吐当为吐谷浑的省称。我原推测它或即是伏罗川的原名。兹检《宋书·鲜卑吐谷浑传》有云：

屈真川有盐池，甘谷岭北有雀鼠同穴。

在吐谷浑境内，盐池所在多有，但此当指较大者而言。今海晏县（王莽时置西海郡）近青海湖边有碱池，在地理上偏于东北；又一即茶卡盐池，在地理上居于伏俟城西南端。《宋书》所指，可能即此，中原王朝对吐谷浑用兵，向未到过此地，所以史书上迄未再提到过。若此项推断可以成立，则屈真川即为今茶卡滩。古时以山区平原为川，如秦川、勇士川、苑川、捏工川、茫拉川，均是其例。后世或称原，如长武原、董志原是。茶卡滩今为放牧骆驼之地，鲜有人居住。吐谷浑当时也养驼，魏废帝二年，史宁曾截获其通齐使者，并驼骡六百头，杂綵丝绢以万计。盖骆驼是当时运输工具，特别是远徙且末、于阗，更非此"沙漠之舟"不行。又，骆驼喜食碱蓬，此草唯盐碱滩才能生长。甘谷岭当指由茶卡北去天峻的山脉，日月山西北与西南地区，均有雀鼠同穴，唯柴达木则鲜见。

6.清水川：清水川亦为吐谷浑大成之一，且序列于首。我原以为它在洮水流域。今夏得梁今知先生书，谓日人佐藤长《西藏历史地理研究》认为清水川即今之循化县清水河。按此所谓清水河在今循化县城东十余里处，北流注于河，源于其南大日加山，北流贯行道帏沟，至清水庄注入河，并无所谓川原，容当别求之。

郦道元《水经注》卷一河水条在叙及吐谷浑造黄河桥"河厉"时，引段国《沙州记》后说："桥在清水川东也。"佐藤长即据此定其桥当在今循化城东，而河于此处穿行小积石山峻谷中，无径可通，直至临津废城（今临夏大河家地），河始出峡，为向来津渡处，至今仍用舟摆渡，迄无津梁记载。即使间或造桥，亦只能造舟为梁，即后世所谓浮桥，而"河厉"则为握桥，不宜建在河水平缓之处。因此，我颇设想此桥当在赐支河曲峡谷中，清水川在浇河郡（今贵德县）迤西共和县境内，因为，当时吐谷浑王都即在沙州地区，宜有设防建置，以拱卫首都。当时记载吐谷浑大戍的序列，首清水川，次赤水，次浇河，此二戍均在赐支河曲，清水川当去此不远（今共和县境内，藏名亦有清水河，与黑水相对而言），只是由于记载阙略，无从旁证，所以仅对其地望作如上推测，尚不能确指其所在。不过，它非指今循化清水，则可断言。至于洮水流域大戍，则应以洮阳、洪和二城为最著，不当更以今清水张家川地区为戍了。

7.阿柴：《晋书·吐谷浑传》云：

（吐谷浑）地宜大麦而多蔓菁……西北杂种谓之为阿柴虏，或号为野虏焉。

（树）洛干十岁，便自称世子，年十六嗣立，率所部数千家奔归莫何川，自称大都督、车骑大将军、大单于、吐谷浑王，化行所部，众庶乐业，号为戊寅可汗。沙漒杂种，莫不归附。

吐谷浑自叶延起，便以其祖名吐谷浑为氏。而到了沙漒杂种归附树

洛干后，他们又把吐谷浑称为阿柴虏。这个名称，当由树洛干弟阿
豺立为吐谷浑王后产生的。"柴""豺"音同，便以首领之名称其族。
后来吐蕃兴起后，也称吐谷浑族为阿辖，"柴""辖"古音同部，"辖"
字是我所译音，据此"柴"当读如"辖"音。《文献通考》作"阿赀"，
赀，即移反，亦与"辖"音近。（说别详）

阿柴虏或阿赀虏既系指树洛干以后的吐谷浑族，则其中心地当
在沙州与漒川之间。漒即漒台山，川即洮水。《水经注》卷一河水有云：

> 洮水与垫江水，俱出强台山，山南即垫江源，山东则洮水源。《山
> 海经》曰：白水出蜀。郭景纯注云：从临洮之西倾山东南流，入汉
> 而至垫江，故段国以为垫江水也。洮水同出一山，故知强台西倾之
> 异名也。洮水东北流迳吐谷浑中。

阿豺时吐谷浑势力中心既在沙州与漒川地带，则目前中国历史
地图，均把阿柴居地划在今柴达木盆地中西部，殊与史实不合，应
行改正。至于唐以来吐蕃文书等所称的阿辖或霍尔（即浑的音转），
则更遍及于今青海省北、东、南三部及四川甘孜等地区，这虽是后
来演变情况，但迄无指今柴达木地区者。然则后来把阿柴居住地区
集中在今柴达木盆地，与事实就更相远了。

吐谷浑历史地理的可考者，略如上述。其中有些辄未敢与时贤
相从同，此并非有意立异，姑自别为一说，聊供大雅审订云。

（四）吐谷浑"河厉"

吐谷浑居河南时，曾在黄河上游建桥，名曰"河厉"。"厉"当取《诗经》"深则厉，浅则揭"之意。《水经注》卷一河水引段国《沙州记》云：

吐谷浑于河上作桥，谓之河厉，长百五十步。两岸累石作基陛，节节相次，大木纵横更镇压，两边俱平，相去三丈，并大材以板横次之。施钩栏，甚严饰。桥在清水川东也。

按这种桥的建造形式，是握桥型。想来段国当时是曾看见过这座古代桥梁的，所以讲得很细致。握桥因无桥墩，所以只宜建在水面狭窄的峡谷间。两岸就原来石基，用大木纵列叠加横梁为础，逐层延伸入河中，直到相距三丈至五丈多宽时，则更用巨梁十余根，纵贯两端，上铺木板，并在两边加上栏杆，人马即可通行无阻。此种桥型，过去在黄河上曾在化隆与循化之间的古什群峡中先后建造过两次，另外西宁小峡湟水及享堂峡大通河上所使用的也是这种桥。小河流沙而不易立墩下桩的也间造握桥，可谓源远流长。握桥的名称，当由"幄""楃"引申而来，幄为布帐，楃为木帐。旧时兰州雷坛河因常发洪暴，也建有握桥，上有木棚如屋，即是其证。

吐谷浑所建的这个握桥，究竟在何处呢？就段国在记述沙州时提到此桥，而郦道元也在为沙州作注时引段国说两事来看，此桥当在浇河郡以西沙州境内。今考汉时贯友为护羌校尉，攻迷唐，于逢留河上筑城以盛麦，且作大船，于河峡作桥渡兵，迷唐遂远依河曲。钟存羌部居地在西倾山西北（今青海泽库及河南县地区），迷唐原居大、小榆谷（今贵德、尖扎地区）以为汉造河桥，兵来无时，不敢返回。这座桥是浮桥（作大船）在建威城所在，即今贵德、尖扎两县之间。贵德在新中国成立前也还有浮桥。吐谷浑王都时在沙州，而且是握桥，自不会建在这段河上。唐时在九曲先后建立金天军、九曲军和独山军，金天军在今共和县，九曲军在今贵南县。独山军在今同德县，都在河曲内。后曾在金天军树敦城造洪济梁，其地正当吐谷浑时代的赤水。此或即吐谷浑桥的旧址，当沙州之北，浇河郡之西。

其次，北魏于文成帝和平元年（公元 460 年）征吐谷浑时，曾渡河追击拾寅。《魏书·高宗纪》云：

八月，西征诸军至西平，什（按即拾）寅走保南山，九月，诸军济河追之。遇瘴气，多有疫疾，乃引军还，获畜二十余万。

这次出军，是采纳了定阳侯曹安的建议，他说：

臣昔为浇河戍将，与之相近，明其意势。若分军出其左右，拾寅必走保南山，不过十日，牛马草尽，人无所食，众必溃叛，可一举而定也。

于是命阳平王新成等出南道，南郡公李惠等出北道以讨之，拾寅果走南山，诸军渡河追击。按此南山即前所述青海南山，出浇河的南道军必须渡河追击，而当时河曲正值秋涨季节，且无河水，必须取道河桥，如此则此桥必在赤水一带。设当时河曲无桥可跨，则南军势不能与北军会攻南山，这也是可断言的。果如佐藤长所考"河厉"在循化县境，则更无所谓"济河追之"了。

史称吐谷浑族善作兵，而且由于它吸收了汉族文化和佛教文化，并擅营造，如梁时在今成都建造佛塔和这座握桥工程，这在文化史上都是值得称颂的。

唐五代以后的吐谷浑族后裔及其民族特征
——吐谷浑历史考察之三

（一）吐谷浑族后裔的考察

吐谷浑国为吐蕃所并后，其国家虽被灭亡了，但它的部族却仍在吐蕃地区中存在，如西部鄯善的太子达延芒结波和原吐谷浑大臣素和贵等仍都拥有重兵，且在以后唐与吐蕃的战争中，常随吐蕃出征，兵力号称巨万。如代宗广德元年（公元 763 年）吐蕃破长安之役，史称"吐蕃以吐谷浑、党项兵二十万东略武功"。其时距吐谷浑亡国已一百年，而其兵仍大量存在，只不过为吐蕃所役使而已。在吐蕃境内这样众多的吐谷浑族，自不可能在短期内完全为吐蕃所融合，这就给我们以考察其遗族的线索。

1. 按《北史·吐谷浑传》有云：

逐水草庐帐而居，以肉酪为粮，西北诸杂种谓之阿柴虏。

阿柴虏是西北诸少数民族（主要是羌、氐族各部落）对当时吐谷浑的称呼。阿柴一名是后起的，当是吐谷浑王阿豺都沙州时所得名。据吴均先生说，吐蕃时代文书中，"常称吐谷浑为霍尔和阿辖（ལྭལ 藏文），可能霍尔是吐蕃对吐谷浑未亡国前时的名称"。按"霍尔"即是"浑"的对音，霍、浑乃一音之转，而阿辖则是其后的俗称。吴先生还告诉我说，今四川甘孜地区的藏族部落仍称为霍科后（藏语译音），意为霍尔地方；又，昌都北面的丁青地区，原名霍尔三十九族，亦称霍尔甘孜，其部落首领叫作霍尔吉恰，意为霍尔总管；又，在今青海省黄南藏族自治州泽库县也有个部落叫和日措玉，意译为和日西部（族）。吴均先生说"和日"即霍尔的今译。泽库县位置正在河曲中心，居贵南之东，是当年吐谷浑沙州地区；昌都、甘孜地虽偏南，但与白兰相望。从民族名称和地望看来，上述地区一部分现已融入藏族的民族，有可能是吐谷浑的遗裔，因为现在这里的藏族自己也自称为霍尔或霍尔地方、霍尔总管，说明他们和藏族仍不完全相同。

从上述名称的存在，使我联想到目前青海广大地区中，与此相同的地名，依然很多。从分散遗留地来说，黄河沿岸的贵德县有合尔家；化隆县有河什群、列仁河什家、何什家；循化县有贺隆堡（贺隆、藏语贺尔沟之意）。以上河什或写为河日。口语或径称河群、河家（亦即合尔家）。更从连片集中的来说，在今互助土族自治县内，就有合尔郡、合尔屯、合尔吉、贺尔川等地名，都是土族聚居村落。

其中最有趣的是化隆尚有个加合尔庄，今为回族聚居村落，而在其他地方，又听说有窝合尔庄。藏语称汉族为加（或嘉，与家同音），自称曰窝。加合尔即汉化合尔，窝合尔即藏化合尔，说明这些村落原来的居民都是霍尔，正与昌都、甘孜等相同。这并不是偶合，而可相互证明。在互助县与这些合尔村落相毗连的，尚有土观、托红等村名，合尔是浑的对音，土观、托红是吐浑的对音，均可看出吐谷浑名称演变的经过，以及有些人已被融入藏族或汉族的迹象。

再说阿辖，我按吴均先生的提示，查看了一下王尧先生辑译《敦煌古藏文历史文书》中的《编年史》部分，其中凡涉及吐谷浑的，藏文均作阿辖。依我前面所推论阿辖一名起于吐谷浑国灭亡以后，而这些吐蕃历史文书，虽所记史事属公元641—764年之间，但写成则显然在吐谷浑亡国以后，因为这里面的阿辖，是被作为吐蕃小邦看待的。其王有时被称为阿辖（汉译作吐谷浑）小王，且称外甥，这都说明其时吐谷浑早为吐蕃王国所吞并。阿辖这一名称，当系吐蕃史例，不再称原政权名，示与其独立时有所区别。王忠先生说：

当时吐谷浑分东西二部，东部以伏俟城为中心，西部以鄯善为中心。伏允既舍长子慕容顺（一作顺光），而立次子，本人驻伏俟城，太子驻守鄯善。及伏允败死。太子继位，降附吐蕃，吐蕃称之为阿柴（A-zǎ）。《北史》卷九十六《吐谷浑传》云："西北诸杂种，谓之阿柴虏"，阿柴之名。当即本此。（《新唐书·吐蕃传笺证》）

阿柴这个名称，原起于西北诸杂种，其时代在南朝刘宋时。当时吐蕃尚未兴起，所以只是西北诸杂种对它的称谓。我在前面说它是由阿豺得来，柴、豺声同而同属佳韵。按古韵支、微、齐、佳、灰通用；帀、尾、荠、蟹、贿通用。此处柴字，马端临《文献通考·四裔考》作赏，即移切，则此柴字既不读 zǎ（杂），也不志 zǎi（宰），而应读为 xi（西），其声与昔、奚、析等同；藏族读为辖，西、辖乃一声之转，说明阿辖即阿柴的藏语音译。藏文所云阿辖，都指吐谷浑遗裔。从这一译名的遗留，可以看出羌族和吐蕃也沿吐谷浑故习以父祖名为其种号。此种习惯，在今藏族中仍有遗留，如三果洛的阿什羌、旺青、班玛等，都相沿不改。阿辖既为阿柴的谐音，则吐蕃以后文书中所称的阿辖，都属吐谷浑遗族，则无可疑。

2. 东部吐谷浑在为吐蕃所并后，诺曷钵率数千帐先徙鄯州，居浩门河（今门源、大通、互助、乐都、民和境内）流域；继徙河西，后又徙灵州。现在聚居于今青海省互助土族自治县和分散居住于今门源、大通、乐都、民和、同仁及甘肃天祝、临夏等地的土族，历千余年，仍保留其原吐谷浑民族的主要特征，且自称为"土谷家"或"土户家"的。说明他们既非羌族，也非蒙古族，而是吐谷浑族后裔。这是吐谷浑遗裔在其本土的一些情况，不仅在吐蕃王朝统治时代未被同化，而且在以后很长年代内也未被完全融入藏、汉、蒙古诸族内。

3. 附唐的诺曷钵部，在吐蕃入灵州后又东迁朔方、云州。史称从此语谬为"退浑",逐步为其他族所融合,不再见了。融合是自然公例,细检载籍,直到五代,仍然存有其部族的活动。《新五代史·四夷附录(第三)》云:

> 吐浑,本号吐谷浑,或曰乞伏乾归之苗裔。自后魏以来,名见中国,居于青海之上。当唐至德中为吐蕃所攻,部族分散。其内附者,唐处之河西,其大姓有慕容、拓跋、赫连等族。(《新五代史》卷七十四,下均同)

从这段记载中,我们得知诺曷钵部附唐后,自肃宗至德到懿宗咸通年间,经历了一百年左右,仍然保留其部族统治,为唐的地方官,兼有兵力。同书又云:

> 懿宗时,首领赫连铎为阴山府都督,与讨庞勋,以功拜大同军节度使。为晋王所破,其部族益微,散处蔚州界中。

赫连铎以助唐镇压庞勋起义军,官拜大同军节度使,雄镇一方。其后虽渐归衰微,但到白承福时,又兴盛起来了。同书云:

> 庄宗时,有首领白承福者,依中山北石门为栅,庄宗为置宁朔、奉化两府,以承福为都督,赐其姓名为李绍鲁。终唐时,常遣使朝

贡中国。

这又持续了三十多年。其后由于契丹侵后晋，白承福积极支持后晋高祖石敬瑭，石敬瑭派刘知远阴事拉拢，终为刘知远所袭杀：

晋高祖立，割雁门以北入于契丹，于是吐浑为契丹役属，而苦其苛暴。是时，安重荣镇成德，有异志，阴遣人招吐浑入塞，承福等乃自五台入处中国。契丹耶律德光大怒，遣使者责诮高祖，高祖恐惧，遣供奉官张澄率兵搜索并、镇、忻、代等州山谷中吐浑驱出之。然晋亦苦契丹，思得吐浑为缓急之用，阴遣刘知远镇太原慰抚之。终高祖时，承福数遣使者朝贡。后出帝与契丹绝盟，召承福入朝，拜大同军节度使，待之甚厚。契丹与晋相拒于河，承福以其兵从出帝御虏。是岁大热，吐浑多疾死，乃遣承福归太原，居之岚、石之间。刘知远稍侵辱之，承福谋复亡出塞，知远以兵围其族，杀承福及其大姓赫连海龙、白可久、白铁匮等，其羊马赀财巨万计，皆籍没之，其余众以其别部王义宗主之。吐浑遂微，不复见。

石敬瑭这个儿皇帝，对契丹卑躬屈节，而刘知远又是一个沙陀族的头目，借佐石敬瑭弄到兵权，从而代晋自立。这两个小朝廷，在中原大乱时窃踞一隅，本来成不了什么大事。他们对吐谷浑族的白承福，既利用，又防备，最后竟出之于残杀，同时被杀的有五族四百余人。在河东的这部附唐吐谷浑族，遂一蹶而不复振。但从后唐庄宗时到后晋末年，仍以部族首领存在了二十多年。他们部族团结、勇敢善战的特征，仍然存在。这支吐谷浑支部或别部，在刘知远后汉时代，还曾来朝贡：

初，唐以承福之族为熟吐浑。长兴中，又有生吐浑杜每儿来朝贡。每儿不知其国地、部族。至汉乾祐二年，又有吐浑何夏剌来朝贡，不知为生、熟吐浑，盖皆微，不足考录。

这时中原已不知他们的国地部族，也不知生、熟吐浑。所谓生吐浑，当时还完全保留其部族组织和民族特征，而尚未被汉化的部族。大概到宋修《五代史》时，已不知其下落。实际上这完全是由于当时吐浑所在地，已全没入辽的统治而使然，并不是吐浑从此就绝迹或被他族融合了。

4. 到了宋朝，西北方地区，逐步沦入西夏和辽这两个政权统治的范围之内，因此有关吐谷浑族活动的记载，便逐渐从汉文史书中消失了。但吐谷浑族的活动，仍在继续进行。光从《辽史》上看，就有如下事实：

辽太祖天赞三年六月，西讨吐浑、党项、阻卜。

辽太宗天显八年二月，吐浑、阻卜来贡。

辽太宗天显十年四月，吐谷浑酋长率众内附。

辽太宗天显十年六月，吐浑来贡。

辽太宗天显十一年五月，吐谷浑来贡。

辽太宗天显十一年七月，吐浑来贡。

辽太宗会同元年五月，吐谷浑来贡。

辽太宗会同元年八月，吐谷浑、乌孙、靺鞨皆来贡。

辽太宗会同二年七月，吐谷浑来贡。

辽太宗会同四年十一月，吐谷浑降。

辽太宗会同八年六月，吐谷浑来贡。

辽太宗会同九年三月，吐浑进生口。

辽太宗会同九年四月，吐浑白可久来附，

辽穆宗应历三年八月，吐蕃、吐谷浑来贡。

辽景宗保宁三年十月，吐谷浑来贡。

辽景宗保宁九年十一月,吐谷浑叛,入太原四百余(户索而还之)。

辽圣宗统和十二年九月，党项、吐谷浑来贡。

辽圣宗统和十五年七月，禁吐浑别部鬻马于宋。

辽圣宗统和十九年九月，西南面招讨司奏讨吐谷浑之捷。

辽兴宗重熙十一年十二月，以吐浑及党项多鬻马于夏国，诏沿边筑障塞以防之。

按时间来计算，这最后一事，已到宋仁宗庆历年间。这支吐谷浑族仍未消失，而且仍以属国的地位和西夏、吐蕃等并立着。

上述的记载，并见于各帝纪。辽太祖耶律阿保机二年十月，尚曾有："建明王楼筑长城于镇东海口，遣轻兵取吐浑叛入室韦者。"及神册元年秋七月"亲征突厥、吐浑、党项、小蕃、沙陀诸部，皆平之"的记载（并见《辽史》卷一《太祖纪上》）。据《辽史·属国表》序，辽属国可纪者五十有九，而以吐谷浑居首，且有亲征等举，可见移入朔方一带的吐谷浑族，户口与势力仍相当可观，较五代时又有所繁殖。又，《五代史》说："（长兴元年）北京奏吐浑千余帐内附，于天池川安置。"（《明宗纪》七）《新五代史》还有"李嗣恩，本姓骆，吐谷浑部人也"的记载，可见有人转入沙陀。这些人后来均没入辽国，其生口仍甚众多。终辽代及北宋，又历二百多年，它仍然以属国的地位存在着，而没入吐蕃的大部，尚不计在此内。

再从《宋史》上所反映的一些材料看，在宋王朝的禁军中，也从进入河东的吐谷浑部吸收了一些精壮，作为禁军的成员。如《宋史》上说：

吐浑直：指挥三，太原二、潞一。太平兴国八年，太原迁云州及河界吐浑立，屯并、代州，雍熙三年，又得云、朔归明吐浑增立屯潞州。

吐浑小底：旧指挥五，治平中并为二。京师，太平兴国四年，平太原，获吐浑子弟，又选监牧诸军中所有者充。（《宋史》卷一八七《兵志一》）

此外尚有太原府就粮吐浑，潞州就粮吐浑等名目，与骁骑、骁胜等并列，同在禁军中居于值卫一类。其不属禁军的，也偶见于记载。如：

天成中，权知西凉府留后孙超遣大将拓跋承诲来贡，明宗召见。承诲云：凉州东距灵武千里，西北至甘州五百里，旧有郓人二千五百为戍兵。及黄巢之乱，遂为阻绝。超及城中汉户百余，皆戍兵之子孙也。(《宋史》卷四九二《吐蕃传》)

唐末汉文记载上称吐谷浑为"退浑""吐浑"，或竟单称为"浑"、此处的"郓"，当即"浑"之异写。后来或称"浑末"，再转为"嗢末"，皆据藏语转译（因其时吐蕃据有吐谷浑故地，至今玉树地区原先犹称红帽）。这二千五百郓人，无疑即为吐谷浑在凉州的后裔。由于朔方、云州一带的吐谷浑部族于北宋初已没入辽国，所以《宋史》上就不见有关它的记载了。以后凉州、灵州等地，又没入西夏，可能吐谷浑人有些又转入西夏，与原在那里的"浑末"人等合而为一了。

这二千五百郓人的戍兵，在唐书上也有一段与此相类似的记载：

吐浑部落、兴昔部落、阁门府、皋兰府、卢山府、金水州、蹄林州、贺兰州。已上八州府，并无县，皆吐浑、契苾、思结等部，寄在凉州界内，共有户五千四十八，口一万七千二百一十二。(《旧

唐书》卷四十《地理志三》）

　　这些吐谷浑遗族，可能与《宋史》所载的郓人有渊源关系。《新唐书》上对移灵州的诺曷钵部的踪迹，也还有所记载：

　　威州，本安乐州。初，吐谷浑部落自凉州徙于鄯州，不安其居，又徙于灵州之境。咸亨三年，以灵州之故鸣沙县地置州以居之。至德后没吐蕃。大中三年收复，更名。光启三年徙治凉州镇为行州。县二：鸣沙、温池。（《新唐书》卷三十七《地理志》）

　　又：

　　吐浑州二：宁朔州、浑州。右隶延州都督府。（《新唐书》卷四十三《地理志》）

　　均属于羁縻州。可能这部分是当时并未随迁朔方而仍留在灵州一带的。后来返回凉州地区，成为今甘、青土族祖先的一支。

　　5.元朝兴起，先后灭西夏与南宋，统一中国，在中国史书上，才真正泯灭了"吐谷浑"这个名称。而在吐谷浑故地中，却有了"西宁州土人"这样一种称谓的少数民族；又因为元、明时在西北、西南地区设置了土司来统辖当地民族，一般便以为土人就是土司辖下人民的称谓。实际上西北地区土司，有蒙古族、藏族、回族、撒拉族、汉族等，但除了今青海大通河、湟水流域聚居的一部分少数民族被称为土人外，其他并不称为土人，而仍称汉、藏、回、撒拉等族。同时，西南各省设置土司地区的各少数民族，也仍分称为苗、彝、瑶等族，也并不称土人。所以西宁州土人的名称，必有其历史渊源存在。

青海解放后，我应一位土族人士的询求，写了一点土人应为吐谷浑后裔的意见，后来经过调查研究，定现在土人聚居的互助为土族自治县，从此土族的名称正式成立并成为我国五十多个少数民族中一个独立成员，而不再附属于汉族或其他族而存在。中国科学院和青海有关地方政府，曾进行了详细调查，查明今青海民和、乐都、大通、门源及甘肃天祝等与互助毗邻地区，均有土族分布。青海民院芈一之先生还多方做了考证，也确认今土族实为吐谷浑后裔，但却以为土族主要成分是蒙古与霍尔人所融合的；陈玉书先生更认为"霍尔"即"胡儿"的音转，便肯定土族是匈奴、阻卜、蒙古、吐谷浑等族的一个混合体，则更是一种附会。（见《关于土族的来源问题》，载《历史研究》1962 年第 6 期）

根据我个人的考察，元初有一部分蒙古兵曾留驻今互助县地区，且间有与土族通婚情况，但蒙古人并不可能就此成为今土族来源的主体。这个说法的主要根据是清代有关佑宁寺的一篇碑文（藏文）及土族语言中一部分蒙古族语汇。我以为吐谷浑原为鲜卑分支，而蒙古族则为匈奴、东胡、突厥的混同族系，其语言原先就应有相通部分。今土族语言中的蒙古族语汇，应是其原来相通部分，并不一定来自元时蒙古语。且蒙古族大将格日利特（见佑宁寺碑文）当年驻军的地方，仅在今互助县东部，其他地区土族，不可能统受其语言的感染；且就今土族语言而论，互助与民和就有所不同，而民和土族中同样保留有与蒙古语相同的一部分语汇，更可证明其为本民族原有语言。至于阻卜等名称，与蒙古族自称，原自有别。鞑靼一名，早见于唐初突厥文《阙特勤碑》，因此唐时汉文中即有鞑靼之称，近世以为即元时塔塔儿的对音。此后的汉文记载，遂把漠北、漠南一带的蒙古、色目等部落，混称为鞑靼，有所谓三十姓鞑靼、九姓鞑靼、阴山鞑靼、黑鞑靼、白鞑靼种种称号，而《辽史》上对蒙古部除了间称"达旦"外，余均作为"阻卜"，实际上阻卜只是阴山一带的另一种落。王静安（国维）先生发现元朝政府讳称鞑靼，便推断《辽史》中的阻卜，就是鞑靼的改称。这就说明阻卜仅是活动在蒙古地区的一个部落，也就是或被称为白鞑靼的一种。白鞑靼后来便成为元代被蒙古族所统治的色目人的统称，今土族或亦自称"察汗蒙古勒"，显然也是有异于蒙古族的白鞑靼，并非真正的蒙古人。阻卜与吐谷浑同属于白鞑，而《辽史》中把它与吐谷浑并列为属国，说明他们并非同族；而且阻卜的活动，也迄未进入过甘、青地区，自无从成为组成今土族的一个主要来源。要把土族说成是匈奴、阻卜、吐谷浑、沙陀等各民族的一个混合体，这是完全不符合历史事实的。

6.土族能被进一步考定为吐谷浑族的后裔，还有赖于藏文记载的被发现。吐蕃历史文书上的阿辖，已引论如前。出现和流行于明代以后的藏族民间史诗《格萨尔王传》上，亦有霍尔黄帐王、白帐王的故事，这虽是小说，但"霍尔"一名，则可与汉文记载相参证。此霍尔即指吐谷浑，而为"浑"字的音转，并非"胡儿"的转译。又，明代藏族学者索南坚赞所著《西藏王统记》，记吐蕃赞普松赞干布遣使迎娶文成公主的经过时，曾有如下记载：

唐王不许。使者返藏，伪言于王曰：唐王甚喜吾等，已许嫁公主矣。乃有霍尔塞（即黄霍尔）吐谷浑离间唐王，以故不果。（见王沂暖译本）

按此处所云黄霍尔，《新唐书·吐蕃传》正作吐谷浑：

弄赞闻突厥、吐谷浑并得尚公主，乃遣使赍币求昏。帝不许，使者还妄语曰：天子遇我厚，几得公主，会吐谷浑王入朝，遂不许。（《新唐书》卷二百十六）

《王统记》也有可能译自《新唐书》，但藏史上或许也有同样记载。主要的是称吐谷浑为黄霍尔，"胡儿"则向来没有被称为黄、白的。同时《王统记》上还有这样一句话：

吐谷浑逃徙藏喀之青海。

这在唐史上也作"吐谷浑不能抗,走青海之阴","藏喀"即"宗喀",藏语湟水称宗曲,《宋史》上也叫宗水或宗河。说明藏文记载在史实上,完全与汉文记载同揆。至于藏文《佑宁寺创建记》是清初的记载,那上面说蒙古兵与当地霍尔人通婚事虽无足轻重,而它仍称当地土人为霍尔人,则与藏史上的称谓是一致的,更可证土族即吐谷浑后裔。

综上所述,可以大致做出如下的结论,即内附的吐谷浑族在亡国后还以属国和部族形式在中原地区继续活动了二百多年,才渐被融合于内地民族。成为隋、唐大一统后汉族的新的素质,不复独立存在;被并入吐蕃的广大吐谷浑部族,在吐蕃王国尚未衰落前,其中许多大部族仍以部族或属邦面目出现,且具有兵力;有的小王子更有尚吐蕃公主,而成为甥舅之亲的,大致在宋末才逐渐被融合于藏族。其中鄯善、且末、于阗、河西及宁朔一带的吐谷浑族,则又分别被融合于回鹘、党项诸族之中。而青海大通河及湟水流域大部分地区,到现在仍留有尚未被完全融合的吐谷浑族遗裔,这就是今日的土族,且旁及于甘肃天祝及永靖、临夏一线,这可能是由于他们聚居且在历史上相对地于本地区居于优势(文化及人口比例)地位有关。至于四川昌都、甘孜及青海黄南地区向被称为霍尔或和日的部落,在称谓上仍可溯源于吐谷浑民族。

（二）吐谷浑民族的特征

吐谷浑是辽东鲜卑族的一支，它本有自己民族的一些特征。

首先，它是一种从事畜牧业的民族。

除前面已引见的资料外，《魏书·吐谷浑传》说：

> 伏连筹死，子夸吕立，始自号为可汗，居伏俟城，在青海西十五里。虽有城廓而不居，恒处穹庐，随水草畜牧。

由于他们从事畜牧业，尤善养马，故其国以产良马知名。《南史·夷貊传下》说：

> 有青海方数百里，放牝马其侧，辄生驹，土人谓之龙种，故其国多善马。

关于吐谷浑所育龙驹，所有史籍上都说"能日行千里，世传青海骢者是也"。这确是良种，因为在一千多年后的今日，青海湖周围所产的浩门马，仍以走马见称，而土族人也仍以善养马知名。但旧史上误把这种马与大食西海龙马的传说混淆起来，不免神话化了，实际上吐谷浑马是他们放养在青海湖周围的马与波斯马杂交的良种。（别见拙著《河湟旧闻》，载《青海社会科学》1980年第1期）吐谷浑后来也兼务农业：

好射猎，以肉酪为粮，亦知种田，有大麦、粟、豆。然其北界气候多寒，唯得芜菁、大麦，故其俗贫多富少。(《魏书·吐谷浑传》)

又因其地：

乏草木，少水潦，四时恒有冰雪，唯六七月雨雹甚盛。若晴则风飘砂砾，常蔽光景。其地有麦无谷。(《南史·夷貊传下》)

所以他们仍以从事畜牧业为主。大凡从事畜牧业的民族，都好弓马，擅骑射，刚健勇武，是其特性。目前青海地区的土族，则多以农业为主，而以畜牧业为辅，这是因为后来他们聚居到气候较为温暖的浩门河流域而然。

第二，服饰。

吐谷浑族早期的服饰是：

著小袖袍、小口袴，大头长裙帽。女子被发为辫。(《梁书》)

到夸吕时，似乎渐染汉、羌风俗，但仍具有其本民族风格：

夸吕椎髻毦珠，以皂为帽，坐金师子床，号其妻为"恪尊"，衣织成裙，披锦大袍，辫发于后，首戴金花冠。其俗：丈夫衣服略

同于华夏，多以罗幂为冠，亦以缯为帽；妇人皆贯珠贝，束发，以多为贵。（《魏书·吐谷浑传》）

直到唐时还大体如此：

其王椎髻黑冒，妻锦袍织裙，金蘤饰首。男子服长裙缯冒，或冠幂羅；妇人辫发萦后，缀珠贝。（《新唐书·吐谷浑传》）

在现代来看，王室服饰，已无可考见，但从土族一般男女服饰看，皂帽、缯帽，甚至是罗幂及辫发等，尚多存遗制。多辫发与藏族同中有异，缀珠贝也尚可见。最特殊的是妇女头饰，式样很多，主要尚有吐浑扭达（俗称干粮式）、捺仁扭达（三箭式）、什格扭达（簸箕式）及加士扭达（马鞍桥式）四种。其中簸箕式据说先用硬纸壳做好式样，其上剪贴花饰、贝壳，再加银簪，然后扎戴于发上，并挂上红黄丝穗，更于髻间佩戴首饰，项间挂上用贝壳缀成的项链。此种装饰大体如戏装，在游会场或喜庆时戴于头上，晚间卸下，确属别致罕见。

第三，婚丧礼俗。

在婚礼方面，古代记载有：

婚礼富家厚纳聘，贫者窃妻去。父死妻庶母，兄死妻嫂。（《新

唐书·吐谷浑传》)

> 父兄死，妻后母及嫂等，与突厥俗同。至于婚，贫不能备财者，辄盗女去。(《魏书·吐谷浑传》)

婚礼厚纳聘和贫者盗女去，是吐谷浑族的特点。至于妻庶母和嫂（如视罴死，弟乌纥提立，妻树洛干母）则是游牧民族的通俗。就此以观，吐谷浑族中同时存在着富室中的买卖婚姻和贫家的抢婚两种不同的制度，这完全是由经济条件决定的。我为此查了一下古代东胡族的习俗记载，发现乌桓就有与此相类似的规矩：

> 其嫁娶则先略女通情，或半岁百日。然后送牛马羊畜，以为聘币；婿随妻还家，妻家无尊卑，旦旦拜之，而不拜其父母；为妻家仆役，一二年间，妻家乃厚遣送女，居处财物一皆为办。(《后汉书一百二十《乌桓传》)

这里虽未提到抢婚，而很多地方，却与后世土族习俗略同。据马光星同志（民和土族）对我谈，土族的传说中有"先娶儿来后嫁女，娶儿嫁女满堂红"的口歌。说明土族原先的婚姻制度是嫁男而并非嫁女，只是在像入赘的男方逃走后，女方才不得不随往夫家。夫在妻家时，无异仆役，而当逃回本家后，女家便又不得不以厚奁送女归夫家。这个传说在今土族中流传，说明其渊源之古。另外吐谷浑族的抢婚制，在现代土族中还有遗留，即男方无力迎娶时，仍可窃女以去。据说当日食和月食时抢娶已定亲的姑娘，并不需要聘礼，而可得到女家承认。这不也是吐谷浑族的遗风吗？

丧葬方面，则很早就略同汉俗：

死者亦皆埋殡，其服制葬讫即除之。(《魏书》)

丧有服，葬已即除。(《新唐书》)

埋殡与汉族略同，是受汉族影响，惟服制比汉族为短。无天葬和火葬。当今土族，则有棺殓，可能是后来随汉俗的。

第四，刑罚和赋税制度。

刑罚颇简而残酷，为其他族所少见：

其刑罚：杀人及盗马，死；余则征物以赎罪，亦量事决杖。刑人必以毡蒙头，持石从高击之。(《北史》)

对判死刑者，从高处用大石砸死，颇为罕见，可当作它的特种制度看。这种开罚，在吐谷浑族丧失政权后，便无可再见。

赋税也无定法，但是比较轻简：

国无常赋，须则税富室商人，足而止。(《新唐书》)

第五，宗教。

鲜卑族在辽东、辽西时，所信为萨满教，到陇上和青藏高原后，由于佛教的传入和流行，都改信佛教。在中原地区立国的鲜卑拓跋氏、慕容氏等如此，在西陲的吐谷浑族、南凉秃发氏及西秦乞伏氏等都是如此。北魏等所遗留的佛教经典和宗教艺术品，是组成中国文化的一部分。吐谷浑在这方面遗留下来的东西很少，仅史载：

（梁）天监十三年，遣使献金装马脑钟二口，又表于益州立九层佛寺，诏许焉。（《南史》）

它早年的情况是如此，可见它宗教艺术的精湛。后来随着吐蕃王国势力的兴盛，西藏佛教更在这个地区流行。特别是明以来的黄教（格鲁派）在本地区形成独霸局面。元、明以来被称为西宁州土人的今土族聚居地带，宝刹林立，高僧如林，与黄教六大寺院中的塔尔寺（应作塔儿寺，兹且从俗）、拉卜楞寺比肩媲美。如互助的佑宁寺（原称古隆寺，或称古隆寺）、大通的广惠寺（又称郭莽寺），以及甘州的马蹄寺、互助的却藏寺、白马寺，还有最早建立的乐都瞿昙寺，民和的灵藏寺；甘肃永靖的炳灵寺、白塔寺等，都建立在土族聚居区，而佑宁、广惠两寺的僧徒，有百分之八十上下是土族。其间名僧如土观、章嘉均是八大呼图克图之一，或被封为国师，且有著述在国内外流传，可见土族受佛教影响之深。宗教本身自有其落后和消极的因素，而在当初条件下，"宗教是被压迫生灵的叹息，是无情世界的感情，正像它是没有精神的制度的精神一样"（马克思:《黑格尔哲学批判》）。正因为宗教具有暂时解忧止痛的鸦片作用，封建统治阶级便利用它作为自己统治的工具。这当然是另一个问题，我只不过是把历史上吐谷浑族的特征和今之土族的情况联系起来加以叙述而已。

第六，语言。

语言本身就是形成民族的一个主要因素，可惜鲜卑族的语言，现在并没有流传下来。就是当前土族的语言，我也并不熟悉。从古代史籍上看,如"恪尊"（一作"恪母"）为妻或妃的称谓；"慕何""莫何"为沙碛的称谓；"莫贺"又为父的称谓；"阿干"为兄的称谓等以外，很少被录存。现今土族的语言，据当代人研究，谓属于阿尔泰语系的蒙古语族。有些土族语汇，和蒙古族相通，这可能受后世蒙古语影响，也可能系东胡语系所本有。鲜卑古老语言应属东胡族系。民族的主要因素为语言和生物学两个方面，人类学家对中国各民族的分类，还不完全一致。东胡系与肃慎系的直系，应为今满族，而又与华夏系、东夷系、蒙古系的汉族与蒙古族有一定联系，这据生物学方面来说是如此。而语言情况，则古今变异极其复杂，非片言所能决。如数词为一民族基本语汇，而今土族数词均与蒙古语不同。据说互助土族自治县正在创造土族文字，可能取则于今蒙古文，这样也容易和今土语相结合。（今土族语言中，还混合了一部分汉

族语言，此暂不在这里论列）

从历史记载上考察吐谷浑族的民族特征，大致有以上几点，虽然资料不够完整，但轮廓已较为粗具。至于其他政治设施和官职等，则完全学自汉文化。如"粗识文字"，官职有"长史、司马、将军、王公、仆射、尚书、郎中"，并曾吸收"博士"和"秦、陇英豪"，而吐谷浑王吐延、叶延、视罴等均读《诗》《书》，如吐延自号项羽，尝憾不与韩信、彭越、吴汉、邓禹并驱中原，名垂竹帛，说明他曾读史传。叶延"颇视书传，自谓曾祖奕洛干始封昌黎公，吾为公孙之子，得以王父子为氏，遂以吐谷浑为氏"，说明他曾习《礼》。视罴说："《易》云:动静有常，刚柔断矣。先王以仁宰世，不任威刑。"说明他曾学《易》。到夸吕时，汉化更进一步，宫室举止，窃拟王者，所有这些，都不作为其本民族特征，只是其由民族接近渐趋于民族融合过程中的一种表现。

根据上面的论证，可以看出吐谷浑由部落发展成为单一民族，更进而组成国家的过程中并未被羌族所同化，也未被吐蕃所融合，只是在元、明以后其大部才被融合于汉、藏各族。尚余下一部分仍保持其本民族特征，即是今之土族。兹根据《新唐书》《旧唐书》吐蕃传对吐谷浑与吐蕃两族略加对照比较如下：

1.称谓和官制

吐蕃"号君长曰赞普，赞普妻曰末蒙"，而吐谷浑称君长为"可汗"，可汗妻为"恪尊"。这当然是由于语言的不同，但其官职名称和官阶则同样与吐谷浑异致。如中央官职有大相（论茝）、副相（论茝扈莽）；又有内大相（曩论掣逋）、副相（曩论觅零逋）、小相（曩论充）；还有整事大相（喻寒波掣逋）、副整事（喻寒觅零逋）等。吐谷浑则依汉官制设有长史、司马、仆射、尚书等官职。吐蕃军队编制有藏如、右如等。吐谷浑编制不见记载，仅只有将军称号。吐蕃官品的章饰，"最上瑟瑟，金次之，金涂银又次之，银（又）次之，最下至铜止，差大小，缀臂前，以辨贵贱"。这也和夸吕的章饰完全不同。

2. 居处和服饰

吐蕃"有城郭庐舍不肯处，联毳帐以居，号大拂庐，容数百人"。"屋皆平上，高至数丈。""部人处小拂庐，……衣率毡韦，以赭涂面为好。妇人辫发而萦之。其器屈木而韦底，或毡为槃，凝麨为碗，实羹酪并食之，手捧酒浆以饮。"除了居处和妇人辫发外，余均与吐谷浑异趣。

3. 丧葬

吐蕃丧葬习俗，完全和吐谷浑不同。最重要的一点是它还保留有殉葬制度：

居父母丧，截发，青黛涂面，衣服皆黑。既葬即吉。其赞普死，以人殉葬，衣服珍玩及尝所乘马、弓箭之类，皆悉埋之。仍于墓上起大室，立土堆，插杂木为祠祭之所。

杜佑《通典》上还说有共命人，日夜纵酒，送葬日在脚下扎针，血尽而死，然后以之殉葬。这些人都是赞普生前的相好。还有一种亲信人，或用刀锯脑缝，或用削尖的棒刺两肋，死后也都殉葬。另外，一般人死后，杀牛马以殉，取牛马头积累于墓上。这都为吐谷浑所未有。吐谷浑史上无奴隶的记载，所以刑罚也轻简，更无殉葬制。

4. 刑罚

吐蕃刑罚最野蛮，有些一直保留到新中国成立前的藏地中：

> 其刑，虽小罪必抉目，或刖、劓。以皮为鞭，挟之，从喜怒，无常算。其狱，窟地深数丈，内囚于中，二三岁乃出。

抉目刑到解放前还存在。另外还有用湿牛皮裹身缝紧，然后投入牢中，有几年不解，至手指甲洞皮而出者。另据《隋书·突厥传》，有"谋反叛、杀人者皆死，淫者割势而腰斩之"等刑律。藏文记载中，也有"治奸淫罪，断其四肢之一，流放境外。妄言惑众者断舌"等规定。另外还有剥皮、断膝等酷刑。吐谷浑始终未沿袭这种刑罚，在后世土族中，也无丝毫遗留。

5. 宗教

> 其俗，重鬼右巫，事羱羝为大神。喜浮屠法，习咒诅，国之政事，必以桑门参决。(《新唐书·吐蕃传)

按吐蕃原始的宗教为本教，与萨满教大致相类。奉天神、魔鬼神等，迷信色彩极为浓厚。后从唐及印度引进佛教，自成一系。但原始宗教，至今仍有遗留。吐蕃与吐谷浑及土族，在信仰佛教这一点上是相同的。但吐谷浑并未杂本教习气，其原始崇拜图腾，似为蛤蟆，而吐蕃族则为瓹羝，沿羌族本俗。

6.其他

还有些习俗如"贵壮贱弱,母拜子,子倨父。出入前少而后老"，"重兵死,以累世战殁为甲门。败懦者垂狐尾于首示辱"，也为吐谷浑所未有。

根据以上比较，则吐谷浑立国早在吐蕃王国兴起以前，其时羌族尚以部落群体分散活动于今西北、西南等广大区域，为吐谷浑所役属，何能认为羌族建立吐谷浑国？所以吐谷浑国未被后起的国家吐蕃王国所征服前，并不存在羌化问题，而在其为吐蕃王国所灭亡后，其种姓也并未改变。吐谷浑族的被融合同化，基本上在宋以后，而且在今青、甘两省境内，尚有基本保持其古民族特征和传统的大量土族存在着，自更不能说吐谷浑早在建国时即已被羌化的断语了。所以说吐谷浑早就羌化和羌族建立了吐谷浑国的说法，是没有历史根据的。

我在本文开始时，就谈到民族的融合与同化，是一种自然现象与趋势，但不具备文化上的优越条件，光靠统治势力，并不能完成这个历史任务。吐谷浑族在它的国家政权未消亡前，所以未能被羌族和吐蕃王国所完全同化，主要由于当时吐谷浑族比羌族具有较高的文化，民族优势较为突出；其次是它始终聚居而未完全分散。即就是在被吐蕃吞并后，其汉化较深（如农耕及手工业技术）而又聚居在河湟地区的部落，在本地区汉、藏诸族相对地亦处于落后状态的情况下，而藏族的政治统一势力又不存在，其封建农奴等制度，又未在本地区完全消灭，所以土族仍然能保持其本民族的基本特征，而未为汉、藏等族所完全同化。这和近世其他少数民族如维吾尔、哈萨克、撒拉族等未被他族所同化是一样的。认清这一点，我认为是很重要的。

关于吐谷浑其他一些问题，颉刚先生和有关专家学者都有精辟的考证与论述，我除了补充和引申一点而外，不再加以重复了。

1980 年 10 月 14 日初稿

1981 年 8 月 21 日定稿

白兰国址再考

一、前言

1950 年夏秋间，客沪上顾颉刚先生寓。某日，顾先生偶问到白兰这个羌族部落国的所在地，我约略查考了一些有关资料，草了一篇《白兰地望考》，供先生参考。时隔三十多年，当时自己谈了一些什么，也已完全淡忘，不复省忆。到了 80 年代的今天，我才有机会看到顾先生《史林杂识》(初编)，其中《白兰》篇有："有友自青海来，余因以此问题质之"的话，始知顾先生在考证此问题时，兼采了我当时的一些说法，不禁惶悚汗下！因而在近两年所写的有关文章中对此续做过一些探讨，但仍很零散，且不免错误。《青海社会科学》1982 年第 2 期刊载了聪喆同志《白兰国址辨》，对此问题做出了新的探讨。此文先曾送我看过，我认为他对有关地区实地做过考察，其有助于对此问题的重新论证。随后聪喆同志又写了一篇驳诘《维州白兰论》的文章，是前文的姊妹篇。我当时建议把这篇文章也先予发表，然后我再写文参与讨论。不久，我在吴均、梁今知二先生催促鼓励下，终于提前先写出一篇东西来，但由于送有关人士审阅，又耽误了大半年工夫，而聪喆同志的第二篇文章也已刊出，现在我根据有关方面所提意见，将前稿略加补充修改付诸发表。其未便从同处，则仍以己意为取舍，聊当争鸣，并以就正于聪喆同志与海内方家。

二、白兰种族及其名称试释

古地半因部族而得名，但向无城郭的行国，则又往往随人徙和语言而出现先后相异的情况。在考证地理沿革时，这一点是必须首先加以注意的。弄清楚白兰地望及其移徙，于吐谷浑立国形势和兴衰情况，颇有连带关系，而对历史地图的绘制，则更直接相关。近年来国内对此问题的探讨，颇有倾向于国外学人的论点，个人于此，未尽从同，兹试为论证，再申己见。

首先拟考察一下白兰的种属问题。《周书》卷四十九《异域传·白兰》云：

白兰者，羌之别种也。

又，《北史》卷九十六与此同。北宋时成书的《册府元龟》卷九五八"外臣部国邑二"亦谓："白兰国，羌之别种也。"其史料当均同出一源。到了后来，便有了不同说法。《新唐书》卷二二一《西域传·党项传》有云：

> 又有黑党项者，居赤水西，其长号敦善王，慕容伏允之走也，
> 依之。及吐谷浑款附，敦善王亦纳贡。居雪山者曰破丑氏。又有白
> 兰羌，吐蕃谓之丁零。左属党项，右与多弥接。胜兵万人，勇战斗，
> 善作兵，俗与党项同。

而先此成书的刘昫《旧唐书》的记载，又颇与此有异，是书卷
一九八《西戎传·党项羌》云：

> 又有雪山党项，姓破丑氏，居于雪山之下，及白狗、春桑、白
> 兰等诸羌。自龙朔巳后为吐蕃所破而臣服焉。

这里虽同样提到黑党项，而仍把白兰列于诸羌之内，无"丁零"
的说法。杜佑《通典》，成书于唐中叶，亦说："白兰，羌之别种，
周时兴焉。"（卷一九〇边防六西戎二《白兰》)那么，吐蕃说它是丁零，
究何据而云然呢？

据梁今知先生说，日人佐藤长氏在其所著《古代西藏史研究》
中谓系"匈奴隶属部落丁零的子孙，属突厥族"。同样的解释，也
见于日人松田寿男氏《吐谷浑遣使考》：

丁零，不外乎是敕勒、铁勒之异字，也包括突厥在内。

不过他又接着说："但是白兰之民，理应是羌人而非敕勒人"，不论怎样，吐蕃人称白兰为丁零，其原因何在？我想这是因为白兰似乎"被西藏本土之民用突厥极为近似的发音或语言来称呼，这种语言恐怕唐代的中国人难道不会写作对突厥古译字丁零吗"？实际上松田氏的这种解释是游移而模棱的，因为他最终还是把白兰划入柴达木河流域布尔汗布达这个突厥、蒙古语地名之下了。

白兰族属羌种，原是没有疑问的，《新唐书》的说法似乎得诸传闻，并不足为据。古代交通闭塞，民族或部落之间缺乏往来，因而当时人的地理知识极为模糊，如汉人把广大北方地区的各民族统称为胡，把西羌境内的氐也称为羌。诸夏之人尚且如此，四裔则更可想而知。吐蕃在未兴起前，居女国、唐旄、苏毗之间，蕞尔小邦，见闻当自有限。我以为这个"丁零"名称的来源，当追溯到魏晋以前：东汉时西海周围原为先零羌居地，在它东迁北地后，其首领犹有滇零的称号，而早在王莽时烧当羌的玄孙有名叫滇良的，据有西海郡地。到南北朝时，这部分羌人虽早已内徙。但旧时部族称号与地名可能仍旧存在，而为吐蕃所沿用。《新唐书》所谓"丁零"，当为羌种滇零或滇良的异译，而非即谓丁令（丁灵、钉灵、丁零）也。突厥种丁令本居今贝加尔湖地区，即就是在汉朝与乌桓夹击匈奴时，其足迹只到今内蒙古地区，从未到过今青海南部地区，因此我认为把白兰误认为丁令后裔，或以滇零为丁零是当时吐蕃历史地理知识的局限，乃仅得诸传闻，而把白兰属诸突厥，则出于近人对《新唐书》记载的误解。我之所以首先要辨明白兰的种属，因它是与其活动地域紧密相连着的。白兰既为群羌部族的一支，则其自名本属羌语，而与突厥、蒙古族语无关。《隋书·吐谷浑传》上说吐谷浑地域"南极白兰山数千里之地"。是知白兰国名来源于其境内的白兰山，或此山以白兰部族而得名。总之，其境内有山曰白兰，则是极其重要的一条依据。因此顾祖禹在其所著《读史方舆纪要》中说：

白兰山，在吐谷浑西南。慕容庑庶兄吐谷浑，国于洮水之西，南极白兰。其后每被侵伐，辄保白兰以自固。

山川一般不像城郭、部族那样易于迁移，因此就白兰山以考求白兰国址的所在，是首要的一条原则，而白兰山居吐谷浑之南，更是不容忽视的方位。顾刚先生《白兰》一文，先推求定附国所在于邛崃山之西，宁静山之东，巴颜喀拉山之南；再进而推定白兰疆域在今青海与四川之间，距甘肃西南部亦不远；最后始肯定白兰山即今之巴颜喀拉山。我认为这个结论是可信的，因为他主要是以四至的山川、部族为依据，而对音只其一端，结论并不是专靠对音来求得的，如果对音方面有错误，则应当归咎于我当时的疏忽。

现在不妨把白兰与巴颜喀拉这两个名称之间音值的勘同和古今

语言变异的问题试加讨论。白兰无疑是见于汉文史籍的译名，这个书面的地理名称，不一定和其时当地口头语言完全一致，其语源或出自羌，或出自吐谷浑，尚无从推求。而巴颜喀拉则显系突厥或蒙古语，是属于后起的名称。吐谷浑时代的白兰地区，有白兰、可兰两个部落国，白兰音近巴颜；可兰音近喀拉，只是语源不同。我现在想对这个问题作两方面的推论：

（一）最先在本地区存在着白兰与可兰两个部落国，而以白兰较详见载籍。而所谓白兰、可兰乃均系汉文的音译，与当时口语，容或存在较大出入。

（二）至唐初吐蕃从吐谷浑吞并白兰、可兰后，这两个部落国不复在当地存在，但这个地理名称，自然会长期存在于当地人口头中，于是在唐以后再出现新译名时，便很有可能根据当地口语译为巴颜喀拉了。白兰山成为巴颜喀拉山显然是未沿原名而从俗称的，因此巴颜喀拉一名尽管是后起，但其语源应当说是仍来之于古的。在这里有必要举古今两例说明这个道理。如《后汉书·西域传》有个兜勒国，而六朝人译经，却译成兜佉勒；在《魏书》中又成了吐呼罗；《隋书》作吐火罗；《大唐西域记》作睹货罗。虽然字音稍异，但自魏至唐，语源未变。而到了此后，便变成了塔克拉玛干（玛干为莫贺的异译），甚至还加上个大沙漠。塔克拉在外文中，或译Thagara，或译 Thagura、Takla，与吐火罗（Tokhara）显然是同名异译，而自唐及今的图伦碛译名，犹隐存兜勒之旧（吐火罗、

大夏、大月氏地均几迁，此处只论其对音）。据此则兜勒为汉时书
面语，而兜伕勒以下都依当时口语。若无兜伕勒、吐火罗的口语存在，
则不可能把兜勒改译成塔克拉玛干。白兰一名，辗转成为突厥或蒙
古语巴颜喀拉，正好与此相类似。吐谷浑语属东胡语系，与蒙古语近，
说明巴颜喀拉乃是用蒙古或突厥语译自吐谷浑口语中的白兰。这个
通例，至今仍有存在。如今唐古拉山，藏语原称当拉，即是当岭或
当山。本来只一个"当"字，而译为汉名，便成了当拉岭或唐古拉山；
今青海化隆县，当地人称巴羊戎，而书面名则有巴燕戎格与摆羊戎
格，或巴戎、巴燕。其他的如昌都称察木多，阿曲（见《北史》及
《魏书》之《吐谷浑传》）称阿木曲乎，均书面与口语之异。至于美
国可译美利坚合众国，亦可译亚美利加；旧金山既可译三藩市，亦
可译三佛兰西斯科，都是书面语和口头语或古今语言的差别。如此
则白兰之音转变为巴颜喀拉，并不在其书面语言出现的早晚，而在
书面语与口头语之间的差别。按例，则口语当然在前。白兰山即今
之巴颜喀拉山，自不能凭此一点得到肯定，但仅就对音而言，这依
然较"白狼""巴隆"为切近于事实。

巴隆云系蒙古语，其义为右翼，把青海西部划为蒙古左右二翼，
时在公元 1645 年（清顺治二年），布尔汗布达也是蒙古语，非古名。
而藏语则称巴戎，意为溪涧，均非山或部族名称，也与白兰不甚谐
音。最重要的是巴隆方圆不逾百里，且居布尔汗布达山东北部边缘，
以巴隆当白兰，直风马牛不相及。

三、白兰的四至

《北史·白兰传》云：

> 其地东北接吐谷浑，西北利模徒，南界郍鄂。

对于利模徒一名，颉刚先生说，《通典》《通志》引用此文均作西至叱利模徒。是知今本《北史》"叱"讹作"北"，盖以涉上文"东北"而讹，又脱"至"字耳。按"北"字非方位词，应如颉刚先生所论，《北史·附国传》平列羌人国二十，作北利模徒可证。唯《北史》《隋书》均作"北"，《通典》《通志》均作"叱"，我又查了一下《册府元龟》亦作"北"，是否即为"叱"之形误，尚难完全肯定。就字音推测，"叱利"或"利"，均似为山名。而《周书》却仍作"西北至利模徒"又与《通典》微异，其间自必有一误或臆改。日人山口瑞凤氏以北利、模徒为二地（见所著《白兰与孙波的朗氏》）；松田寿男氏则又以《隋书》记载应读为"北、利模徒，郍鄂"；佐藤长氏遂以利模徒当今之玉树州治多。我认为均不可从。郍鄂或作郍鄂，而《通典》又作"郡鄂"，"郡""郍""郍"恐均是形误。《隋书》与《册府元龟》则作"那"，证之今日果洛州达日县南境与四川甘孜接壤处的达卡，旧名拉昂省都（省都或译松多，意为三汊河口）、拉昂音与"那鄂"近，或即其处。如此则当以"那"字为正。（北魏高凉王那，《北史》作"郍"，《魏书》作"那"可比证。）

那么，利模徒或北利、叱利模徒的所在，究竟在何地呢？如姑以"北利""叱利"为山名，则"模徒"应即为今玛多的对音。从今天的黄河沿直到河源所出的约古宗列，地以玛多名者很多，玛多汉译即是黄河沿，那段地带，概可以玛多为名。而这一地带又适当巴颜喀拉山之北、达日地区的西北，这与古籍所载，"西至叱利模徒""西北至利模徒"的说法相合。白兰国西部或西北界利模徒，南界那鄂，既如上述，则其东北接吐谷浑，并非漫指"东至叠州，西邻于阗，北接高昌，东北通秦岭"（见《南史》《梁书》）的吐谷浑盛时全境，而是指其当时王城所在的河南国而言。吐谷浑为河南王时，其统治中心在今之黄南、海南二州地域内，而王城沙州，即在今贵南县穆格滩，随后渐移到今共和县境内。其地位正居今巴颜喀拉山东北境，若以今之都兰为吐谷浑王城，而以巴隆为白兰，则其东北方位为今之海北，而非海南，与古籍上河南国的记载全相违背。且目前的《中国历史地图集》也以此时期吐谷浑王城属都兰，则察汉乌苏与巴隆密迩相望，有何退保之可言？这种向声背实的说法，都是轻信新说、耳食传言或迷信权威所造成的。

其次，顾刚先生推定白兰地望所在，从附国、嘉良以迄宕昌，考明其四周的山川形势以至风俗，层层逼剥，使其无所藏形。其中引《北史·附国传》有云：

附国……西有女国，其东北连山，绵亘数千里，接于党项，往往有羌：大小左封、昔卫、葛延、白狗、向人、望族、林台、春桑（《隋书·附国传》作"春桑"）、利豆、迷桑、婢药、大硖、白兰、北（叱）利摸徒、那鄂、当迷、渠步、桑悟、千碉，并在深山穷谷，无大君长，其风俗略同于党项，或役属吐谷浑，或附附国。

　　上面所平列的二十个羌国，除了部分在今四川省甘孜、西藏昌都境内外，而大部均在今青海省果洛、玉树两州境内。从排列顺序看，与白兰上下相接的迷桑、婢药、利摸徒、郍（那）鄂，均在今果洛州境内，而当迷在玉树州界，均北与党项接，无一及今柴达木地区。风俗同于党项，役属于吐谷浑及附国，其地自不会偏离到西北方向去。白兰之非巴降，即此可证。颉刚先生更就嘉良附国有水阔数十丈或百余丈，而考定其为今之金沙江与雅砻江，明确附国的界址，从而按图索骥，一一考察出利摸徒、郍（那）鄂、白兰的所在来，其方法是科学而严谨的，非如有些国内外学者那样的悬揣或武断了。

　　我还想在这里补充谈一下宕昌，这也有助于白兰国址的进一步明确。中国古籍中提到白兰，往往与宕昌并论，宕昌地当今甘肃临潭、岷县之南，今青海果洛州之北。正好南与党项、白兰接壤，因此风俗均与之相同。若把白兰摆在今柴达木盆地的巴隆，则它和宕昌、邓至、河南诸国不免南其辕而北其辙了。至此，我们不妨为白兰国的地望画出个粗略的轮廓来。当年吐谷浑在受到西秦和北魏的军事进攻时几次所退保的白兰，其地约当今青海省果洛藏族自治州境内，大致包括玛多、玛沁、甘德、达日、班玛及久治各县的一部或大部，而与早期党项及吐谷浑、当迷、迷桑等错居。其东北与吐谷浑在今海南州兴海、同德相接；西南依巴颜喀拉山与今之玉树州北部相邻；西北与今鄂陵、扎陵相通。主要是面大积石山（大雪山）背巴颜喀拉山，依山面河，居险守冲，与古籍所谓"地既险远"，辄保白兰以自固的记载相符合。巴隆地居沙碛边缘，背依沱沱山，东、西、北三面平旷，沙丘连绵，四面受敌，显非用兵之地。同时地瘠民贫，不要谈吐谷浑大队人马并牲畜退保，就是白兰本身的"胜兵万人"也在这里难以存活。若果更从这里驱万帐与大量牲畜西奔于阗，虽然于现在看来，有青新公路直通婼羌，而在当时条件下，必须保证有足够水草，不能肯定由此可北取伊吾道，或西取婼羌道了。且早期婼羌，并不当孔道。白兰在当时是一个部落国，因此它的国境与国土，是参差错落地存在于巴颜喀拉山地区，不会像现在那样有固定的经界，而且到后来还有所变迁，这一点容在后面另论。

四、白兰与吐谷浑

白兰是群羌的一种，吐谷浑至河南后拓地，便为其所役属。且以"其地险远，又土俗懦弱易控"，遂以之作为它的可靠后方基地，曾几度退保。有一次曾被魏兵攻取，但等魏兵退后，吐谷浑仍复回来。因此白兰在吐谷浑所属诸部中，居有唇齿相依的特殊重要的地位。

考吐谷浑本鲜卑慕容氏王室的一支，自永嘉之乱时度陇，以枹罕（今临夏地区）为根据地，"其后子孙据有西零以西，甘松之界，极乎白兰数千里"（《晋书·吐谷浑传》）。可见吐谷浑在早期的活动中，即占领了白兰地区。这时他已开始受到羌族的反抗，吐谷浑死后，他的儿子吐延为羌族酋长姜聪所刺，剑犹在身，他急预嘱部将纥拔堨说：

竖子刺吾，吾之过也。上负先公，下愧士女，所以控制诸羌者，以吾故也。吾死之后，善相叶延，速保白兰。言终而卒。（《晋书·吐谷浑传》）

在羌族部落的压力下，他们以保白兰为急，显见此时吐谷浑势力，已由河南进入白兰。到叶延的孙子视连时，西秦业已据有秦、河二州之地，乞伏归仁于公元385年自称单于，领秦、河二州牧，置郡十二，城于苑川，今甘肃陇西、陇南都归他统治。接着乞伏乾归称河南王，迁都金城，后秦封他为金城王，于是枹罕地区也落入西秦手中，视连便不得不称臣入贡，乾归便拜他为沙州牧，封白兰王。说明吐谷浑政治中心已由枹罕转到河南的沙州地区，而西秦还想压他更南向入白兰。视连的儿子视罴继立，有雄略，乾归遣使拜他为使持节都督龙涸以西诸军事、沙州牧、白兰王，视罴不受。乾归虽然明白他接受东晋的封拜，不与西秦结好，但因其有一定兵力，姑且容忍妥协，后来才乘机发兵袭击，攻取河南，视罴退保白兰得存。

他的儿子树洛干立后，率领数千家回河南莫何川，最后在赤水为西秦兵所破，又退白兰自保，惭愤发病而死。阿豺子慕利延时，魏遣晋王伏罗讨吐谷浑，慕利延兄子拾寅走阿曲，慕利延走白兰。伏罗遣高凉王拓跋那等追及于白兰，慕利延入于阗。此时吐谷浑已拓地至且末、于阗，这次更曾进入罽宾，后仍回故土。慕利延死，拾寅立，始在伏罗川立都，其居止出入窃拟王者。伏罗川在今共和盆地，白兰仍为其后方重地。从拾寅到其孙伏连筹，又颇规复洮、岷地区故地，魏拜伏连筹使持节都督西陲诸军事、征西将军、领护西戎中郎将、西海郡开国公、吐谷浑王，自是其青海境内政治中心转移到青海西南，号称强富。他既与魏修诚，又与江左通款，其由洮岷经蜀通往江左的贡道（亦即商道），始终畅通无阻。而同时保有鄯善、且末、于阗地区，其地号称东西四千里、南北二千里。到伏连筹子夸吕立，始都伏俟城，自称可汗。隋末初唐时，吐谷浑分东西两部：东部以伏俟城为中心，由王伏允坐镇；西部以鄯善为中心，由王子驻守。其后吐蕃由南进逼，白兰遂失其险，而吐谷浑王室只好辗转流徙于湟水、浩门河流域。最后由河西移灵州附唐自保，白兰便没于吐蕃，从此便渐归衰微。可见在过去三百年中白兰与吐谷浑之间，存在有长期互相依存的关系，特别是吐谷浑在东来的北魏、西秦等势力打击时，始终不致败没，是与白兰的支持分不开的。

五、从白兰的风土看其所在地区

自来天时节候、风土刚柔与阴阳湿燥等地理因素，决定着所在地区民族的气质、性格和生产发展的特点。

白兰的地理环境和土风，主要有这么几点值得注意。首先，据《北史》《宋书》及《册府元龟》记载说："土出黄金铜铁。"而《周书》上说周武帝保定元年，白兰"遣使献犀甲铁铠"，这说明白兰地多黄金铜铁，并以铁铠为贡品，与吐谷浑善作兵器相同。后世迄今黄河源地区多黄金，几十年前马麒因在果洛马积雪山（大积石山）开金矿，致引起双方军事冲突。今果洛即当年白兰故地。

其次，《册府元龟》说："白兰出蜀马牦牛"，《北史》说："多出金银牛马"。蜀马为一地方马品种，今果洛地邻四川间尚有蜀马，而今柴达木盆地的马称柴旦马，品最下。牦牛亦以果洛、玉树产者为大宗。

第三，《册府元龟》说白兰"地宜大麦，而多蔓菁，颇有菽粟"。盖与吐谷浑混同言之，大致与河南地相同，而与今柴达木异。都兰一带垦殖，乃近几十年事，其地多盐碱、沙碛、沮洳，且干旱，与果洛、玉树大不相同。

第四，古籍中对白兰记载的有些情况，往往与吐谷浑并论。如"地生黄紫花草，便有雀鼠同穴""雀色白，鸟色黄"，这种生态现象，据说一过日月山，几乎在青藏高原上普遍存在，果洛、玉树最为习见。而在柴达木盆地中，就是在东南缘，也属罕见。这不能被解释为生态的改变所致。

第五，吐谷浑王吐延曾说：白兰"地既险远，又土俗懦弱易控"。

这里所谓"懦弱",当可作如下两种解释:一是吐延以新兴的鲜卑与古老的羌种相对比,觉得他们没有吐谷浑那样有朝气;一是为他的儿子叶延壮胆,教他不要顾虑白兰会拒绝他们入境。因为相对来说,白兰在群羌中还是较有战斗力的。《文献通考·四裔考十》说:"有胜兵万人,勇于战斗。"山国之民,民性强悍,弓马娴熟,清中叶以还的果洛克,竟成为蒙古的劲敌,以今例昔,大致或不相远。后世居柴达木盆地的牧民,民气远较果洛、玉树为衰弱。

第六,有些自然地理情况,在古籍中是混同漫载,相互因袭,而不尽确切的。如:"西北有流沙数百里,夏日有热风,为行旅之患。风之所至,唯老驼预知之,即鸣而聚,立埋其口鼻于沙中,人每以为候,即将毯拥蔽鼻口。其风迅驶,斯须过尽,若不防者,必致危毙。"这条记载,同时见于吐谷浑、鄯善、且末及吐火罗。这是大沙漠中特有现象。我过去在西套蒙古额济纳旗所属营盘水沙碛中曾遇到过此类风沙,而在柴达木香日德地区,在山中与骆驼队相处几年从未闻有此事。香日德北山即与巴隆相望,半属沙碛,果洛地区少沙碛,亦鲜骆驼,似当年白兰,亦不致有此,足见此类记载颇多因袭,与"地多黄紫花草"的地貌不侔。

从上述地理环境所决定的物产、民风等因素来看,白兰所在绝不会在今布尔汗布达山下的巴隆。那么,此说从何而来呢?据我所知,近来此说的来源,大抵不出二途:一是受法国汉学家伯希和"突厥说"的影响;一是采自日本东方学家松田寿男、佐藤长诸家的推论。

上述诸家，无疑均为此方面的权威，但在此问题上，却未必可全信。他们以为柴达木有布尔汗布达山，是突厥语系地名，而在此山附近，又有个地方名巴隆，与白兰音近，因此便说巴隆即白兰布尔汗布达即白兰山；再加上婼羌出铁，又与白兰出铜铁相应；何况还有"丁零"这个突厥族名？实际上这种为考证而考证的方法是徒劳的。因为吐谷浑几次退保白兰，都是驱千帐万幕拥众而南的，这非有足够的水草和粮食不行，巴隆地区均莫能当；慕利延败退的那一次，魏兵曾破白兰，慕利延又走于阗。论者多以为他走的必是婼羌道。但据道宣《释迦方志·遗迹篇第四》所述，自唐赴西域三道中的东道是这样走的：

其东道者，从河州西北渡大河，上漫天岭，减四百里至鄯州。又西减百里至鄯城镇，古州地也。又西南减百里至故承风戍，是隋互市地也。又西减二百里至青海，海中有小山，海周七百余里，海西南至吐谷浑衙帐。又西南至国界，名白兰羌，北界至积鱼城，西北至多弥国。又西南至苏毗国。

道宣是取道今青海、西藏去印度的，他所说的吐谷浑衙帐是唐初诺曷钵所居地，在今共和县境。其西南为白兰，则适为今果洛地区。再西北为多弥（即前此之当迷），为今之玉树地区。并不经今柴达木境。

又，敦煌出五代后晋天福十年写本《寿昌县地境》卷子中萨毗城条云：

在镇城东南四百八十里。其城康艳典筑，近萨毗城泽险，恒有土蕃，土谷贼往来。（向达《唐代长安与西域文明》）

土蕃指当时吐蕃人，土谷指吐谷浑人。同样，斯坦因所得《沙州图经》断片亦云：

萨毗城西北去石城镇四百八十里……其城近萨毗泽。山险阻，恒有吐蕃及吐谷浑来往不绝。（黄文弼《古楼兰历史及其在西域交通上之地位》引）

吐蕃与吐谷浑人从苏毗（今玉树）随时侵扰楼兰抒泥城（即鄯善），可见从今日的玉树沿萨毗泽入且末及鄯善，是当时最便于往来的一条通道。萨毗泽即今之阿雅格库木库勒。由白兰经当迷至苏毗，更由苏毗走且末、于阗，当是慕利延所取捷径，此道河水纵横，且无沙碛，比由柴达木北越沙碛于大队人马为便。正由于大多论者以巴隆为白兰，他们才以为非取道婼羌不可，殊不知取婼羌道必先取足供应，这在当时是很难解决的。

还有一点，就是白兰从唐初开始，在吐蕃势力的侵逼下，除了一部分人被吐蕃作为军锋外，其部落则逐步向蜀迁移，武德时安置其一部在维、恭二州，这就到了现在四川省红原、理县、马尔康一带了。到唐高宗永徽时，白兰部族又有一部内附，唐安置于剑州。龙朔以后，与春桑、白狗等为吐蕃所臣，籍其兵为前驱，便更与东会州相接了。这当是徐嘉瑞先生"维州白兰说"之所本，说的是白兰后期的事情。我未见徐先生《大理古文化史稿》，于此不敢妄论。但白兰入唐，越走越南，正好说明他的故地就在今果洛地区，否则他如何能突破吐蕃所控制的腹地却偏向东南方向撤退呢？颉刚先生说白兰当西倾山之西，指的正是今果洛地区。聪喆同志把白兰摆在吐谷浑西面，是为了把吐谷浑"国于洮水之西、南极白兰"这句话标点为"国于洮水之西南，极于白兰"作依据的。殊不知洮水之西，正是当时河南国的中心，由河南国南极白兰，便到了今果洛州。要说是西南极于白兰，更是无法到距洮水源几千里而地处青海西北的柴达木盆地了。

六、关于河曲问题

考察吐谷浑国地理，对河曲一名，也必须加以阐释。按历史上河曲有二：一为春秋时秦晋交战处，指河自风陵渡东流，在今永济县境形成一大弯曲，当时称为河曲。与此相类，黄河上源由大积石山至今贵德县境，黄河屈曲东北流，古书上称析支河或赐支河曲。仔细划分，在这一段流程内有两大弯曲：河水自鄂陵、扎陵东南流到果洛州久治县迤西折而向北，至甘肃省甘南藏族自治州玛曲县再折向西，我们可以把这一段大弯曲称为西曲或南曲。大积石山和果洛州刚好处在这段河曲内；河自玛曲西北流，至海南州同德县属的拉加寺折向北流，到共和县属曲沟复折而东流，又形成一大弯曲。黄南与海南两州都坐落在这段河曲内，我们可以称为北曲或东曲，这在唐代被称为河西九曲。《后汉书·西羌传》上说羌人无弋爱剑亡入三河间，"滨于赐支，至于河首"。我现在理解河首即指大积石山所在的南曲，而析支或赐支则指海南、黄南州所在的北曲。这两处是指河源地区的两大河曲，至于所谓九曲，是后起的名称，其地与得名应当别为探讨（别详拙著《黄河九曲新考》）。唐中宗景龙间以九曲地为金城公主汤沐邑划予吐蕃，至唐玄宗天宝间由哥舒翰收复，包括今甘南、黄南、海南三大地区。我过去写的东西只以河南国所在地为河曲，概括尚嫌未尽，因此在这里附带提一下，借作补充。

1982 年 10 月初稿

1983 年 8 月改订

藏族源流与汉藏关系

一、引论

藏族为组成中华民族共同体的主要支系之一，其历史文化，源远流长，世所共知。但自近代西方帝国主义侵略势力东渐以来，盗憎主人，于藏族源流和西藏历史，有意歪曲事实，制造谬论和谎言，挑拨离间，期欲达到其分割之罪恶目的。而国人间或不察，流毒犹时有泛滥，致影响安定团结的当前国策和祖国边疆的建设，这不能不引起我们的警惕与重视。

我认为探讨包括藏族在内的中华民族的源流与现状，必须要确立两个前提：一为统一性，即中国自来是一个统一的多民族国家。而民族是一个历史的范畴，其在一定历史时期所形成的共同体，与这个国家的兴衰与存亡存在着血肉相连的关系，也就是说同患难、共命运的。中国作为一个古国，自夏、商、周三代以来，虽版图有大小，人口有消长，氏族有兴衰，政权有更替，而自始即以统一为国魂。《春秋》大一统即为我国立国的最高准则与宗旨。《公羊传》鲁隐公元年说："何言乎王正月？大一统也。"什么是大一统呢？陈文《公羊义疏》引《汉书》王阳的话说："《春秋》所以大一统者，六合同风，九州共贯也。《礼记·坊记》曰：'天无二日，土无二王，家无二主，以一治之也。'即大一统之义也。"在这种准则的指引下，经过儒家总结发挥，便得出了"天下乌乎定？定于一"的结论。这确乎是一条重要的社会发展规律。

在民族方面，于传说中的历史时代中，在黄、炎两大族的联合下，形成了被后世所称的华夏族，从而出现了夏、商、周三代的统一局面。再经过春秋战国东西方各民族融合，而孕育诞生了更进一步发展统一的国家。在此历史时期内，秦、汉两个以汉人为主体的王朝，与匈奴、羌和西域各边疆民族，既有互相争夺，又有互相吸收，文化经济频繁交流，和亲结盟也开始建立，因而汉王朝在中国发展的历史中，树立了开拓边疆的规模和打通了中西文化经济交流的通道。魏晋南北朝时，由于边疆众多的各少数民族进入中原，虽引起了社会长时期的动乱，而同时酝酿了隋唐统一大帝国的出现，民族的融合和李唐王朝不分畛域地擢用各边疆民族中的英雄豪杰、文臣武将，出现了贞观和开元盛世。这说明民族的团结与融合，为统一国家倍增了光彩，而国运的兴盛，又为边疆的开发与建设，提供了有力的保障与条件。这说明以国家统一为中心，加深了各民族之间的互相依存关系。

其次，中国这个统一国家，在元清两代，分别是由蒙古族和满族执掌统治权的，而国威之盛，版图之广，都骎骎乎超越了前代。中国统一的多民族国家最终巩固与发展，也就在这个时期凝固与定型，多种民族的共同体，共戴一个统一的中央政府，因而在民族方面也同时产生了"中华民族"和"炎黄子孙"这样的称号。就现在来说，分起来全国有 56 个民族，而合起来则只有一个中华民族。这是中国历史发展的必然结果，也不同于西方近代民族理论概括之下的同一模式。我们现在既然讲要建设有中国特色的社会主义，那么历史上多种的中国古代民族（在古代称为夏人、殷人、商人、周人、秦人以至汉人）所互相融合而形成的民族共同体，其血统、语言、地域和文化等诸因素，和世界上其他民族的形成与素质，应既有其共同点，又更应重视其特点的存在。正由于中国国家和民族的形成发展过程以及其地理环境和近代西方国家的形成发展并不完全一样，因而我们的意识形态与国家社会制度和他们存在着很大差异。各民族共同团结在一个统一政府下的共同意识，即是春秋家的"中国而进于夷狄则夷狄之，夷狄而进于中国则中国之"的文化观点，也是墨子所谓的"圣人能以天下为一家，中国为一人"，为后世以至现在所艳称的大同世界，便由此而产生。即使从国家政权方面来说，元、清所建立的统一王朝和北魏、北齐、北周以迄辽、金等分立政权，同列于正史。相反，被称为汉人所建立的统一政权如新莽、武周，反而见绌于正史，这不是统一的文化传统为依据，而是纯以狭隘的汉族立场来定论吗？这是我以统一性为前提的历史根据。

另一个前提为整体性。中国既然是一个由历史形成的统一的多民族国家，则其民族的主体意识应是形成这个国家和民族共同体的中心思想文化。中国是世界上文明古国之一，尽管自近世以来，迭受外力的侵袭，而终能屹立于世界。不被侵略势力或外来文化所吞噬，其原因即在我们文化传统的整体性，所有民族的一致性、凝固性。这种大一统文化的本质和大一统国家的体制，使得我们的国家民族，历久常新。文化上的相互吸收渗透，民族上的相互接近融合，不仅国脉长存，同时民族也经久不衰。现在我们所讲的民族学，是从西方引进的新学科。若从摩尔根到马克思、斯大林以及欧美资本主义国家各民族学派，其间已存在很大的不同。但从西欧近代社会实际来说，这已无可怀疑是一门崭新的科学，其在文化人类学方面的普遍性与共同点，自然可适用于我们对民族文化、民族学理论和民族历史的探讨。特别是马克思主义的观点，是属于新的社会主义范畴的学说，无疑是我们今天研究民族问题和民族关系史的指针。但是怎样把马克思主义在这方面的普遍真理，具体与中国历史和当前实际结合起来，根据我个人的粗浅看法，中国历史上民族关系的演进与发展，并不完全相同于欧洲或者说是西方的模式，这就是中国的民族个性与特点所在。要在当前中国特色社会主义体制下，达到各民族一律平等以至于互相融合无间的共同目的，就必须根据各民族自己的实际条件走并不完全一致的道路，经过一个历史过程，才能完全。这里所谓的不是同一模式，也不是同一道路，其中一点，就是我上面所说的整体性。中华民族发展到现在，有一个独立自主的民族意识和文化传统。就是说不论是中国统一政权的哪一个民族，其表现于共同文化上的共同心理素质是密切相连而不可分的。如在文化传统上，"殷因于夏礼""周因于殷礼"。这件历史事实，不问三代间民族的不同，而仍有选择地继承发扬其优秀的文化传统，连孔夫子也发出赞叹说："周监于二代，郁郁乎文哉！"这是一。自秦汉建立统一王朝，中经魏晋南北朝各少数民族建立分割政权，以迄元、清两代蒙古族、满族建立空前强大的大统一王朝，基本上都继承发扬了以儒家政治和道德伦理思想为主体的文化传统，其间如北魏孝文帝的政治改革和康熙、乾隆等帝的潜心儒学（康熙帝还跟外国传教士钻研西洋历算），使得北魏、元代、清代都在中国历史上焕发了特异光彩。就此看来，在继承发扬传统优秀文化这一点上，不论是鲜卑族、蒙古族、满族，其所表现的心理状态都是一致的。马克思说："野蛮的征服者总是被那些他们所征服的民族的较高文明所征服。"这当然是历史发展中的普遍规律。但用来论证中国民族关系史的共同心理状态则是更为典型的。这是二。在共同防御和抗击外敌的侵略上，也同样有这种表现。如战国时秦与燕、赵、魏三国是不同民族组成的政体，但在防御匈奴的入侵上，都共同修筑了长城。唐时吐蕃与唐王朝，既是友好往来的甥舅国，也是互相争夺地盘的政体，但在阻止大食东进势力的战线上，双方的态度与行

动，却都是完全一致的。特别是在近代西方帝国主义殖民势力入侵
上，无论是满族、蒙古族、回族、藏族、汉族等，都同仇敌忾，不
惜流血牺牲，保卫祖国的安全和维护领土主权完整。特别是在英军
侵入西藏时，连色拉寺的喇嘛，也勇敢地拿起枪来进行抗击。清季
的西北回族，和清朝贵族统治集团是存在着敌对情绪的，但在八国
联军入侵北京时，董福祥部回军在保卫北京的战斗中，和满、蒙古、
汉等各民族组成的部队，共同进行了英勇的抗击。所谓"兄弟阋于
墙，外御其侮"，正是古老的中华民族的传统精神的表现。这是三。
在抗日战争中，各少数民族虽与当时国民党政府存在着一定的距离
和不满情绪，但当时在关内的满族却不承认伪满洲国；内蒙古的绝
大多数蒙古族民众，不拥护德王傀儡自治政府；西藏热振活佛和九
世班禅大师与广大僧俗群众，又都积极抵制了英帝分割西藏的阴谋，
维护祖国统一、争取抗战胜利。这是四。在反对中华民族内部统治
阶级的歧视和压迫中，不论是哪个民族，和反侵略一样，都具有同
样的心理素质，具体如反现代军阀割据、官僚主义的统治、资本家
和地主的剥削、牧主头人的封建专制等。这是五。各民族之间的互
相自由通婚；藏族、蒙古族、土族和民族杂居地区的汉族共同信仰
藏传佛教，而青海藏族又同时多信仰关圣帝君和文昌帝君，表现出
宗教上的互相渗透；青海地区部分汉族、回族、撒拉族、土族都会
讲藏语，而汉族语言除了在回族中通用外，在土族、撒拉族和东部
农业区的藏族中也都使用。河南蒙旗的蒙古族则都改用藏语，这都

是在语言上的互相渗透。此外在生活习惯上、穿着上也有很多互相渗透和影响之处，如城市商人和农村的汉族、回族都吃酥油、糌粑、手抓羊肉，也都穿大领皮袄、氆氇褐衫等。这是六。

以上种种例子，均说明中华民族这一大的共同体，既有各民族本身的历史文化特征，又有共呼吸、同命运的共同性，也就是中华民族的整体性。我们国家中现在有 56 个民族，这是现代民族学的分类，而我们所谓中华民族共同体，则是中国历史发展的产物，也是一种文化类型。因此，用现代民族学特别是马克思列宁主义的民族学分类来说，是当代社会主义中国 56 个现代民族；而从历史来说，同时是一个同一文化类型，也就是从其整体性上来讲的。这就是我在探研民族源流问题上所要提出的两个前提：一个是统一性，一个是整体性。不要背离统一国家的前提而探求某一现代民族的族源；同时也不要分割中华民族的整体性而去探求某个现代民族流别。

我这里提到的传统文化，是目前讨论的一个热点，有的打着先进的旗号反传统，有的则主张兼容并包，也有的提出要继承发扬传统。看来这些说法，都不无道理。但现在的毛病，提出一个问题，大家纷纷扬扬争论一阵就过去了，很少去探讨中西文化的差异和它产生发展的根源。东西方文化产生的土壤（地理环境）不同，成长的过程有异（历史背景），所以它们之间的人生态度自来就不一致。这中间各有优劣与长短，从文化观点来说，应当取其所长，弃其所短互补而归于会通。也就是说在顺应文化共同性发展的趋势下，来保持和发扬民族文化特点。东西方文化本质的不同，即是它的特点。近百年来，因在近代西方帝国主义侵略势力的侵扰和腐朽封建贵族统治势力的因循贻误下，使我们这个文明古国落到了一个贫穷落后而被人欺侮的地位。自孙中山先生建立中华民国到中国共产党建立新中国，民族是得到解放了，国家是获得独立了。但由于没有认真探讨中西文化差异的根源与其特点，因而不仅中体西用和全盘西化都无济于中国的富强，就是在社会主义方面，照搬苏联（实际上是斯大林）模式，而于中国的实际结合不足，也同样是走了弯路，社会主义建设遭受了挫折。这样一来，一般都把这归罪于中国传统文化的阻碍。不仅是一般人普遍地反孔斥儒，呵佛骂祖，即就是包括有深沉忧患意识的《河殇》的作者们，也把目前的思想混乱状态统统归罪于黄土文明。其他的胡说乱道者(如方励之之流)更不必说了。据我看当代的中国人，绝大多数人不仅受到传统文化落后因素的阻碍，而且连最起码的社会伦理道德规范也荡然无存了！要把目前的贪污盗窃、吃喝嫖赌、打砸抢烧、好逸恶劳等现状，诿罪于传统文化，岂不是因果倒置了吗？正因为我们在文化上失去了这个根，一般人便为已在西方社会成为病痼的性开放、摇滚乐、吸毒贩毒、走私倒卖、偷税漏税等邪恶风气和手段所席卷。所以我们现在所亟须恢复与建立的正是人生尚实的基本态度，而不是什么无裨于实的务新。

在世界历史上，无论是哪一种文化形态，在它出生的土壤上有个演进的过程，这就是随着社会的发展、条件的变化，而因时因地制宜地加以革故鼎新，也就是顺应新陈代谢的自然规律而逐步演进。现在一般都反对孔子与儒学，实际上孔子是在中国史上第一个提出社会进化观的。无论是殷因于夏礼，周因于殷礼，他都指出其所"损益"这个关键之点，损是扬弃业已过时了的落后因素，益是补充社会潮流所需要的新因素。因其所当因，革其所当革，便是顺应了社会发展规律，因此孔子说："虽百世可知也。"我们试看 2000 多年来儒家文化的发展变化，都是在因革损益的规律下演进的。孔子的学说，到孟子时代，已有了新的内容和阐发。到了秦汉时代，便又与墨家、道家、法家、名家等学说有了融合，而董仲舒更把阴阳家也混合进来。魏晋时产生于中国本土的儒、道两家学说又与西来的佛教文化相融合，至宋明而产生了理学和心学。这中间的因革损益，主要是围绕以儒家文化为主体的中国民族文化而进行的，也就是说以吸取或改造其与中国民族文化相适应的特点为标准的。这样就使中国民族文化又有了新的内容。同时，这也是第一次吸取外来文化的有益部分，以充实和更新原有本体的。但这个吸收和融合过程，长达几百年之久，而我们在近世引进和学习西方文化，起初只限于天文历算等实用科技方面，而且还仅在传教士阶层内附带进行，无助于中国文化的更新。鸦片战争以后，震惊于西方帝国主义国家的船坚炮利，想从这方面急起直追，但也由于清政府的腐败，军阀官僚的争权，加上帝国主义势力的侵略，使得我们既没有余裕和能力去清除封建残余的积垢，也没有条件去系统地学习和引进西方近代文化，以更新和改造我们的传统文化，落到了一个半殖民地半封建的地位。

新中国成立后，我们国家从事了社会主义建设事业，开始走上了现代化道路。但也由于脱离了社会发展规律的实际和忽视了与中国优秀文化传统的结合，仍不免事倍功半，成效不著。这些都说明文化的传承与发扬，是不能脱离其历史地理条件的。一般所说的马列主义与中国实际相结合，也只限于近代与现代，一直到了最近，才确立了建设有中国特色的社会主义的方针，始与中国优秀文化传统相联系，这才接上了根，找到了源，这说明中国优秀文化传统是源远流长而生生不息的。以儒家文化传统为例，如孔子有教无类、因材施教等重视和提倡教育的主张与方法，以及学而不厌、诲人不倦的态度，对现在来说，仍是一笔十分宝贵的遗产。这样历久常新的文化传统，是我们民族文化的精华所在，不仅是在中国本土，甚至在东方的日本、韩国、新加坡等经济发达、科技进步的现代化国家，也都成为他们借鉴与发挥的依据，而我们却把它统统视为赘疣和拖累，真是数典而忘祖了！

从上述文化上的意义来说，在中国这块大地上生息活动的古代民族（从原始社会到封建社会），是一个文化上的共同体（如"华""夷"的互相转换），用现在民族学的概念来说，是广义的民族，并不存在血统、语言、地域以及风俗习惯等方面的共同因素，这是一。从传说中的黄帝族、炎帝族到夏人、殷人、周人，东西方民族迁移频繁，以至于华、戎互易，夷、夏杂处。如秦本东夷，蔚为上国；楚属南蛮，进于诸夏。经过春秋战国，各民族间的融合日益加速。而政治上的统一也随之形成，终于出现了秦汉的统一大帝国。这个历史事实，证明中国第一个最大的统一王朝，是由中国境内各民族共同建立的；而战国时代在学术文化上百家争鸣，也是由各民族共同所创造的。这说明本时期中国境内各族，在血统上互相融合，在文化上互相渗透，在经济上互相补充，在政治上共戴一天。民族是一个历史范畴，而这时期的中国，是在较前更大的程度上形成一个多民族统一的国家。此后的南北朝分立，少数民族进入中原地带，他们所建立的王朝或政权，无论是匈奴族的前赵、北凉，鲜卑族的前燕、后燕，氐羌族的前秦、后秦，都不是单一民族成分的国家。在他们统治的国家或地区内，同时包含有多种民族。其后的辽、金、西夏，也是如此。至于元、清两代，更是由蒙古、满两族所统治的统一国家。所以把中国历史上的民族关系曲解为由汉族统治和民族压迫的国家，是完全背离事实的，这是二。在这种历史、地理背景下，探讨中国境内现代各民族的族源，要从分的方面着眼，说某族是某族的后裔，自古及今，一脉相传；或说某个民族是受歧视和被压迫的民族；又或说哪是"大民族"，哪是少数民族，等等。既不论时，又不论地，这既不符合中国民族历史的发展过程，也更违背现代民族学的原理。在目前国外有些妄人，甚至用针对西方帝国主义殖民制度而采取的民族自决原则来诬枉我们，更有的无知者胡说中华人民共和国国旗上只有四个小星，已把藏族排除在外等，都是借"民族"来做文章。如果我们还不察觉这点，依然重分轻合，背今诬古，便大大有违振兴民族文化、加强民族团结的本义了！

二、青藏高原上的古代民族

藏族作为一个历史范畴内的民族来说，这个名称出现于吐蕃王朝解体以后（约相当于封建社会早、中期阶段）。"藏"字是汉文的译音，其来源当由于当时吐蕃王朝的中心地带有"藏蕃（博）"这样的地名，以地名族，这本来是古代民族的通例。这个所谓族，在当时还是氏族、部族、家族的衍称，而实际上直到元、明间它成为一个近代民族学意义上的民族以迄现在，他们自己仍称为蕃或斡（蕃、斡一音之转）。从社会发展史观点来说，所谓民族，是随着社会历史条件的变化演进，从来没有自古迄今一直不变的民族或是氏族、部族，也没有在某个历史阶段突然产生的新民族，这就是族源说所以构成民族史首章的缘由。尽管古书的记载有时不免浑括或片面，而我们要是由此而创出一个自己的祖先卓立不群，或是突然拔地而起的论点，便不免违背社会发展和人类进化的通理。同时，自从有了国家这个体制产生，也极少存在过单一的民族国家，除了古代有些氏族、部族以及民族（如吐谷浑、沙陀、党项等）在历史发展过程中因融合或其他原因而自然消亡外，大多数民族共同体，都是在历史进化中演变而成的新群体。其中最为典型的是汉族，这个名称是沿用了刘邦所建立的朝代称谓，但从民族构成来说，当时的

汉朝，是在古代华夏族的基础上更增入氐羌、百越、群蛮而成的汉
人而言的，这个汉人并不是一个单一的什么族；其后到了隋唐大统
一，所有在中国境内的匈奴、鲜卑、羯、羌以至东突厥的一部。又
陆续融入了这个共同体；到了元朝，更把辽金的遗民也视同汉人。
那么，这个汉族的名称若把它全当成汉人，既不科学，又不符合民
族的定义，所谓大汉族主义，更是在某种时代意义上含混而笼统地
加上去的。实际上这是一个古代炎黄子孙的共同体。从现代国家意
义上来说，已经是在广义上早称为中华民族了。所以我认为把中国
古代民族的发展演变，与统一国家相结合，其民族的内涵，并不能
完全与近代狭义的民族观点为准则而相提并论。只有近世才形成的
回族、撒拉族、土族、裕固族、保安族、东乡族等新民族和在边远
偏僻地区限于环境和经济条件，仍处于封建甚至是奴隶社会状态的
民族，才是在近代民族学和历史范畴上的民族，也是当代中华民族
大家庭中的一员，这是应当区别开来加以认识的。这中间既有分，
又有合，而又以合为形成民族发展的主要趋势，这是应该首先加以
阐明的。

以下分别考察一下青藏高原上古代人种和民族的分布与活动：

（一）原始群

这是从地下遗址和遗物的发现，来考察原始社会早期猿人活动
的旧石器时代到新石器时代当地古人类活动情况。这段时间距离很
长，目前已发现的古人类遗址，是属于距今约四千年到七八千年马

家窑文化遗存。其一是 1958 年在今西藏塔工地区林芝村发现的古代人类遗骸，据鉴定其头骨约与半坡人、安阳人、蒙古人、印第安人等同属于一个时代，而其头型与后世西藏人相接近，其鼻根区高度与贝加尔湖附近发现的新石器时代人和现代印第安人相接近，而鼻根区指数则接近现代蒙古人[1]。这个遗骨并无其他文物伴随发现，还不可能作出更多的推论，但对比 1978 年在昌都发现的卡若文化遗址和遗物[2]，则同属于新石器时代马家窑文化。而马家窑文化的半山、马厂等类型，则几乎遍布于今甘、青两省地带，是仰韶文化的西支。至于较此稍后的卡约文化遗存——1923 年首先在青海省今湟中县云谷川卡约村（原译卡窑）发现，已查明在河湟谷地普遍存在，其中以墓葬为最多。卡若文化的打制石器，有许多与青藏高原东部与甘肃西部卡约文化及马家窑文化类型近似。

从以上简单的新石器时代文物遗存，证明这一广大地区早在史前就存在古人类活动。若以河湟地区的卡约文化为例，其葬俗与羌族为近，这也与文字记载相符合。无论是羌人或其他氏族、部落人，说明他们是本地区最早的先民，而青藏高原最早荒无人烟的推测是不确实的。

（二）西戎

本师顾颉刚先生说：

---

[1] 林一璞：《西藏塔工林芝村发现的古人类遗骸》，《西藏史研究论文选》。
[2] 童恩正、冷健：《西藏昌都卡若新石器时代遗址的发掘及其相关问题》。

在西方，"羌"与"戎"都是大名，戎是西方诸族的通称，为表示其地望则曰"西戎"。羌自是某一族的专名，但因他们所占地方太大，渐渐也成了通称，例如范晔《后汉书》的《西羌传》就是把西方各族都收了进去的。因此西方诸族也不妨称为"西羌"，或"羌戎"。又因西方诸族中，氐亦甚大，所以往往连称"氐羌"。我们现在要作细密的分析，使得这一族不为那一族所混淆，几乎成为不可想象的事。[1]

谨按顾先生谓戎是西方诸族的通称，是得当时之实的。经过近人的考察与论证，我认为戎是羌的另一名称。从现在的藏语来比证，他们把从事农业的藏民称为"戎哇"，把仍从事牧业的称"智化"，这是就生产方式的不同而言的。"戎"就是指当时西方最大的部族羌族中已从事农业的族人而言的，证以周代姬姜联姻以及进入中原地区的如山戎、犬戎、骊戎、姜戎以及绵诸、朐衍、大荔、义渠之戎等，几乎布满了当时黄河中下游整个地带。为何把这些进入中原的羌人都叫作"戎"呢？很显然他们当时都已从事农业了。[2]

羌，是中国古代西方的一个大族，早在商代的甲骨文中称为"羊方"，与"马方""虎方"等并列。"羊方"即是"羌方"，是殷商时西方的一个大国。羌字最早的字形是羊字，甲骨文写作𡥄，到了后期，在𡥄字的右下角加了一条索（𓏲），象征以索牵羊，因此有人解为

[1] 顾颉刚：《从古籍中探索我国的西部民族——羌族》，载《社会科学战线》，1980年第1期。
[2] 贡乔泽登：《略谈藏族族源问题》，载《青海藏学会论文选集》（一）。

羁縻，有人解为商人以羌人俘虏作牺牲品。根据康殷对古羌字的考释，举甲骨文"岁卅羌""割百羌"的例子，证明商代常以羌人俘虏作祭品。[1] 由此我们再看汉代人对羌字的解释，如《说文·羊部》：

> 羌，西戎羊种也。从羊，儿羊亦声。

又，应劭《风俗通义》：

> 羌，本西戎卑贱者也，主牧羊。故羌字从羊、人，因以为号。

说明羌人生产方式是牧羊，同时又说明羌人是西戎的卑贱者。这所谓卑贱，是指羌人被俘虏后的奴隶地位。古代的奴隶，常用来作为牺牲品和殉葬品，这就从其字形字义上说明了殷商时的羌方，即是周代的西戎，羌、戎从民族来说称羌，而从其生产方式或者是职业来说，则把务农的羌人称为戎人。殷、周时西戎以羌人为主，再也清楚不过了。而羌人的种落又确实繁多，自秦到汉，当无弋爰剑的曾孙忍时，秦献公兵临渭首，灭狄獂戎，忍季父卬畏秦之威，将其种人附落而南，出赐支河曲西数千里，与众羌绝远，不复交通。其后子孙分别，各自为种，任随所之，这就有了牦牛种的越巂羌、白马种的广汉羌、参狼种的武都羌。到汉代，在今甘肃临夏和青海

---

[1] 康殷：《文字源流浅说·释例》。

民和有罕开羌，河曲有析支羌、白兰羌、党项羌，西海有先零羌，海东及河南有勒姐、牢姐、当煎、封养、钟存、巩唐、且冻、鸟吾、傅南诸羌。而天山南路，更布满若羌、葱茈羌、黄牛羌、白马羌等，可说是今川西南、甘肃南部、河西走廊，青海的海东、海西、海南、海北、黄南、果洛、玉树，几乎全是羌族。《西羌传》说："自爰剑后，子孙支分凡百五十种，其九种在赐支河首以西及蜀汉徼北。……其八十九种，唯钟最强。……发羌、唐旄等绝远，未尝往来。"记载几乎斑斑可考。所谓"出赐支河曲西数千里""发羌、唐旄等绝远"，要说是其活动不包括今西藏地带，便有点不可想象。试问从青海河曲西行数千里，究竟要指什么地方呢？

其次，发羌之"发"读音同"蕃"，不仅今藏语与古羌语同，同时古地如析支（今曲科乎对音，指黄河源即河首地区）、渠搜（今都秀对音）、榆谷（今热贡对音）、乐都（原译落都，意为沟口，今译当为隆多，多、都一声之转，如昌都原译为察木多。今乐都区引胜沟口）、化隆（今哇隆对音），以及张掖、庄浪、敦煌和天峻的关角（南北朝时称甘谷岭）等，原均为羌语，而今之藏语，几乎完全一致，且无古今语的差异。羌藏同属一个语族，也更明显。《新唐书·吐蕃传》说："吐蕃本西羌属。"本来说得就很客观，意思是西羌的一种或一部分。现在有些藏族学者却说这种记载不可靠，也有些专家说是没有根据。有些藏族学者所以不信此说，是由于藏文没有这种记载，但是从汉代到南北朝，根本就没有藏文，它怎会有原始记录呢？这样地谈藏族史，只是讲流，而把源归于后来的雅隆觉阿王系和宗教神话，这是不足取的。

第三，古代羌人种姓庞杂，除了上面诸族以外，还包括有氐。氐自商代到秦汉时，一般都连称或混称，但至南北朝时的前秦，又是由氐族单独组成的国家，说明氐原先也是西羌的种属。除了氐以外，最大的还有个三苗。《史记·五帝本纪》说："迁三苗于三危，以变西戎。"迁三苗有两种原因，首先是"三苗在江淮荆州,数为乱"。其次是与变北狄、变南蛮、变东夷一样，是为了牵制西戎。因为西戎在其时占地广大，种类众多，而三苗在江淮荆州，对中原政权来说，是一支不安定的力量，于是借这股力量去挟制和分散西戎对中原王朝的威胁力量，使最终达到了"四罪而天下咸服"和西戎即叙的政治效果。不仅如此，同时还实现了"三危既宅，三苗丕叙"的安定局面。《后汉书·西羌传》谓："西羌之本，出自三苗，姜姓之别也。"盖就汉代的羌人，而追溯之于三苗。而《隋书》亦谓党项为三苗之后，并同此义。三苗初域，《史记》说在江淮荆州，而近人考证，实在今河南北部、山西南部广运数百里间。舜窜三苗，盖自河东逾河而之河西[1]。西迁以后即分布于今青藏高原西戎之地，与羌戎杂处，最终是"织皮昆仑，析支、渠搜，西戎即叙"。古今人对三危所在，多据点面为说，扞格难通，我以为实包括清初所谓唐古特四部,即今青藏高原藏族所分布的广大地区[2]。又古代河东有茅

[1] 钱穆：《古三苗疆域考》，载《古史地理论丛》。
[2] 见拙著《〈禹贡〉织皮昆仑析支渠搜及三危地理考实》，载《中国历史地理》，1988 年第 1 期。

戎，茅即髦，茅、髦、蛮、苗皆一声之转，也就是同音异字。今西南多苗，与西藏邻，川西有羌，与安多连，也可助证古代羌、髦与今藏族的渊源。

古代羌人的民族成分除了氐和三苗外，还有一个义渠之戎，据近人考证，义渠这种戎，实为匈奴种。[1]《史记·匈奴列传》云："秦昭王时，……宣太后诈而杀义渠戎王于甘泉，遂起兵伐残义渠。于是秦有陇西、北地、上郡，筑长城以拒胡。"而赵国亦北破林胡、楼烦，筑长城，自代并阴山下，至高阙为塞，置云中、雁门、代郡。其后燕将秦开为质于胡，"归而袭破走东胡，东胡却千余里"。燕也筑长城，自造阳至襄平，置上谷、渔阳、右北平、辽西、辽东郡以拒胡。"当是之时，冠带战国七，而三国边于匈奴。"这个综合记载，把义渠与林胡、楼烦、东胡并列，皆指匈奴而言。关于义渠，《史记·索隐》引韦昭云："义渠本西戎国，有王，秦灭之，今在北地郡。"匈奴原不同于西羌，但此处却称为西戎国。《史记·将军骠骑列传》附公孙贺传：将军"公孙贺，义渠人，其先胡种"。可见秦汉以前，西戎之中也有胡种，到汉代则已完全羌化，只知道其先为胡种。

到了南北朝时，在羌地又有了夷。《北史·附国传》云："附国者，蜀郡西北二千余里，即汉之西南夷也。有嘉良夷……土俗与附国同。"夷在汉时，或泛指边地民族，如《后汉书·南蛮西南夷传》说：

---

[1] 黄文弼：《论匈奴之起源》，载《西北史地论丛》。

　　冉駹夷者，武帝所开。元鼎六年，以为汶山郡。……其山有六夷、七羌、九氐，各有部落。

　　冉駹本羌氐属，而这里却与邛都、莋都、白马等通称为夷。嘉良夷土俗既与附国同，而附国并列羌人国十，其中如春桑、迷桑、婢药（又作"弥药""弭药"）、白兰等，其风俗又略同于党项，且均在今青海果洛州境内，与四川甘孜连界。这些羌国，虽在唐宋间部落稍有变动，但无大规模移民，现在都是藏族聚居地。不管古往今来称羌、称戎、称夷，其为西戎之遗裔，则灼然可见。如说今藏族与他们有别是对的，因为一个是古代部族，一个是近现代民族。但要说与他们无关，则不免自我作古了。

　　依据上述论证，可知在新石器时代即原始社会的氏族社会晚期，在甘肃西南部、青海河湟间，就有古人类活动，这就是马家窑文化所告诉我们的。马家窑文化也称甘肃仰韶文化。这种文化遗存，有半山、马厂等类型，东自甘肃清水，向西延伸至青海贵南县。其遗址有房屋、窑穴和墓地，而以墓地为最多。比这较晚的有铜石并用的齐家文化遗存。其地理分布大致与马家窑文化相交叉衔接，陶器更为牢固而美观。我曾先后参观过乐都柳湾、大通上孙家寨和湟源大华等几个发掘遗址和现场，有圆形和方形房屋遗址。有的窑穴内还藏有粟粒，房屋内有纺锤、箭镞用物或兵器。上孙家寨出土彩陶盆，盆壁绘有三组舞蹈人花纹，神采飞动，具有高度艺术价值。按羌字形象和释义与彩陶图案鸟纹，青海考古队推断，这与"周成王时氏羌献鸾鸟"的羌俗有关。继此以后的青铜时代，则辛店和卡约文化遗存，大量出现。其中卡约文化除具有彩陶文化的共同型，还具有不同的地区型或民族型，这从时代和类型上看，与西藏地区所发现的卡若文化相类似。近人根据今怒江下游入缅甸一段，清代称萨尔乌音河，今称萨尔温江这一名称，推证其为三危的对音，而"藏"这一名称的出现，即与"卫"相联系，或译乌斯藏，或译卫藏。危、卫同音异字，乌斯为卫的拼读。我们结合考古发现，和吐蕃与哒哒，及羌与今苗族的关系，可以推断古三危地除今川西、甘南、河西和青海全省外，还包括今西藏地区。我之所以这样推断，还有一条根据是在唐古拉山发源的那曲，就是由缅甸入南海的萨尔温江之源。《禹贡》说："导黑水，至于三危，入于南海。"三危地望包有今西藏，不更有了实证吗？[1]又，《后汉书》所谓："及舜流四凶，徙之三危，河关之西南羌地是也"，"出赐支河西数千里"，更可与《禹贡》相互参稽。如此则三苗早在氏族社会就到了这个地区，而其所以徙此是为了"以变西戎"。那么西戎也早就是这里的主人，更是无可置议的。而且到了"西戎即叙"时，三苗又已融合于羌戎种落之中。当初，西藏地区的原人，也必然与他相融合。因此我们说原来西藏地区荒无人烟的说法，并非事实，本地区最迟也在新石器时代，即有土著人生息与活动，进而能肯定的原始社会人是西戎种属的氏族

---

[1] 姜亮夫：《楚辞通故》。

与部落，其后是迁徙的三苗族，加入这个群体，再后是秦时河湟羌人畏秦之威，远徙入居本地区。另外据汉文零星记载，有说汉武帝时有六犛牛部进入今藏地；又《旧唐书·吐蕃传》说，南凉为西秦所灭后，秃发利鹿孤的儿子樊尼投北凉，及魏灭北凉，樊尼率众西奔，渡黄河，逾积石，于羌中建国，以秃发为国号，后来竟"语讹为吐蕃"。这些记载，失之于传闻，都不可靠。

三、吐蕃族源与其繁衍发展

我不太同意羌藏同源说，因为羌是原始社会就已存在的古代氏族，而藏族的形成则在吐蕃王朝解体以后，所以追溯藏族的起源，第一步应直接吐蕃，第二步便上溯到西羌，最后再溯及原始社会人。惟这已与民族无直接关联，只是考古学范围内对人种的考察。就此而言，今西藏地区古人类属蒙古利亚人种（黄种），也非雅利安人种，羌人自然是属于蒙古利亚人种，而与传说中的释迦王系和近代帝国主义分子所宣扬的"南来说"迥不相侔。

现在就从藏族的先民吐蕃说起。吐蕃王朝是在公元六七世纪之间建立起来的，但后世藏族的一些僧人却从宗教立场出发，把相传是吐蕃王朝第一世的聂赤赞普，上推到释迦牟尼时代的一位王子。[1]这当然是宗教家的神话传说，并非信史。我们据有关历史记载，公元七世纪初，在今西藏南部雅鲁藏布江流域兴起了一个名叫宝髻的小国。它的西边是女国（东女），东边是附国，东北面是苏毗，只

---

[1] 萨迦·索南坚赞著，陈庆英、仁庆扎西译：《王统世系明鉴》。

占有今拉萨和日喀则所在的地区。从地名来看，宝髻这一国名以外，本地区还有匹播城、穹波、香波、达波和藏博等地名，宝、播、波、博这四个汉字译音，都与后来吐蕃的蕃字同音，而藏博显然是此后雅鲁藏布江"藏布"的早期译名，以后前藏、后藏和藏族的名称，当皆由此而产生。宝髻兴起后，南日松赞灭苏毗，统一了今西藏中南部和东部地区。接着在吐蕃史上被称为圣观世音化身的名王松赞干布嗣位，便东西扩地，统一了西藏高原。继而进攻今青海境内的党项、白兰和吐谷浑，势力扩展到今甘肃、四川部分地区。它虽与唐室联姻，建立了甥舅关系，并接受驸马都尉官职和西海郡王封爵，但自贞观末至高宗永隆元年（公元 680 年）吐蕃攻陷唐西域四镇，不仅统一了青藏高原。而且南邻天竺（印度），北抵突厥，国力达到了极盛。《资治通鉴》说：

　　吐蕃尽据羊同、党项及诸羌之地，东接凉、松、茂、雟等州，南邻天竺，西陷龟兹、疏勒等四镇，北抵突厥，地方万余里，诸胡之盛，莫与为比。

　　自此吐蕃与唐形成对峙局面，直至公元 846 年，吐蕃乌东赞普达磨被刺，王朝崩溃，共历 18 代，凡 218 年。

　　从以上的历史记载，完全可以看出吐蕃由一个山南小的部落国统一整个青藏高原，并进而把疆土扩张到今甘、川及新疆地区，而在民族方面又包容了诸羌、汉、突厥等各种成分，形成新的吐蕃族。后世的藏文记载，把山南雅隆地区初兴的吐蕃王室从宗教立场归宗于天竺，因而近代的帝国主义分子借以制造了"南来说"，把藏族先民说成是雅利安人种，这已为当代学人所揭穿，并为考古发现所推翻。现在我们既然了解了由于吐蕃王朝的建立和发展而形成了一个新的吐蕃族，则必须考察清楚这个族名和国名的由来。关于"蕃"字的发音，两《唐书》都说源于发羌；蕃、发声近，故其子孙曰吐蕃。现在很多人对此多不置信，实际上这是并无可疑的。钱大昕《十驾斋养新录》卷五说：

古读发如拨。《诗》："鳣鲔发发。"《释文》："补末反。"此古音也。"一之日觱发"，《说文》作滭冹。此双声，亦当为补末切。[1]

同书还举例说：

古读藩为播。《周礼·大司乐》："播之以八音。"注："故书播为藩。"杜子春云："藩当为播，读后稷播百谷之播。"《尚书大传》："播国率相行事。"郑注："播，读为藩。"

又，同书：

---

[1]〔清〕钱大昕撰：《十架斋养新录》卷五古无轻唇音条。

古读罚为䍗。《周礼》："大驭犯䍗。"注："故书䍗作罚。"杜子春云"罚当为䍗。"䍗读为别异之别。

这又以同音或音近字为例。"发""蕃"古音皆读播，而《蒙古源流考》也谓其先为土伯特国，这当是依阿拉伯语或突厥语音而拼出的名称，"特"字是尾音，亦即所谓统类之词。再证以现在西藏人自称为"博"，安多地区藏族人自称为"斡"（wò），博、斡一声之转，蕃读如博，则古今并无二致。到现在尚无定论的是"吐"字的来历，有人说这是汉文"大"字的音译，有人说这是藏文上部的音译，也有人说这是藏文高大繁茂的意译。[1] 我也起初猜测是与吐谷浑的"吐"字有关，[2] 现在认为以上说法都不得实。

据我最近考释，蕃称吐蕃，乃与吐火罗和大夏有关。按吐火罗（Tukhara）为中亚古国，《隋书》《北史》及两《唐书》都有记载，《大唐西域记》作覩货逻，西方史称巴克特里亚或大夏。其地在今阿富汗北部、阿姆河上游。自公元前 2 世纪起，先后臣服于大月氏、哌哒、突厥。《隋书·西域传》记载说：

吐火罗国，都葱岭西五百里，与挹怛杂居。

《新唐书·西域传》说：

[1] 芈一之：《论藏族的来源与形成》，载《青海的地方民族史研究文选》，第一辑。
[2] 见拙著：《吐蕃名义试释》，载《青海藏学会论文选集》，第二辑。

吐火罗，或曰吐豁罗，曰覩货逻。元魏谓吐呼罗者，居葱岭西，乌浒河之南，古大夏地，与挹怛杂处。

挹怛国，汉大月氏之种。大月氏为乌孙所夺，西过大宛，击大夏臣之，治蓝氏城。大夏，即吐火罗也。

这里特别引人注意的是同一个地名而汉文的写法有异，那它的音读究以何为准，需要加以审定。西方史所称巴克特里亚（Bactria），希腊语作 Bactriane，有人以为即 Tukhara（吐火罗），也即是大夏的对音 [1]。今按大夏都城 Bactria，《续高僧传·达摩笈多传》作薄佉罗，《大唐西域记》作缚喝，《慈恩法师传》作缚喝罗，《隋书》作钵和。这个"缚"字属药韵，古音属第五部。上声"杜"（《诗经·杕杜》）、"吐"（《蒸民》五章）、"土"（《韩奕》五章）同押；入声"度"（《巧言》四章）、"伯"（《崧高》八章）、"博"（《泮水》七章）、"蘀"（《豳·七月》四章）同押。据此我们可以完全断定古音缚、博均又读为吐、杜、度（夺），如此则缚喝罗完全是吐火罗的对音，应毋庸置疑了。

其次，再说大夏。《周书·王会篇》《吕氏春秋·古乐》所记大夏，均指春秋时西北戎（今山西北部）地，与此无关。唯《山海经·海内东经》所云大夏，即指吐火罗而言，盖大夏为吐火罗的古译名，并非汉义。大（dat）字古音属月部，与夺（duat）、掇（tuat）、脱（thuat）、达（dat）同部，这是《诗经》所用韵，但《诗经》音韵，自唐以

---

[1] 吕思勉：《中国民族史》。

下多不能通，仅以为谐音。就此而言，"大"字与土、吐叶韵，而与脱、夺声近，则是可以显见的。（"大"字古韵属月部，与脱、夺、褐、曷同部，亦与达、阅、带、怛为韵，均见《诗经》）"夏"字古韵属鱼部，既与虞、娱、语、御同韵，也与乎、胡、祜、狐相叶。《小雅·信南山》庐（la）、瓜（koa）、祖（tza）、祜（ha）为韵；《陈风·宛丘》鼓（ka）、下（hea）、夏（hea）、羽（hiua）为韵。夏字音读如赫（he）、吓（he），与褐、喝、壑、郝、貉为韵。甘青地带今犹读下为吓而不读 xia。如此则大夏一词古读与钵和、缚喝声近，吐火罗则为其前此的音译，实与大夏、缚喝为一地也。

吐蕃的吐字，我起初以为与吐谷浑有关，以后安才旦同志根据《突厥语词典》"Tū Pōt 即在突厥境内活动的一个部落"的说法，认为吐蕃一名与突厥所称有联系[1]。这个推论，直接触及了吐蕃族的来源，就此我们可以探索一下吐蕃族的先世线索。

吐蕃族在宝髻兴起前，只是在今藏南一小部落国，现在或即据此以为是印度雅利安人分支所建立。实际上吐蕃先世与大月氏和哒最有密切关系。吕思勉先生说：

古时西部有大月氏与哒，哒实藏族之首见于史者也。[2]

按大月氏在汉初由原居敦煌、祁连间迁徙到乌孙（今伊犁河流

---

[1] 安才旦：《吐蕃一称语源及含义述评》，载《中国藏学》，1988 年第 4 期。
[2] 吕思勉著：《中国民族史》。

域），后再西迁大夏（即吐火罗），据有其地。公元1世纪时，又西破安息，南侵印度，东扩地至葱岭，建立贵霜王朝，成为佛教中心。在南北朝之初，贵霜王朝势衰，嚈哒兴起，入据大夏旧都，并东西扩地至波斯、盘盘、罽宾、焉耆、龟兹、疏勒、于阗等国，而朱居、渴盘陀、钵和诸国，也都役属嚈哒。嚈哒在中国史书上又作悒怛、挹阗、滑国。悒怛、悒阗，是于阗的别译。到南朝梁武帝时，嚈哒势衰，突厥代兴，嚈哒旧属又皆役属突厥。这是嚈哒与大月氏和突厥的关系。总之，大夏故地，历经他们三族先后建都，民族、宗教、语言之间，便不免多所混同或融合，缚喝、钵和、吐火罗、睹货逻以及突厥（厥属月韵，与发、拔同音）这些名称的语音，便是一证。

嚈哒既是于阗的音转，则其种姓何属，是先要加以考察的。吕思勉先生说：

> 於邑双声，于於同字，然则。嚈哒、悒怛、挹阗，仍系于阗音转。此族盖自后藏越南山而北，首据于阗，人因以于阗称之，其后拓土日广，徙居大夏故都，人不复考其得氏之由，乃复别译以嚈哒、悒怛、挹阗等字。

吕先生这个论断是很精审的。除了上述理由外，还有一个有力的证据是嚈哒一妻多夫制，后世藏族尚多有遗留。我还想补充的一点是吐蕃名称的来源，也显然由吐火罗、睹货逻、缚喝、钵和及突厥转写而来。同时自后藏入于阗，或自于阗入后藏，自昔即为通道，吐蕃兴起后，与唐争西域四镇，把疆土扩张到今新疆，并起了与唐共同阻止大食东侵势力，也可以看到吐蕃与于阗关系的重要性。《北史》谓嚈哒为大月氏种。月氏本氏羌别种，这与嚈哒的形成，自不无关系，而其最重要的一点，则是《南史》称嚈哒为滑国，说是车师的别种。今按滑音同华，华古读如敷。《诗·王风·有女同车》："有女同车，颜如舜华。"与琚、都为韵，"车"读如居，"华"读如敷。汉以来车字音尺奢反。华字音呼瓜切，与滑声近。《诗》"唐棣之华"与"王姬之车"为韵，即是其例。古称中国为华夏，我以为华即炎帝族后来的称谓，夏即黄帝族后来的称谓；也即是华即现在藏民自称"斡"的古称，夏即藏民称汉人为"嘉"的古称[1]。斡、华一声之转，"滑"又是华、斡的别译。这只在音值方面，古今有所变化，而实际上仍可看出是同一名称的异写。因此我以为吐火罗、大月氏、嚈哒、滑都是形成吐蕃族的主要成分，也就是他们的先民。吐蕃族信仰佛教，也与他们直接有关，佛教自然不是吐蕃王朝松赞干布时代才开始传入的。

最后我所要阐释的是吐蕃与羌族的关系。当吐蕃为雅鲁藏布江流域的一小国时，其西部的女国为羌族，居地比宝髻为大，其东部附国，北部苏毗以及白兰、党项，都属羌种。吐蕃最后征服了吐谷浑，统一了青藏高原，其部种又有了鲜卑族。更加上此后的南凉、西秦

---

[1] 见拙著《"华夏"臆说》，载《中国历史地理论丛》，第二辑。

的鲜卑，北凉和夏的匈奴，民族成分，益形众多，汉人则更不必说了。据此说来，古代以羌为主体的西戎和三苗以外，7世纪以后在青藏高原上的诸羌，现在除了四川省阿坝藏族羌族自治州茂县、汶川县一小块地区的土著，被定称为羌族外，则都成了藏族。难道这么多的藏族都是从藏博迁来而孳蕃的吗？民族是一个历史的范畴，藏族可以说是宋元间新形成的一个民族共同体，是吐蕃族的流，而吐蕃又是羌族（不排除其王室中含有印欧系成分）的流，其最早的源，只能是原始社会的蒙古利亚人种了。

民族学原来是研究人类和种族的，因此我们最初只有人类学、人种学等概念。而对中国民族的研究，自来就称为人，如夏人、商人、周人、秦人、汉人以至于唐人，是就历史上各王朝所统辖的人民而言，还没有共同的环境、语言、血统等的统一概念，也就是说还没有民族学的概念。中国人所谓的族，是指氏族、宗族、家族，而不论你属于何种氏族，都统称为人。自从有了民族学，我们便把汉人称为汉族，这才有了新的含义。这个概念和含义，只适用于近现代民族，而在此以前的人，只是氏族、部落和部族。现在民族学是研究现代各民族发展规律的社会科学，所谓发展便是要追溯各民族来源和发展过程。按照这个要求，则吐蕃族是属于封建部族时代所形成的一个部族，而藏族才是近现代民族学意义上的民族，所以我以上追溯它的族源，是说明在现代藏族形成以前，在青藏高原这个人类舞台上，曾经有多种人长期生息活动过，并不是说藏族是单纯地源于吐蕃的。

四、现代藏族

藏族这个名称，还是内地人用汉文给它所定的，而他们自己仍称蕃或斡。这个蕃就是由前面所说的藏博而来的，也是雅鲁藏布江的"藏布"的早期译写（雅鲁当是雅隆或亚陇异译）。它是 6 世纪时在今西藏南部形成的一个部落国。前面已经谈过了。这里要接着谈的是"藏"，藏博是在宝髻出现后才有这个名称的。这个藏的名称，在汉文记载上始于明代，其时把青海一带的藏族称为西番（番即蕃，一般习读为翻），而把今西藏地区称为乌斯藏，乌斯此后被译为卫，合称卫藏。卫是古代三危的音转。到了清初，康熙平定藏乱，以其地居中国之西，遂定名西藏。这都是汉文命名，西藏人仍自称蕃（博）巴，而四川境内的藏族人自称为康巴，青、甘境内的西番则自称为安多哇（巴），没有一处称藏的，因此也可以说，藏族是官方的定名，也是汉文的称谓，可见藏族是近现代才形成的一个大的民族，并不单指西藏人。西藏只是一个省区单位，还有广大的藏族分居于青、甘、川及其他地区，现代的帝国主义分子，为了想把西藏和藏族人民从祖国分裂出去，便不惜造出"南来说"和西藏自来是一个独立国的谬论，无视自唐代以来西藏地区与人民和中国的关系，特别是自元以来政区建置和中央与地方的关系，甚至还想用"外藏""内藏"的阴谋，巧立名目，把所有藏族居住的地区，统统分裂出去。这种余毒，到现在还散发着臭气。我们从事藏学研究和关心民族团结的人，研讨这个问题时，必须要以史实为重，以统一总体为重和以民族团结为重，不要好奇立异，不要把藏族从中华民族中区分开来，以免为别有用心者所利用。

吐蕃王朝崩溃后形成的藏族，从成分来说，又有了蒙古、沙陀、霍尔、嗢末，以及回鹘等民族成分。同时，在今西藏境内的一些别的古民族或者是部落，在吐蕃王朝建立后，也就不复存在了。在吐蕃统一过程中，青、甘、川地区，除了吐蕃族因驻军等移入的部分外，本地区的大量西羌遗裔连同西海蒙古（一部分）、厄鲁特蒙古以及霍尔和部分汉人都汇入了这个新共同体的行列。到这时藏族便与吐蕃族在共同体意义上已有所不同，也就是说藏族已是一个新的民族共同体，并不再等同吐蕃族了。因为这时期青藏高原上广大的藏族在共同地域、共同语言和共同经济生活的基础上形成了具有共同文化与心理素质的稳定共同体了。从民族发展史上来说，它又已是一个开始向资本主义社会和社会主义社会过渡的现代民族了。

藏族社会最大的演进与变化，是在21世纪50年代后才开始的，虽然在其中有较大的曲折，而文化经济建设面貌的改变和人民生活普遍地上升，确是前所未有的。通过国内各民族团结、互相帮助、互相促进，是藏族人民早日跻身于先进民族行列的唯一正确的道路。

从以上考察和论述，完全可以看出在族源上汉藏两族人民同为黄炎族的后裔，后来被称为华夏族，这是最古传说中的历史，而为后世所确认。到了周朝初年，姬姜联姻，许多部落的羌人进入中原，并建立了像齐、许、申、吕那样的诸侯国，而与姬姓合为一体。上述的考察也证明羌与所有西戎的成员，最早都生息于现在的青藏高原，毫无疑问地都是从吐蕃到藏族时代新的部族和民族的先民。要是否认这个历史的渊源关系，究竟有什么意义呢？

再从政治上来说，姬、姜两族是在民族间的互相融合，也是政治上的互相联盟，这在早期羌族时代是如此。汉代的东羌，被强迫进入关陇地区，造成汉羌间的纷争。但到了魏晋南北朝时期，羌与氐都在中原建国，而羌又多与氐及吐谷浑联姻。无论是氐所建立的前秦，或是羌所建立的后秦，均都曾受晋封。氐族政权，还有仇池、后凉，同时还有羯族所建立的后赵，羯实际上也是羌的别种。这些氐羌的遗裔后来都融入中原的汉族。隋唐以后，汉羌关系更进一步密切。唐初吐蕃赞普松赞干布与唐联盟、受封，建立甥舅关系，在经济、文化上进一步有了交流。吐蕃王朝崩溃后，在青海地区的唃厮啰政权，同时接受宋王朝封号和大将军、团练使等职官，与宋共同抗拒西夏。西夏又是党项羌所建立的国家，拓跋赤辞唐初被赐姓李，唐末，拓跋思恭助讨黄巢有功，授定难军节度使。到周世宗显德初，封李彝兴为西平王，宋初加太尉，死后追封夏王。可见西夏也和唃厮啰一样，初期同样在政治上建立过联系。到了元朝，通过萨班·贡噶坚赞（公元1182—1251年）和元太宗窝阔台的儿子阔端的谈判，建立了西藏地方与元王朝之间直接的政治联系，西藏便成为阔端的领地。到了蒙哥汗宪宗即位，派他的弟弟忽必烈接管阔端的领地，他请萨班的侄儿八思巴和噶玛噶举派领袖噶玛拔希和他会面，着意在西藏扶植一个宗教领袖来帮助他进行统治。忽必烈即帝位后，即封八思巴为国师，赐玉印。至元元年（1264年），在北京中央政府设立总制院，授权八思巴以国师身份兼管总制院，掌管全国佛教和藏族地区地方行政事务，以后改总制院为宣政院。在其所管辖地区设立共三个宣慰使司都元帅府，把西藏和所有包括今甘、青、川所辖的藏族地区，统统归入了宣政院管辖之下，西藏从此便成了中国领土不可分割的一部分。萨班和八思巴这两位藏族杰出的人物在祖国统一的大业中，作出了不朽的贡献。明王朝基本承袭了元朝的制度，根据西藏和其他藏族地区特点，因其教不易其俗，不进行改土归流，而以宗教为中心，先后分封过大宝、大乘、大慈三个法王，另还封了几个大国师、国师等，作为法王的辅佐，而由法王代行地方行政职权。并在西藏以外的藏族聚居区，也封了名位较次的赞善王、护教王、辅教王、阐教王，管理各地宗教和地方行政事务，同时还给一些僧侣任以一些官职，作为土官，与流官并重。明代这种因其教不易其俗的制度，通过朝贡与赏赐及茶马互市以加强中央与地方和汉藏民族之间的文化和经济交流，并加强政治上的联系与管辖。这种利用宗教势力随顺其俗的统治方式，现在一般都不免认为落后，但在当时当地特定的历史条件下，这个不强行改归一致的办法，却收到了人民倾心内附和地方安堵如故的效果，足见其仍有一定的历史意义。

清王朝是满族建立的，他们最先与蒙古建立了关系。满族是信仰佛教的。他们利用黄教以安定蒙古，在政治上收到了很大的效果。随后又从政治上建立了在藏族地区设立代表中央的驻藏办事大臣制度，办事大臣代表中央与达赖、班禅共同管理西藏地方宗教与行政事务，而直属于中央理藩院。直到民国时的国民政府，对达赖、班禅的册封，一直由中央政府主持。而西藏地方噶厦政府的噶伦，为清代的四品官（早期为三品）。新中国成立前，我曾看见班禅堪布会议厅的四大堪布在迎接长官和宾客时，还穿着清代的四品官服，而西藏的少数分裂主义分子却称噶伦为部长。部长在清代时为从一品，哪里有四品的部长呢？

新中国成立后，中共中央在民族聚居区实行民族区域自治制度，嗣后不久，在西藏建立了自治区人民政府，开始走上了现代社会主义民主制的道路。而且西藏的两位宗教领袖，分别在中央人民政府机构担任了国家领导职务，中央统一的政权，更进一步地加强和完善了。

现在全国藏族人口已达387万多人（1984年统计数），居地之广，几与新疆维吾尔自治区相埒。而与藏族地区聚居地之密切相连，尤为国内其他民族自治区所未有。因此开发与建设藏族地区，与我国的社会主义建设和巩固国防，有极其重要的关系。

新中国成立后，国家先后在北京、兰州、拉萨、西宁、成都、昆明、南宁、贵阳等城市设立了民族学院，其中不少学院重点研究藏族地区历史、地理、民族、语言、宗教和经济等问题，并为现代化建设培养科学技术人才。不仅藏族地区的农奴制度已被彻底铲除，并且在民族平等团结、宗教信仰自由、发扬传统文化的基础上，积极发展现代科学技术，推进四个现代化建设，成为中国各族人民共同的时代使命，而民族研究方面的加强内聚与向心力，则更是胜利完成这个使命的迫切重要的任务。

吐蕃一名的由来

吐蕃一名出自两《唐书》，其名义近百年来中外学者多有论证，其中以西方学者把"吐"字认为是藏语（ཐོད 上部）字的译音一说颇为人所信从。我不同意此说，曾试作考察与推论 [1]，但亦迄未能得其实。近作《藏族源流与汉藏关系》一文，对此继作探索，以为吐蕃一名实沿自吐火罗，系从古读，《唐书》改译。沿缘有自，只是后人未加细察罢了。我那篇文章虽考察出了它的源流，但由于那是一篇带有议论性的文章，引证不宜繁多，因再作此篇，不嫌烦琐，详为征引，俾供方家讨论。

一、吐蕃王朝的兴起

吐蕃王朝，据《隋书》记载，始于公元六七世纪之间，但后世藏族僧侣从宗教观点出发，把相传是吐蕃王朝第一代祖先聂赤赞普的身世，上推到释迦牟尼时代的一位印度王子。这当然是宗教家的

[1] 见拙著《吐蕃名义试释》，载《青海藏学会论文选辑》（二）。

一种神话传说，自不能据为信史。我们据有关汉文（那时尚未创立藏文）记载，公元 7 世纪初，在今西藏南部雅鲁藏布江流域，兴起一个名叫宝髻的小国。它的西边是女国（东女），东边是附国，东北面是苏毗，它只占有今拉萨和日喀则所在的地区。这个宝髻的汉译名，现代译为"博吉宇"或"博域"，也就是《唐书》的"勃悉野"或"勃窣野"，现译则为"卜日加"（此据吴均、王青山先生说）。宝髻在汉文上只作为国名来看待的，而作为地名，则当时在宝髻国境内，尚有匹播城、穹波、达波、香波和藏博等汉译名，宝、播、波、博，是同音异译，与唐人改译"蕃"字相同，而藏博则是后世雅鲁藏布江"藏布"的初译，雅鲁则又是"雅隆"或"亚陇"王朝的异译。"藏"这个地名，在这时才在记载上出现，是后来西藏、藏民称谓的由来。宝髻兴起后，南日松赞灭苏毗，统一了今西藏中南部和东部地区。接着松赞干布继承王统，便西并女国，东灭附国，统一了西藏高原。随后又进攻今青海境内的党项、白兰和吐谷浑，势力扩展到今甘肃以及四川部分地区。他虽与唐王朝联姻，建立了甥舅关系，并接受唐王朝驸马都尉官职和西海郡王封爵，但自贞观末至永隆元年（公元 680 年）吐蕃攻陷唐西域四镇，不仅统一了青藏高原，而且扩地南邻天竺，北抵突厥，国力达到了极盛。《资治通鉴》记载说：

> 吐蕃尽据羊同、党项及诸羌之地，东接凉、松、茂、嶲等州，南邻天竺，西陷龟兹、疏勒等四镇，北抵突厥，地方万余里。诸胡

之盛，莫与为比。[1]

从上述记载，可以看出吐蕃王朝从宝髻开始以一个山南小部落国统一青藏高原，并把疆土和兵锋扩展到今甘、川和新疆部分地区，而在民族方面，又包融了诸羌、汉、鲜卑、突厥等各种成分，形成吐蕃族。从此吐蕃既成为国和王朝的名称，又成为一个历史上民族名称。到了近现代，这个吐蕃族名称，为西方帝国主义分子所利用，借亚陇王朝之名制造了一个"南来"说，这个谬说，虽为以后考古发现所推翻，但其流毒，至今犹散发着臭气。我现在更要推考吐蕃国名和族名的由来，将这种谬说加以荡涤与廓清。

二、吐蕃名称溯源

关于吐蕃这一名称的由来和含义，我虽然做过一些考释，但问题还远未能获得解决，只是对蕃字的音义，作了音义双关的探索，以为蕃字既是今藏文（རྙ）的音译，又可读为藩，义从双关，这恐怕也近于事实。现在我想从音韵学角度，来进一步加以阐释。两《唐书》都以蕃字音源于发羌，这本来是无可疑的，但现代人好新，又喜欢从分的方面来考察民族的历史，便产生了发羌自发羌、蕃自蕃的看法。我认为这是一种偏见和谬误，必须加以辨析。清代著名文字学家钱大昕说：

---

[1]《资治通鉴》卷二〇二《唐纪》十八。

古读发如拨。《诗》:"鳣鲔发发。"《释文》:"补末反。"此古音也。"一之日觱发",《说文》作"毕冹"。此双声,亦当为补末切。[1]

他又说:

古读藩如播。《周礼·大司乐》:"播之以八音。"注:"故书播为藩"。杜子春云:"藩当为播,读后稷播百谷之播。"《尚书大传》:"播国率相行亨。"郑注:"播,读为藩。"[2]

这一条例证,可以补证我以蕃为藩的论点。发又读軷,钱氏又举有一例:

古读罚如軷。《周礼》:"大驭犯軷。"注:"故书軷作罚。"杜子春云:"罚当作軷。"軷读为别异之别。[3]

这是他又以同音或音近字为例。"发""蕃""藩"古音皆读播,《蒙古源流考》也谓其先为土伯特国,这当是从阿拉伯或突厥语拼写的名称。土伯即吐蕃,特乃尾音,再证以现在西藏人自称为博,安多地区藏族自称为斡(wò),博、斡一声之转,只轻唇与重唇之别。"蕃"

---

[1]〔清〕钱大昕撰:《十驾斋养新录》卷五古无轻唇音条。
[2] 与注 [1] 同。
[3]〔清〕钱大昕撰:《十驾斋养新录》卷五古无轻唇音条。

字读播，音同于今之博，则铁证如山，不可移易了。

最难解释的则是"吐"字的来历。当代有人说这是汉文"大"字音转，又有人说这是藏文上部一词的音译，更有人猜测这是藏文高大繁茂的音译[1]，和我初以为与吐谷浑有关的推想一样，都不得其实。

据我最近进一步考察，认为蕃称吐蕃，乃与吐火罗和大夏有关，这可以说是个新的发现。按吐火罗（Tukhara）为中亚古国，《隋书》《北史》和两《唐书》都有记载。《大唐西域记》作睹货逻，西方史称巴克特里亚或大夏，其地在今阿富汗北部阿姆河上游。自公元前2世纪起，先后臣服于大月氏、哒、突厥。《隋书·西域传》记载说：

吐火罗国，都葱岭西五百里，与挹怛杂居。

《新唐书·西域传》说：

吐火罗，或曰吐豁罗，曰睹货逻。元魏谓吐呼罗者，居葱岭西，乌浒河之南，古大夏地，与挹怛杂处。

又：

挹怛国，汉大月氏之种。大月氏为乌孙所夺，西过大宛，击大

---

[1] 芈一之：《论藏族的来源和形成》，载《青海地方民族史研究文选》，第一辑。

夏臣之，治蓝氏城。大夏，即吐火罗也。

这里特别引人注意的是同一个地名而汉文的写法先后有异，那它的音读究以何为准，需要加以审定。西方史所称巴克特里亚（Bactria），希腊语作 Bactriane，有人以为即 Tukhara（吐火罗），也即是大夏的对音[1]。今按大夏都域 Bactria，《续高僧传·达摩笈多传》作缚喝罗，《隋书·西域传》作钵和，《大唐西域记》作缚喝，《慈恩法师传》作缚喝罗。这些汉文记载，都是译音而用字不一，发其中缚、薄唐以后属药韵，钵属曷韵，而古音第五部平声鱼、虞、模与入声药、铎同部。兹以《诗经》为例，略举如下：

载驱薄薄，簟茀朱鞹。鲁道有荡，齐子发夕。（《齐风·载驱》）

"缚"字《诗经》无例句，但古音亦属五部，与铎合韵，声通妒、度。"薄"字古音属五部，铎韵，声通讬、蒪。至于土、吐，古音同属五部，与睹、杜、妬、徒同韵。然则所谓缚喝、钵和，其古读即通土、吐，只是用字不同，在反切未发明前，古音第五部中土、图、度、乎与夏、下、夕、昔谐声，所以《说文》只说某声，而同一声又分散于各部，其间类多变转。其例可举几则如下：

---

[1] 吕思勉：《中国民族史》。

王遣申伯，路车乘马。我图尔居，莫如南土。(《大雅·崧高》)

坎其击鼓，宛丘之下。无冬无夏，值其鹭羽。(《陈风·宛丘》)

王事靡监，忧我父母。溥天之下，莫非王土。(《小雅·北山》)

迨天之未阴雨，彻彼桑土，绸缪牖户。(《豳风·鸱鸮》)

或马、土为韵，或母、土为韵，或雨、土为韵，或鼓、下为韵，均是同部叶声字的转读。

依据上例，则缚喝、吐豁、睹货以及薄伐，都是一声之转，也就是吐蕃一名音读的由来。

其次，再说大夏。《周书·王会篇》《吕氏春秋·古乐》所记大夏，均指春秋时西北戎 (今山西北部) 地，与此无关。唯《山海经·海内东经》所云大夏，即指此后的吐火罗而言。大夏当为吐火罗的古汉语译名，并无汉义。大(dat)字古音属月部，与夺(duat)、掇(tuat)、脱 (thuat) 同韵，吐、夺、脱皆一声之转，所谓"一声可叶万字，万字而必同部，同声必同部" (段玉裁《古叶声说》)，意即指此。《诗经》音韵，自唐以下多不能通，仅以为谐音。就此而言，此大夏的"大"字与土、吐叶韵，而与脱、夺声近，则是可以显见的。

"夏"字古韵属鱼部，既与瑕、厦、暇、下同韵，又与科、胡、祜、狐相叶。例如：

八月在宇，九月在户，十月蟋蟀入我床下。(《豳风·七月》)

古公亶父，来朝走马。率西水浒，至于岐下。(《大雅·绵》)

又，《陈风·宛丘》下、夏、羽为韵，引已见前。今按夏、下拟音 hea，读如赫、吓(hè)，与褐、曷、豁声近，又与虎、浒、乎叶韵。今甘、青地区犹读下为(hè 而不读 xia，尚存古音。然则"夏"字在此处音读与火、豁、乎通，而大夏一名自与缚喝、钵和、吐豁同声而异译，容无异议。大夏为吐火罗故都所在，汉文初译为吐火罗，至隋、唐时遂又译为吐呼罗、吐豁罗、睹货逻以及缚喝、钵和，实即一名的多译。也正由于这个原因，我们对吐蕃一名的由来，同样找不到出处，现在既然找出这个线索，则吐蕃一名由来，也就迎刃而解了。

吐蕃一名的"吐"字的出处，既源于吐火罗，那它又怎样与"蕃"产生了联系，这又必须从嚈哒、突厥说起。我原先对这个"吐"的推测，以为与吐谷浑有关，安才旦同志当时看了我的这篇文章后，根据《突厥语词典》所说"TuPöt 即是在突厥境内活动的一个部落"的说法，认为吐蕃一名与突厥所称有联系[1]。这个推论，直接触及了吐蕃族的来源，就此我们可以重新探索一下吐蕃族先世线索。

吐蕃族在宝髻兴起前，只是在今藏南的一小部落国，现在的人或即据此以为印度古代亚利安人分支所建立。实际上吐蕃先世与大月氏和嚈哒、突厥有最密切的关系。吕思勉先生早就说：

---

[1] 安才旦：《吐蕃一称语源及含义述评》，《中国藏学》，1988 年第 4 期。

古时西部有大月氏与哦哒，哦哒实藏族之首见于史者也。[1]

　　按大月氏在汉初由原居敦煌、祁连间迁徙到乌孙（今新疆伊犁河流域），后又再迁大夏（即吐火罗所在地），据有其地。公元 1 世纪时，又西破安息，南侵印度，东又扩地至葱岭，建立贵霜王朝，成为当时佛教中心。在南北朝之初，贵霜王朝势衰，哦哒兴起，入据大夏旧都，并东西扩地至波斯、盘盘、罽宾、焉耆、龟兹、疏勒、于阗等国，而朱居、揭盘陀、钵和诸国，也都役属于哦哒。哦哒在中国史书上，又被译称悒怛、悒阗、滑国。悒怛、悒阗，是于阗的别译。南朝梁武帝时，哦哒势衰，突厥代兴，哦哒旧属，又皆役属于突厥。这是哦哒与大月氏和突厥的历史渊源关系。总之，大夏故地，历经他们三族先后建都，其民族、宗教和语言之间，便不免多所混同与融合，所谓缚喝、钵和、吐火罗、睹货逻及突厥这些名称的语音，便是一证。

　　哦哒既是于阗的音转，则其种姓何属，是先要加以考察的。吕思勉先生说：

　　於邑双声，于於同字，然则哦哒、悒怛、悒阗，仍系于阗音转。此族盖自后藏越南山而北，首据于阗，人因以于阗称之。其后拓土日广，徙居大夏故都，人不复考其得氏之由。乃复别译以哦哒、悒

---

[1] 吕思勉：《中国民族史》。

怛、挹阗等字。[1]

吕先生这个论断是很精审的。在这里我还要补证一下的，就是古音怛、达属月部，与拔、钹同韵；於、于属鱼部，与土、吐同韵。这样一考察，岂不是完全可以证明哧哒、悒怛、挹阗、于阗以及吐蕃不都是一个名称的同音异译吗？语言文字的异译，古今都无二致，我们不是译外语时，把广东译为坎堂，香港为航康，北京为披铿；译克鲁泡特金为克鲁巴金；而外国人把孔夫子译为康菲雪斯吗？这都是由古今语言和方言的差异所致，是不足为奇的（广东话译秀兰邓波尔为萨利·坦宝，译莉苔·海华丝为列达·希贺夫）。

吕先生还提出另一理由是哧哒的一妻多夫制，这直到现在的藏族地区中还有遗留。我还要补充说明的一点是吐蕃同时还由突厥一语转写而来。吐与突是同音异写，厥字古音属月部，与怛、拔、钹同韵。魏晋以后，拔、钹、波、钵与拔、跋通归未韵，唯厥与蕨仍属月韵。《诗经》入韵字只有蕨、阙，《召南·草虫》：蕨字与惄为韵；《郑风·子衿》：阙字与达、月为韵；《唐风·蟋蟀》：蹶与外为韵，均与拔、钵不叶。唯《礼记·曲礼》上："衣毋拔，足毋蹶"，蹶与拔为韵。蹶亦属月韵，与拔同部。又，蹶与瘶同声，《集韵》瘶与跛同属戈韵，跛亦音阙，与播、皤、波同部，用知《曲礼》蹶字亦当读跛。盖下文有"立如跛"句，故在此作蹶，而音读均应读如拔

---
[1] 吕思勉：《中国民族史》。

也。我说吐蕃即突厥的对音，看来亦当无疑义。但为什么吐蕃意也沿用这个名称，还必须和吐蕃在当时的活动去加以说明。当时自后藏地区入于阗，或自于阗入后藏，早就存在一条通道。吐蕃兴起时，突厥已归衰微，因此它与唐在西域争四镇，把疆土扩张到今新疆，而于阗为其中心所在。吐蕃不仅在那里建立了军事、政治基地，并曾与唐一度阻止大食的东侵，在这里不难看出它与于阗关系的重要性。《北史》谓嚈哒为大月氏种，月氏本氏羌别种，这与嚈哒的形成，自亦不无关系，而其最重要的一点，则是《南史》嚈哒为滑国，说是车师的别种。今按滑音同华，华古读如敷，《诗·郑风·有女同车》：

有女同车，颜如舜华。将翱将翔，佩玉琼琚。彼美孟姜，洵美且都。

与琚、都为韵，车读如居，华读为敷。汉以后车字音尺奢反，华字音呼瓜切，华便与滑声近。《诗》"唐棣之华"与"王姬之车"为韵，即是其例。古称中国为华夏、我曾以为华即炎帝族后来的称谓，夏即黄帝族后来的称谓，华夏合称，即炎黄子孙。现在的藏族人称汉民为嘉，而自称为蕃或斡，夏嘉、华斡并一声之转，蕃、斡则重轻音之异。后世藏族人称已为斡，称汉为嘉、即华夏的今称[1]，而"滑"又是华、斡的别译。这只在音值方面，随时代而有所变化，但实际

---

[1] 见拙著《"华夏"臆说》，《中国历史地理论丛》，第二辑。

上仍不难看出是同一名称的古今异写。因此，我以为吐火罗、大月氏、嚈哒、突厥和滑都是形成吐蕃族的主要成分，也就是他们的先民。吐蕃族与吐蕃王朝均信仰佛教，也与这些先民有关（西域在伊斯兰教传入前多信佛教）。

三、羌与吐蕃及藏族的关系

最后，我还要对吐蕃与羌族的关系，必须加以阐释。羌方在古史上出现于殷、周时的记载，为西戎的一大支系。相传舜时就曾窜三苗于三危，以变西戎，等到西戎即叙时，三苗已被西戎所融合。而三危所在地，即包括今青藏高原整个地域（即今西藏、川西南及甘、青涉藏地区）[1]。在西戎中自以羌为大宗[2]，当吐蕃尚为雅鲁藏布江流域的一小国宝髻时，其西部的女国为羌族，居地比宝髻为大。其东部附国，北部苏毗以及白兰、党项，都属羌种。宝髻在兼并这些部落国后，才建立了吐蕃王朝。以后又征服了吐谷浑，统一了青藏高原，其部种又有了鲜卑族。再加上此后的南凉、西秦等的鲜卑，北凉和夏的匈奴，民族成分，益形众多，汉人则更不必说了。据此说来，古代以羌为主体的西戎和三苗以外，7世纪以后在青藏高原上的诸羌，现在除了四川省阿坝藏族羌族自治州茂县、汶川县一小块地区的土著被定称为羌外，则都已成了藏族，难道这么多的藏族都从藏博迁来而孳蕃的吗？民族是一个历史的范畴，藏族可以说就是宋、元间形成的一个民族共同体，是吐蕃族的流，而吐蕃又是羌族（不

[1] 见拙著《〈禹贡〉织皮昆仑析支渠搜及三危地理考实》，载《历史地理论丛》，1998年第一辑。
[2] 见拙著《藏族源流与汉藏关系》，载《青海民院学报》，1989年3期。

排除其王室中含有印欧系人种成分）的流，其最早的源，只能是原始社会的蒙古利亚人种了。

民族学原是研究人类和种族的专业，因此我们最初只有人类学、人种学等概念。而对中国民族的研究，自来就称为人，如夏人、商人、周人、秦人、汉人以至于唐人，是就历史上各王朝所统辖的全体人民而言，是一个总的名称，还没有共同的环境、语言、宗教、血统等因素的统一概念，也就是说还没有民族学的概念。中国人原来所谓的族，是指氏族、宗族、家族而言，而不论你属于何种氏族，都统称为人。自从有了民族学，我们便把汉人称为汉族，这才有了新的含义。这个概念和含义，只适用于近现代民族，而在此以前的人，只是氏族、部落和部族，不能混为一谈。现代民族学是研究现代世界各民族形成与发展规律的社会科学，所谓发展便是要追溯各民族来源和发展过程。按照这个要求，则吐蕃族是属于封建部族时代所形成的一个部族，而藏族才是近现代民族学意义上的民族。所以我以上追溯它的族源，是说明在现代藏族形成以前，在青藏高原这个人类舞台上，曾经有多种人长期生息活动过，并不是说藏族是单纯的源于吐蕃族的。

至于藏族这个名称，还是内地人用汉文给它所定的，而他们自己仍称蕃或斡。这个蕃就是由前面所说的藏博而来的，也是雅鲁藏布江"藏布"的早期译名。它是 6 世纪时在今西藏南部形成的一个部落国，前面已经谈过了。这里要接着谈的是"藏"字，藏博是在宝髻出现后才有了这个名称的。这个"藏"的名称,在汉文记载上始于明代。其时把青海一带的藏族称为西番(番即蕃,一般习读为翻),而把今西藏地区称为乌斯藏,乌斯以后被译为卫,合称卫藏,卫是古代三危"危"字的音转。到了清初,康熙平定藏乱,以其地居中国西部遂定名为西藏。这都是汉文命名,西藏人仍称为卫藏,而自称为蕃(博)巴,四川境内的藏族人自称为康巴,甘、青境内的西番则自称为安多哇(巴),没有一处称藏的,因此也可以说"藏族"是官方的定名,也是汉文的称谓。可见藏族是近现代才形成的一个大的民族,并不单指西藏人。西藏只是一个省区单位,此外还有广大的藏族分居于青、甘、川及其他地区。现代帝国主义分子,为了想把西藏和藏族人民从祖国分裂出去,便不惜造出"南来说"和什么西藏自来是一个独立国的谬论,无视自唐以来西藏地区与人民和中国的关系,特别是自元以来政区建置和中央与地方的关系,甚至还想用"外藏""内藏"的阴谋,巧立名目,把所有藏族居住的地区,统统分裂出去。我们从事藏学研究和关心民族团结的人,在研讨这个问题时,必须要以史实为重,以统一国家的总体为重和以民族团结为重,不要好奇立异,不要把藏族从中华民族中区分开来,以免为别有用心者所利用。

吐蕃王朝崩溃后形成的藏族,从成分来说,又有了蒙古、沙陀、霍尔、嗢末以及回鹘等民族成分。同时在今西藏境内一些别的民族或者部落,在吐蕃王朝建立后,也就不复单独存在了。在吐蕃统一过程中，青、甘、川地区，除了吐蕃族因驻军等关系移入的部分外。本地区大量西羌遗裔连同西海蒙古（一部分）、厄鲁特蒙古和部分汉人都先后汇入了这个新共同体的行列。到这时藏族便与吐蕃族在共同体意义上已有所不同，也就是说藏族已是一个新的民族共同体，并不再等同于吐蕃族了。因为这时期青藏高原上广大的藏族，在共同地域、共同语言和共同经济生活的基础上形成了具有共同文化与心理素质的稳定共同体了。从民族发展史上来说，它又已是一个开始向资本主义和社会主义社会过渡的现代民族了。

整理者按：本文虽与《藏族源流与汉藏关系》一文的部分章节略有重复，但考虑到本文是前文的补充与拓展。故一并录之。

中国历史上唐与吐蕃的关系

一、唐蕃关系的渊源及其历史基础

吐蕃在中国历史上出现的年代，是在公元 7 世纪初年。那个时期，正是松赞干布（《唐书》上称弃宗弄赞，盖译名之异）在位的年代。吐蕃在此以前，原是一个地方政权，与中国内地并无往来，因而也不见于汉文记载。只是有个东女国在隋时与隋王朝通贡使[1]。唐高祖武德中也向唐入贡[2]。这个东女国，或即以为唐旄。在隋末唐初时，吐蕃先后统一了在那个地区的唐旄、羊同、苏毗、附国等由羌族或其他族组成的部落，逐步把现在青藏高原上分散居住着的一百几十个原始羌族部落和西域一些非羌族部落等合并在一起，这就是吐蕃。松赞干布在位的年代，正好与唐王朝第二个皇帝太宗李世民同时。唐太宗贞观八年（公元 634 年）松赞干布遣使来唐聘问，唐派使臣冯德遐前往逻娑（今拉萨）通好，这是中国史上建立在中原地区的

[1]《隋书·女国传》："开皇六年，遣使朝贡。"
[2]《新唐书·东女国传》："武德中，女王汤滂氏始遣使贡方物，高祖厚资而遣之。"

统一王朝与吐蕃建立往来关系的开始。看来当时双方之间都不够怎样了解，因此都在各自的史册上记载着"来朝"或"来贡"的字样。

通过冯德遐的回聘，松赞干布以突厥、吐谷浑并得尚唐公主，因而也向唐请婚。随着唐文成公主出嫁吐蕃赞普松赞干布，遂揭开了唐与吐蕃之间往来与争夺的序幕。中国立国虽然比吐蕃还要早2000 多年，但与吐蕃建立正式往来关系，却是在这个时期开始的。尽管如此，吐蕃先世与中华民族的渊源和与商、周、秦、汉等王朝的间接关系，仍是一直不可分的；同时自唐初开始，正式成为组成这个统一的多民族国家的主要成员之一，更是有其深厚的民族、历史和地理各方面因素作基础的。若要说它是中途以新的成分加入中华民族的行列是不够全面的，至于民族渊源方面的西来说，则更是别有用心的不根之谈。

从民族渊源来说，根据近年考古发掘资料，今天西藏地区新石器时代人类遗骸，属于蒙古人种。而 1983 年在横断山区首次发现第四纪脊椎动物化石和古文化遗物，[1]更说明在新石器时代以前就有原始人在这一地区活动。至于中国西部古老的民族羌族在这一地区的活动，则具见于甲骨、金文和古籍的记载。同时羌族中发羌、唐旄等部，在秦汉间就已由河源进入今藏北地区；汉武帝时，又传说有羌族的六牦牛部进入今西藏地区。在隋以前，活动于本地区的部落国有附国、吐谷浑；隋时则有女国、宝髻、苏毗、羊同、党项等

[1] 参见中国科学院青藏高原综合科学考察队古脊椎动物专业组的文章，载《人民日报》，1983 年 9 月 8 日。

部落，这些都是组成当时吐蕃的主要成员，其中最众多的氏族，还是以秦汉以来的羌族为主的。吐蕃的民族成分，可以说是融合了羌族多种部落和其他西部古老民族而出现于史册的，而南来、西来两说，一出于印度佛教传入后的宗教性附会；一出于近代西方帝国主义侵略势力东来后政治性煽惑，并无史实根据可言。

吐蕃族的形成，以中国西部古羌族为主体，这从今藏族的地区分布和语言渊源上也不难窥见一斑。说起羌族，它的先民在传说中是炎帝族。炎帝族很早就进入中原地区与黄帝族形成后世汉族的最早祖先，所以现代中国汉人的老祖先，最先是通过黄炎联盟的形式，后来又经过姬、姜联姻等方式，才成为从汉以来被称为汉族的主体。汉以后虽然又有分有合，甚至成为在一定的历史范畴内素质各异的共同体，但从族源来讲，这是无可否认的历史事实。除了黄炎联盟时期未进入中原或后来秦穆公、秦献公等在与西戎争霸时，又被驱入中国西部地区的羌戎，由于交通的阻隔和文化上的趋于落后，便仍然处于聚落游牧的社会阶段。等到吐蕃统一青藏高原地区，自秦汉魏晋以来一直分散不相统属的羌族各部落，而建成以羌族为主体的第一个统一王国时，它的奴隶社会性质和以游牧业为主的经济形态，仍未得到改变。但这种长期由地理环境和生产方式等所形成的社会状态，一旦在政治上得到了统一而有了一个强大的国家组织后，便在形势的促使下，原来那种落后的社会、经济面貌，必然急剧地要加以改变了。

吐蕃社会要有突破和发展，首先是要和它周围的国家与地区相沟通。在这方面，它若向南方的泥婆罗、天竺地区发展，则显然要受气候、风土、民情等方面的限制，因为一旦从高寒地带进入湿热的高温地带，在短期内是难以适应的。他们只能是在文化、经济上有所往来。趁其新兴之势，顶风冒雪，盘马弯弓，以剽急强悍的骑兵部队进入地势与气候相适应的地带，并进而掠取生产上生活资料，这就是吐蕃当时东北进以并吞党项、吐谷浑，东进松州以掠取唐所羁縻的诸羌州，北进于阗以与唐争中西交要道上的四镇的根本原因，也是吐蕃当时历史发展的形势。与这种形势相适应，吐蕃的东进、北进还有一个历史的因素，便是在今天的天山南路和青海、甘肃、四川的西南地区，都是当时羌族、氐族及吐谷浑、鲜卑（秃发、乞伏、乙弗……）等非汉族而与吐蕃族在生产生活上相接近的诸族活动的地区，和它在很多方面具有一致性，这就更促成了吐蕃向这些地区进军和发展的必然策略和趋势。因此吐蕃在合并唐旄、苏毗后，便为向东北进攻吐谷浑铺平了道路，在征服羊同后，便为向北进政于阗创造了条件。这样便在今青海、四川境内和在当时西域四镇（龟兹、于阗、焉耆、疏勒）地区与立国中原的唐王朝相冲突了。不仅是如此，它同时还与葱岭以西的波斯、大食和在它东南方的南诏也都相互形成了威胁的局面。在这多方面错综复杂的冲突与交涉的关系中，比较起来，唐与吐蕃之间的关系，既有联合，又有争夺，而以和平往来与文化交流为历史发展中的主要趋势，也就是汉藏民族在黄炎、姬姜、汉羌等各个历史时期所凝结成的民族历史关系基础上的进一步发展，也可以说是多民族统一国家在建立过程中的新成果。

但是也必须指出，我这样看这个问题，却并不是在当时中国历史发展的趋势与作用中，把唐与吐蕃等量齐观，无所区别的。从当时历史发展的总的或主要的趋势看，无疑地唐王朝在松赞干布的时代，不仅是与吐蕃比同样地正处于它的兴盛期；而且在当时的东方和世界历史上看。唐王朝无论在政治、经济、军事和文化等各方面都居于当时世界各国的前列。当时中国文化的影响，不仅深入到高丽、日本及天竺（今印度）、狮子（今斯里兰卡），而且还远及大食（今阿拉伯）、拂林（今东地中海一带）。同时唐代继汉之后所开辟的东西方陆路交通大道（今或称丝绸之路），更促进了东西方文化的交流。唐代版图的广阔，也是中国史上所仅有的。从声威方面来说，当时西域诸国都尊唐太宗李世民为天可汗，称东西交通大道为朝天可汗道；而当时的唐首都长安，又是华夏文化与西域文明荟萃的中心。在这样的历史条件下，吐蕃王朝最初与唐王朝建立往来关系时，还只能居于藩属地位，这完全是由当时的历史条件所决定的。吐蕃王朝崩溃后，终于在元初正式成为组成祖国统一大家庭的重要成员之一，可说就是基于这种历史因素和因缘的，否则的话，不可能由于萨班·贡噶坚赞和他的侄子八思巴两人的努力，而使西藏地方的人民如水就下地归顺大元王朝的。西藏当时的顺时趋势，主要是与中国历史发展的基本条件相适应的。与此相反，元代虽然曾地跨欧亚两洲，而且蒙古骑兵的铁蹄，踏遍了中亚及东欧大地，但并没有促成斡罗思等国家和地区的归顺，即是显例。这是什么原因呢？一言以蔽之：民族文化的因素不一致，而历史关系又无基础，只想用武力进行扩张是不行的。

唐与吐蕃之间关系的建立，是在同种同文的基础上，但在这种关系继续发展的过程中，仍然是有一定曲折的，这也完全符合历史发展的一般规律。在唐太宗贞观以后，随着吐蕃势力的进一步壮大，唐便在陇右和西域方面受到了威胁，这样唐王朝便与吐蕃处于对峙或联盟的局势。联盟是为了加强内部经济、文化的往来和共同对付大食势力东来的威胁，而对峙则是双方势力消长的表现。等到安史之乱起，唐在河陇的边防军相继东调守御潼关，吐蕃势力的发展，便逐步趋于优势。但双方之间仍以和好往来的联盟为基本关系，如公元730年，唐玄宗李隆基遣使到吐蕃讲和，吐蕃赞普弃隶蹜赞上表说：

外甥是先皇帝舅宿亲，又蒙降金城公主，遂和同为一家。[1]

又如公元823年的长安《唐蕃会盟碑》文中说：

商议叶同，务会万姓安泰，所思如一，成久远大善，再续旧亲

[1]《旧唐书·吐蕃传》。

之情，重申邻好之义，为此大和矣。

……使其两界烟尘不扬，罔闻寇盗之名，复无惊恐之患。封人撤备，乡土俱安，如斯乐业之恩，垂诸万代，赞美之声，遍于日月所照矣！[1]

这种在封建社会具体历史条件下，两个不同民族的政权之间所建立的和好往来关系，对唐蕃双方都是有利的，特别是对广大人民的安居乐业是有利的，真的是"天下百姓，普皆安乐"[2]。吐蕃由于与唐之间先后持续了约200来年的往来，吐蕃的文化、经济等方面均有了较大幅度的发展，逐步扫除了氏族社会残余。但最终由于吐蕃社会奴隶制残余的作祟，贵族阶级的兼并土地和增收租税，宗教徒之间的互相残杀，更加上连年用兵，促使贵族内部各个集团分崩离析，隋唐王朝趋于衰亡时，吐蕃也早一蹶不振了。宋代人修唐史时，对唐与吐蕃在历史上的关系，曾有这样的评论：

唐兴，四夷有弗率者，皆利兵移之，蹶其牙，犁其廷而后已。惟吐蕃、回鹘号强雄，为中国患最久。赞普遂尽盗河湟，薄王畿为东境，犯京师，掠近辅，残馘华人。谋夫虓帅，圜视共计，卒不得要领。晚节二姓自亡，而唐亦衰焉。[3]

---

[1] 见《唐蕃会盟碑》（下），此据王辅仁、索文清编著：《藏族史要》附录。
[2]《旧唐书·吐蕃传》。
[3]《新唐书·吐蕃传》。

吐蕃和唐王朝的争夺，虽使它们同归于衰亡，但这主要是指统治者而言，而吐蕃地方的广大人民，通过 200 多年来和中原地区人民的往来与唐王朝政权的联系，遂使双方在统一的多民族国家的进一步形成和发展过程中的相互依存关系，从此便密不可分了。这种历史关系，从吐蕃来说，是祖国边疆少数民族政权在发展中向内地的扩张和掠夺，这在把中国西部地区分散存在的以羌族为主的众多部落统一起来，从部落群体向单一的民族政权形式过渡，是历史发展的必然，也是有积极意义的。从唐王朝来说，它与吐蕃的争夺，却并不是像近代有些帝国主义分子所说的那样具有扩张征服的历史因素，而是为了保障那时内地高度发达的生产力免受破坏，并力争在历史上具有重大意义的东西方交通路线的畅通无阻。特别是和亲这一政策的制定与实施，贯彻了唐王朝和平往来的意图。这同样在统一的多民族国家的进一步发展中，作出了与历史发展潮流相适应的贡献，这无疑是当时历史发展中的一支主流。曲解了这两点，便完全抹杀了当时历史发展的真相。

二、唐王朝的民族政策及其与吐蕃的关系

中国自周、秦以来，开始形成东方的一个古文明大国。这个所谓大，便是指地大、人众而言。古代的人类，由于地理环境的影响和交通条件等的限制，自始就存在着习性各异的多数族系。在长期的历史发展过程中，这些不同族系的东西南北之人，由于互相接触，互相混合，便逐渐趋向于统一，这就是中国自来就是一个多民族组

成的国家的历史因素。在中国这个国家走向统一的过程中，民族间的融合和文化上的递嬗与演变，都在不断地相互产生着影响。前面已经提到黄、炎的联盟和姬、姜的联姻，先后孕育了仰韶（彩陶）文化、龙山（黑陶）文化所汇合而成的华夏文化。在这种统一文化的基础上，才促成了秦汉大一统帝国的出现。这种大一统局面的形成，并不是出于哪一个民族单独的创造，而是在长期的历史发展过程中各民族间的融合与交流的结果。其后又经过魏晋南北朝时期再一次民族与文化的汇流，便出现了隋唐大一统的新局面。隋唐大一统帝国的出现，正由于是植根于中国境内民族的大迁徙、大融合之后，因而他们的民族观念和立场，和秦汉之间是有一定区别的。李唐这一族姓虽自称是陇西郡望，然其先世颇染少数民族血统。就李昞、李渊、李世民三代而言，其皇后如独孤、长孙等，均属胡（胡字在其时的含义是泛指中国北方各少数民族）姓。而唐代汉族"胡"化，其事又颇普遍。因此，唐人的种族观念，较前代为淡薄。有唐一代，蕃将最多，举凡突厥、高丽、回纥、沙陀及吐蕃诸族中武士材官，很多是唐军的统帅或偏将。正因为隋唐是国家疆域最广阔的时代，为了要抵御西北、东北和西南边疆各民族骑兵的进犯和确保丝绸之路的畅通，长于骑射的蕃将，自然也就成为这一方面不可或缺的人才。用人不分畛域，也是大一统形势下必然的趋势；民族歧视和大汉族主义的观点，虽然还不可能全盘化除，但也必须相应地有所改变和克制。唐太宗李世民就曾一再说过：

自古皆贵中华，贱夷狄，朕独爱之如一。[1]

夷狄亦人耳，其情与中夏不殊。[2]

还有一次，边将报告獠人反叛，请发兵征讨，他批驳说：

獠依山险，当抚以恩信，胁之以兵威，岂为人父母意耶？[3]

这种对边地少数民族不加歧视的观点，看来并不完全出于策略性或一时权宜之计，也不仅是唐太宗一人为然，而基本上在整个唐代是一致的。因此，当时在这方面所采取和执行的政策，包括吐蕃在内，具体有如下几个方面：

（一）和亲政策

在中国古代历史上，当不同民族的几个政权相互对立的情况下，有相互间的联姻关系。作为双方谋求并保证和平友好往来的纽带，这就是被后世称为和亲政策的来由和实质。若把它看成是屈辱或者欺骗，那是不符合当时历史事实的。

这种不同民族和国家之间联姻形式和相互和平往来关系的建立，早在周代就已如此，其与后世所不同的只在于地域范围仍在中原地区而已。后来汉公主的远嫁异国，是在国家疆域有了大的开拓

[1]《资治通鉴》卷一九八太宗贞观二十一年。
[2]《资治通鉴》卷一九七太宗贞观十八年。
[3]《新唐书·南蛮传》。

下才产生的。虽然公主琵琶在后人的想象中别具哀怨，但汉代与乌孙、匈奴王室的联姻，确乎在相互往来和安定国防方面、起过巨大的作用，其历史贡献是不可低估的。无论是乌孙王或是匈奴单于，也都是向汉廷上书礼聘，却并没有要挟或威胁。而汉公主们也只是感到语言不通、习俗各异，最初颇不习惯，但到后来，还能在老王死后从其子辈"妻其后母"的国俗。这种联姻关系，只存在于双方王室之间，因此后世称为和亲政策。中国历史上大一统国家局面形成之际，中原与边疆民族之间的关系比较突出。产生这种交往的方式，显然是为了适应当时新的形势所需要的。这种特定的历史背景，必须先要得到充分的了解。

在唐开国之前，隋文帝杨坚即曾先后以宗室女大义、安义两公主嫁突厥可汗，又以光化公主妻吐谷浑夸吕可汗的儿子伏允。同时伏允也请以女备文帝后庭，为文帝所辞却，可见当时不同民族王室间婚姻往来，并不是一件稀奇事，也不仅汉公主出嫁少数民族。当唐开国之后，未待吐蕃请婚，唐公主已分别出嫁到突厥、吐谷浑等诸国去了。在初唐来说，吐谷浑尚不成为唐王朝的威胁力量，可见和亲只是当时一种和平缔交方式，是为了沟通双方在文化、政治、经济方面的交流，促进兄弟民族之间的团结与友好，并不存在大国小国、谁强谁弱及什么相互利用欺骗等问题。

松赞干布即位后，吐蕃势力方盛，他本人也正有志于四方，对唐王朝自然也就有了一定的了解和认识。他听说突厥、吐谷浑都尚唐公主，便也奉表遣使向唐求婚，请婚自然是一项结好的表示。从当时情势看，除了这是一种带有传统性的和平缔交方式外，还有对中原地区先进文明羡慕与向往的时代因素，并不单纯是效法他人的时髦做法。因为当时的长安，不仅是华夏文化的中心所在。东方诸国的观瞻所系，也是西域文明的荟萃之处。吐蕃当时欣慕上国文化，可从《新唐书》记载中不难看得出来：

> （贞观）十五年，妻以宗女文成公主。……弄赞率兵次柏海亲迎。见道宗，执婿礼恭甚。见中国服饰之美，缩缩愧沮。归国，自以其先未有昏帝女者，乃为公主筑一城以夸后世，遂立宫室以居。[1]

这种记载，虽出自汉宫，不无抑扬。但从文成公主入吐蕃时所带佛像、经书、工艺品、绸缎、农作物种子及乐器、工匠等情况，和随着派留学生来长安学习等史实，说明吐蕃不仅通过和亲，自唐传入了佛教文化，还引进了汉族传统文化和生产技术，促进了边疆与内地之间文化、经济等方面的交流，也繁荣了吐蕃的文化。后世有藏文记载中把逻些建立佛寺、供奉神像的设计蓝图，完全归功于文成公主的星算术和地理风水，这自然是宗教语言，但以文成公主作为大唐文化的象征，是自有其历史脉络的。

吐蕃最初向唐求婚的历史因缘，虽如上述，但其结成，却还费

---

[1]《新唐书·吐蕃传》。

了一定的周折。唐与吐蕃初通使后，吐蕃向唐请婚，唐当时对吐蕃还可能缺乏了解，一时未能允如所请，加上吐蕃使者把唐廷的未允联姻归罪于吐谷浑的阻挠，于是松赞干布先出击附唐的吐谷浑，逼它退出湟水和浩门河流域，并迫逼白兰与党项东移。然后派大兵20万攻松州，扬言唐若不许嫁公主，即将深入。和亲既是和平缔交方式，当然不能以兵威来强致。因此唐太宗在击退吐蕃军队的这次进犯后，当赞普再遣使来谢罪并请婚时，才允许以宗女文成公主妻松赞干布，吐蕃献黄金5000两和其他一些宝物作为聘礼，唐蕃联盟便从此开始。从此开始的唐蕃关系又和历史上的民族、地缘和文化上并不完全相同，是在既有历史关系上的进一步发展。其主要的历史标志，有如下三项：

1. 甥舅关系的建立。文成公主入蕃，唐派礼部尚书、江夏王李道宗为特使护送，吐蕃赞普松赞干布在黄河源柏海以子婿礼相见。其后赞普对唐帝均自称甥，此种关系，通过金城公主的再度入蕃更形加强。所谓"戎王子婿宠，汉国舅家慈"，在历史上传为美谈。

2. 册封关系的建立。公元649年唐高宗李治即位，松赞干布即被册封为驸马都尉（官职）、西海郡王（封爵）。他写信给唐宰相长孙无忌说："天子初即位，下有不忠者，愿勒兵赴国共讨之。"并以金琲十五种献唐太宗昭陵。唐又加封他为賨王（或作宾王），并刻他与其他十三位少数民族王公将领的石像同列于昭陵。在此后一段很长的时期内，赞普死后一定向唐告哀；新任的赞普，也须经唐朝的册命才算合法。不论其后各个历史阶段内有何曲折和变化，而吐蕃与祖国中央政权的藩属关系，早在那时节已明确地建立了，甚至在接受唐的官职和封爵前，赞普就已上书太宗，贺他征辽获胜归来说："陛下平定四方，日月所照，并臣治之。"既然是日有所照，无疑地也把吐蕃包括在内。接着，唐派王玄策出使天竺，中途为中天竺所抄劫。王玄策向吐蕃请援，松赞干布即发精兵从王玄策讨破之，并献俘长安报捷。这些都是以从属地位（即现在的中央与地方政府）出现的。等到安史乱起后，情况有了急剧的变化，双方冲突争夺加甚，上述关系便又以会盟订约的形式出现，显然是相互对峙起来了，但总的趋向是仍以和平往来为主的。建立于公元823年的《唐蕃会盟碑》文，把这种社稷如一、各守分疆、友好往来的平等关系正式确定下来，直至吐蕃因内部贵族集团的纷争而解体为止。综计自唐贞观时双方通好，其间使臣来往共达190多次，几乎年年有使节往来，这为以后吐蕃与中央结为一体，建立了稳固的基础，也就是从此迈出了新的一步。

3.汉藏文化交流与吐蕃文化的形成。吐蕃从泥婆罗和唐引进了佛教文化，又从唐引进了汉族文化，这就是吐蕃文化的两大渊源。佛教影响于吐蕃的政治社会非常深厚，而农业、工业生产技术、历法医药以及音乐绘画，甚至是儒家经典，都成为吐蕃文化的构成部分。唐蕃的联姻与结盟，文化上相互影响，结为一体，而共同的民族心理状态，在以后对付英、俄等帝国主义势力的侵略过程中，表现得异常突出，这并不是偶然的。

以和亲政策为纽带，而产生这样直接与间接的成果，是为近代西方国家所难理解的，但它却正是像中国这样的统一的多民族国家在长期形成过程中促使互相更加接近的成功方式。

唐王朝与在中国境内各少数民族政权之间的联姻，无论是册封的藩属或者是对立的敌体，都是在平等友好的地位上进行的。因此，除吐蕃以外，突厥、吐谷浑、回纥之可汗，均曾尚唐公主；同时，吐蕃赞普松赞干布又娶泥婆罗公主，而赤德祖赞赞普为了结好唐属国小勃律，也曾把自己的女儿嫁给小勃律王，以联姻作为结盟的手段和方式。但是西方的有些藏学家和帝国主义的喉舌们，却把唐与吐蕃的联姻关系，说成是唐王朝的欺骗与讹诈。他们以为文成公主是宗女，金城公主是雍王守礼的女儿，都不是皇后所生，都冒称公主入蕃；而唐中宗在送别金城公主时，又假意表演了一番惜别之情，以蒙骗吐蕃使者；甚至他们还指责唐太宗和唐中宗都借公主出嫁，索取黄金、珠宝和良马，大做其赚钱的买卖。这种违背历史事实而进行挑拨现代西藏与祖国关系的用心，实在是极端恶毒的。而所谓赚钱买卖云云，无疑是帝国主义面目的自我揭露。须知当时公主的身份，是由皇室出身与赐封决定的，这在前代就已如此，无论是乌孙、匈奴、突厥、吐谷浑、吐蕃，都未曾提出过异议。这个问题是唐肃宗的女儿宁国公主嫁给回纥骨咄禄毗伽阙可汗时，唐使者为了争执可汗以大礼迎接册命，便说这是大唐天子的真女，合有礼数，可汗也就以聘得真公主为莫大光荣。这说明唐王朝也并不是一定概以宗女嫁外藩，除此之外，唐代宗女儿咸安公主嫁回纥合骨咄禄毗伽可汗；唐宪宗女儿太和公主出嫁登罗羽录没蜜施句主毗伽可汗等，都是显例。至于一定要是皇后嫡出的才算公主，那恐怕只是现代某些西方学人别有用心的借口；因为依他们说来，唐与吐蕃和元以后中国与西藏的关系，只是大汉族主义的欺诈侵凌而已，这完全是无视中国历史发展事实的谰言。

（二）羁縻政策

羁縻一词，初见于《汉书》。用现在的话来说，是联系的意思。后世对羁縻不够重视，只注意于直接管辖和统治。实际上羁縻政策的产生，自有其复杂和特定的历史背景和条件，应当在一定的历史条件下去看它的作用。汉代初通西域，那里原存在着鄯善、龟兹、于阗等众多的各少数民族的大小王国，加上西迁的大月氏、大夏等国，种落十分复杂，而匈奴又时常出入抄掠，形势很不安定。汉通西域，主要是为了防御匈奴和确保与中亚、西亚交通路线的畅通。因此在西域设都护，以至屯田驻军，都为这个目的服务，并不征服和直接统治这一块广大地区。只要当地各属国相安无事，汉王朝只是与它们加强文化贸易等方面的联系，不要求同内地一样的划一管理。这就是羁縻的由来，也是符合当时历史发展条件的。隋唐又是我国继汉之后的统一大帝国，当时对外交通虽然初辟海道，但主要东西往来干线仍为自汉以来的西域通道，即外人所称丝绸之路。唐对西域的经营，较汉又进一步，即在高宗显庆二年（公元 657 年）破西突厥，分其地置濛池、昆陵二都护府，并于龙朔元年（公元 661 年）在于阗以西、波斯以东，分置都督府十六，州七十二，县一百一十，隶属安西大都护府。这只不过是在名义上置州府，实际上仍都保持其独立状态。但唐王朝的声威却从此远及西亚、中亚，其影响仍然是很大的。西域方面各羁縻州的设置，与吐蕃的安全，关系颇为重大，这只要看后来唐失四镇，大食东侵，吐蕃受到回纥、南诏和大食三方面的压力，便可了解吐蕃与唐相互依存的关系。

其次，关内道羁縻州中如陇右诸胡州，党项、吐谷浑诸府州，及剑南道诸羌州，则后来大都为吐蕃所合并或者内迁侨置。这类羁縻州的设置，是一种有步骤的过渡形式。通过这类形式和羁縻政策加强联系的作用，诸凡突厥、吐谷浑、党项、回纥、羌、契丹以及当时所称降胡等众多的少数民族和外族的徙入内地者，均被自然地融合。唐末张义潮以瓜沙十一州归唐，吐蕃族内附的也自不少。

终唐之世，并未在吐蕃境内设立州县，但通过友好往来和互市，以加强双方之间的联系，比一般设羁縻州显然更进了一步。在唐代的民族政策中，并无强迫同化的意图和措施，这只要看唐对突厥降人和吐谷浑、党项的移徙，即可明了。不强迫而终归自然融合，这是由社会发展规律所决定的。此种羁縻政策，在以后元、明、清三朝于新的历史条件下的应用，便基本上完成了统一的多民族国家进一步团结壮大的历史任务。所谓"登高必自卑，行远必自迩"，不就是这个道理吗？

（三）宗教政策

吐蕃与唐之间加强联系与往来的另一纽带，是对佛教的扶持与信仰。吐蕃是由唐和泥婆罗、天竺引进佛教的，中国佛教虽然也来自天竺，但到唐时它已通过改造，使之与中土情况相适应了。吐蕃从唐引进佛教，也与当时实际情况相结合，形成了吐蕃的佛教文化，即是今天藏传佛教的前身。据史书记载，文成公主入蕃时，所携礼品以释迦佛像为首，还有 360 卷（佛教）经典。唐德宗时，汉僧良琇、文素二人还曾应邀赴吐蕃讲经；唐穆宗时，吐蕃使臣参观安国、慈恩等内地著名佛寺。吐蕃因慕中土佛教，并曾遣使来求五台山图，览观五台山佛寺的弘规。现在的藏文《大藏经》中有几部经典，还是依汉文翻译成的。唐蕃在佛教信仰方面，联系是十分密切的，也是互相有影响的。后来吐蕃为文成公主修大昭寺，西藏僧俗在布达拉宫内塑文成公主像，把她与护法同等看待，可见这一方面影响的深远。

唐代虽然没有订立宗教信仰自由这样的规定，但当时由西亚传入的火祆教、景教、摩尼教和伊斯兰教等，都在中国内地流行，且在长安建有寺庙，这也密切了唐与西亚、中亚各国的联系。佛教虽曾一度被禁，但那也只限于其影响生产劳动和社会风气的一面，并未触及经典本身。

宗教本身是在一定经济基础上的社会意识形态，并得到封建贵族农奴主阶级的利用与扶植下兴盛起来的，但借着宗教的传播，便也伴随着文化的交流。唐代长安是西域文明的博览馆，而各种宗教的流行，具体体现了唐人混同夷夏的胸怀与气魄，自然也更促进了与吐蕃团结友好的往来关系。

（四）通商政策

自文成公主入蕃，唐蕃结成甥舅之盟后，文化与经济方面联系便日益密切起来。除了文成公主带去大量蔬菜种子、手工艺品、纺织技术等以外，高宗时赞普又请给蚕种及制酒、碾硝、纸墨的工匠，唐朝政府都一一送去。吐蕃的商队，也从内地采购绸缎、缯帛以及军用的弓箭。唐还大量地赠送给吐蕃以缯帛，有时多至万匹以上。如金城公主入吐蕃，即随从大批技艺工匠并携带大批锦缎：

赐锦缯别数万，杂技诸工悉从，给龟兹乐。

可见最初阶段的唐蕃贸易往来，还伴有赠予大量珍贵商品的项目，这与结成的亲戚关系是不可分的。另据一些记载，唐代江南等地所产的名茶，也均传入吐蕃宫廷。"（公元781年常鲁出使吐蕃，在帐中烹茶），赞普问曰：'此为何物？'鲁公曰：'涤烦疗渴，所谓茶也。'赞普曰：'我此亦有。'遂命出之，以指曰：'此寿州者，此舒州者，此顾诸者，此昌明者，此邕湖者。'"[1] 可见双方贸易往来是很普遍的。茶为蕃人生活上所必需，此后世所以有茶马贸易的来

---

[1]《唐国史补》卷下。

由。到公元 731 年（唐玄宗开元十九年），唐同意吐蕃要求，在赤岭（今湟源日月山）互市这是官方正规的大宗交易。这种商品物资的交流，吐蕃方面主要是牛羊种畜产品。公元 787 年（唐德宗贞元三年），唐以彩色的缯帛，换了吐蕃的牛 6 万多头。这对双方的生产生活都很有利，以后又曾在陇州也开设互市场所，互市随吐蕃势力的东伸，已进入到今陕西省境内了。

根据汉文记载，吐蕃多次给唐送来礼品，以金银器为多。如迎娶文成公主时，送来"金五千两，自余宝玩数百事"。[1]唐玄宗开元时，送来"金胡瓶、金盘、金碗、玛瑙杯、零羊衫段各一件"，以后又送"金银器玩数百事，皆形制奇异"。[2]文宗时也曾送来"玉带、金皿、獭褐、犛牛尾、霞氎、马、羊、橐它"。[3]可以设想这些金银器和畜产品，同样也是吐蕃参与互市的商品。这种长期进行的互市，使双方在经济上的联系越来越密切了。

看来唐代在它政治统一、经济上升、疆域开拓和文化繁荣的历史条件下所制定的和亲、羁縻、宗教媒介和通商往来等政策，对加强民族团结，沟通民族感情，促进文化交流，发展边疆生产等方面，都产生了积极作用。而最主要的方面是促进了华夏文化基础上的共同心理状态的凝成，也建立了政治上过渡的桥梁，使吐蕃的后身西藏在元朝又一次统一全中国时便似水到渠成一样地正式成为祖国大

---

[1]《旧唐书·吐蕃传》。
[2]《旧唐书·吐蕃传》。
[3]《新唐书·吐蕃传》。

家庭的一员，而为统一的多民族国家的进一步发展作出了贡献。有唐一代在这方面的历史功绩就在这里，任何近代以至现代西方帝国主义分子和他们的代言人煽惑欺骗的谬论，都是别有用心的，不仅歪曲了历史真相，也为西藏人民带来了深重的灾难，这是值得我们特别警惕和坚决反对的。

三、唐与吐蕃关系的历史总结

吐蕃在隋唐以前，仅是生息活动于今天西藏地区的一个小部落。在它合并了唐旄、羊同、苏毗等周围的部落后，活动始见于汉文记载，那已是 6 世纪以后的事了，在此以前的汉文记载只笼统地混同于羌族之中。从语源学上考察，发羌为吐蕃的先世，则吐蕃族原以羌为主要族系，殊无可疑。而近世的考古发掘，其原始先民属蒙古利亚种。更从语言学的考察，判明今藏语属汉藏语系，其非所谓南来、西来种，更进一步为之澄清。如此则汉、藏两族先民，早在氏族社会阶段，共同生息于后来被称为中国的这块大地上，且曾在商周间互有同化。只是在秦穆公霸西戎后，发羌、唐旄等部，远徙黄河源迤西，以山川阻隔、绝少往来。魏晋时与当时居西海的吐谷浑相邻，隋时女国、附国始先后遣使朝贡，与中原王朝通问。民族与地方之间，千余年中，有离有合，均为当时历史条件所决定。所谓合，是指政治上有一定的从属关系；所谓离，由于贡使往来，不像设置郡县那样稳定，有时又失去联系，各自独立存在。但这只是由于我国疆域辽阔，各民族和曲区间的历史发展并不均衡，文化上的先进与落后同时并存。因此所谓合，并未成为这个地域中政治上的大统一；所谓离，也并不像后世所称的外国。就吐蕃而言，虽也曾以会盟形式用敌体与唐相见，但它以中国人身份在那段历史时期中出现，则无可讳言。至于地方政府之称，乃至元、明、清三朝时为然，因当时大一统局面之进一步发展，西藏亦不能自外于这个政治文化上的共同体。其时政权形式尚不完全等同于行省，只是地区之间历史发展尚不均衡，与内地存在一定差异而已。现代对这个问题上的立论，尚颇混乱，其主要根由在于误以历史上形成的这个中国为汉族所建立，因而以汉族所建立的王朝为正统，为中央政府，其他族所建立的政权为偏霸，为割据，为僭窃，这就引起了各少数民族的反对。从历史唯物主义的观点来说，历史上中国的形成，起初是万国分立，互不统属，有的限于地理等条件，也互不往来。商周建国，才正式有了所谓征伐的形式，是用强迫的手段建立政治共同体的。中国的名称，也在此时出现。自秦汉统一以后，凡是统一的政权，无论是哪一族建立。都属于正统。凡是分裂的时代，则分立割据，互不统属，且各视为敌体。其间既有汉族建立的政权，也有少数民族建立的政权。此种情况，两个或多个政权同时在中国这块土地上同时存在，只是国家未得到统一的表现，而并非是汉族亡了国；同样，在中国形成一统时，也不是那个少数民族亡了国。历史上匈奴族、羌族、鲜卑族、突厥族、回纥族、契丹族、女真族、党项族、蒙古族、满族和吐蕃族，都在不同的范围内统治过中国，其中元和清，更是蒙古族和满族这两个少数民族在中国建立的最大的统一王朝，这就是中国成为统一的多民族国家最基本的历史发展条件了。

准上以论，则吐蕃在隋唐间，自以辽、金、元、清在它以后的立国，事同一律，虽都在初期互为敌体，但均不自外于中国。其所以如此，乃由于在几千年历史发展中无论是在民族上、地缘上和文化以迄政治、经济上有其自然的深厚的联系，终不可以强力分割也。近代西方帝国主义势力东侵，垂涎中国广大边疆地区，才制造出什么西藏、蒙古、满洲等地方，从来都是独立于中国之外的"外国"，而且像西藏则连民族都还是外来的，居然把他们等同于英国、日本，还以支持他们"独立"相蛊惑，其流毒至今尚未完全扫除。吐蕃与唐关系的所以重要，是以它的历史转折点为条件的。隋唐以前，吐蕃与内地绝少往来，只是在名义上有点役属于吐谷浑的迹象，而吐蕃兴起，统一群羌广大地区，且进而兼并吐谷浑、党项，使中国辽阔的西部和西南边疆首次出现了统一局面，这为以后中国的进一步统一发展奠定了基础。而唐王朝以适应当时历史形势的联姻、结盟、羁縻、通商等方式，密切了双方之间联系，开始凝成了文化上的共同心理状态，这对其后统一的多民族国家的形成和发展作出了杰出的贡献。要不是近代西方帝国主义的挑拨与离间，作为吐蕃后身的西藏，早就改变其社会历史面貌了。

其次，唐与吐蕃的和好关系，保证了东西方陆上交通大道丝绸之路的畅通，密切了与西亚、中亚以及欧、非等洲之间的友好往来。

更重要的是巩固了西陲国防,阻止了大食帝国势力的向东发展。高昌、龟兹、于阗、安西都护府的设立,稳定了西域的形势,而昆陵、濛池都护府的设立,不仅密切了内地与边疆及中亚、欧、非之间经济文化的交流,而且使唐的政治力最远达中亚,这是自汉以来所未有的。

这一条东西方交通大道,使唐代的精神文明、物质文明带有了世界的色彩,而唐王朝的声威也随之远扬异域。后来唐与吐蕃争夺西域,其主要用意即在保丝绸之路的畅通,而并不在互争雄长,更不能说是吐蕃的扩张。促进东西方经济文化交流,这在世界历史发展上是有很大贡献的,而吐蕃与唐争夺西域,从历史发展角度来看,是对双方都不利的举动。

关于当时东西方交通,除了西域几条路线外,从吐蕃出泥婆罗再经天竺往中亚,也是一条重要通道。由于文成公主出嫁吐蕃,唐朝的僧侣便有了取道逻些往泥婆罗和天竺的。根据义净法师《大唐西域求法高僧传》记载,唐僧侣亥照一行就是取道吐蕃往天竺的,经逻些还曾受到文成公主的接见和资助。可见唐蕃通好,使唐同时有了两条对外交通路线,这对提高中国在当时世界上的影响和作用,是十分有益的。从现在的唐高宗乾陵墓道上不只雕刻有外国使臣的石像,还雕刻有一对鸵鸟的石像,即可看出唐王朝当时与欧、非的来往。

这条通道的另一特大贡献是著名的慈恩法师玄奘于唐贞观中取道西域往天竺学习佛教经典,在天竺获得很高声誉。回国时带回很大一部分佛经，并把它翻译成汉文，这部佛藏以后成为世界文化史上的宝贵文献。同时由他讲述被他的弟子们记录下来的《大唐西域记》一书，初次详细记载了今阿富汗、印度、巴基斯坦、斯里兰卡及尼泊尔等地区大小一百多个国家的山川、风土、人情、习俗等，也是中西交通史上不朽的名著。

总的说来，这条道路，创始于汉，畅通于唐，吐蕃在西域的争夺，虽对这条通道有过一定阻滞作用，但它的通行，仍一直征续到现代。唐、蕃于此，应当说都有贡献。

第三，唐蕃关系，自以团结友好、和平往来为主要方面，但也存在着争夺冲突的一面。在互相往来的漫长过程中，受封、订盟和争夺等局面，都交互存在，而其中争夺一端，则对双方都造成损失，带来严重的历史后果。

吐蕃当时的社会性质，还难于遽作肯定。大致说来，其主要发展倾向是由氏族奴隶制向封建农奴制过渡。在这个社会发展过程中，纯靠原来的畜牧业经济和闭关自守、与世隔绝，是不再能与形势要求相适应的，它要向外发展是必然的趋势。吐蕃在松赞干布时期，开疆拓土，兼并白兰、吐谷浑等以畜牧业经济为主的大小部落，仅是其第一步。接着它更向生产高度发达的唐王朝辖境内发展、掳掠金银财宝、粮食和人口，以适应军需和生产发展及生活上的需要。最初它所扩张掠夺的是唐的松州、茂州、巂州、雅州等地区的诸羌州，随着是进入河湟和于阗等四镇地区。到安史之乱起后，趁唐九曲防军东调潼关之机，便长驱进入河西、陇右广大地区。先是争城掠地，抢掠财物、羊马、于人则剥体取衣。后来侵占地盘过大，又感到需要大量劳力，便又大掠人口作为奴隶，甚至还在面上或身上刺字，内地人民，深受其害。吐蕃势力盛时，进占了唐凤翔以西、邠州以北近辅地带，长安岌岌可危。

唐王朝在玄宗李隆基后期，贵族统治阶级的荒淫逸乐本质已充分暴露，加上有时还穷兵黩武，人民负担沉重，国势已急剧走上衰败的道路，再加上吐蕃的连年深入掠夺，边郡民不聊生，近辅也时受骚扰。自武则天营东都，玄宗也多居洛阳。藩镇割据之势，也已开始形成。特别是自战国历秦汉，西北边疆诸少数民族逐步向中原地区发展，他们的长技是骑射。周末燕、齐、赵、魏等北方诸国，均筑长城借以抵御。自赵武灵王胡服骑射，赵虽小国，独能抗匈奴的南下。秦并六国，派蒙恬以 30 万众北防匈奴，其骑兵雄强，从现在发现的秦始皇陵兵马俑造像中略可想见。汉、唐两代，定都关中，都以养马为急务，国势的强弱，系于马政。隋唐牧马，都在西北，而以关内、陇右、河西诸道为重心。自贞观初至高宗初年，畜马逾 70 万匹，所以既能北破突厥，复能东征高丽，玄宗开元初年，牧马约 43 万匹 [1]，天宝时在都监牧使下共分设 50 监，养马已不及 32 万匹，军马不敷，则稍取足于突厥，所费已嫌不赀。此后自代宗至德宗，河陇尽入吐蕃，军马驿马，两俱无着，只好向回纥购军

[1] 参见〔唐〕李吉甫撰：《元和郡县志》卷三关内道及《新唐书·兵志》。

马 10 万匹左右，每马 1 匹，换绢 40 尺。但回纥贪利，多以病、弱、瘦马抵数，唐军益发不振。白居易《新乐府·阴山道》说：

五十匹缣易一匹，缣去马来无了日。养无所用土非宜，每岁死伤十六七。

吐蕃的无限制的扩张，使唐王朝兵民交困，开元时盛极一时的富庶景象，一变而为寥落惨淡，疮痍满目。这还不算，唐为了向回纥借兵，允许回纥在战胜后任意掳掠子女金帛，内地人民惨遭浩劫，统治阶级赖以苟免，已不成什么体统了！

在这种内外交困的形势下，唐德宗采纳宰相李泌的建议，先后采取西面远结大食、天竺，牵制吐蕃四镇驻军的东调；南面通好南诏，北面联合回纥，使吐蕃处于四面受敌的地位。吐蕃穷兵黩武，连年用兵，不仅失去与唐的和好，也结怨四方诸国，本国劳动人民，也苦于征发供应，最后导致国内统治集团中贵族的互相争夺，分崩离析。在劳动人民纷起反对，和四邻各国的环攻下，为松赞干布所缔造的吐蕃，卒先唐王朝数十年而趋于瓦解。

综上以观，唐与吐蕃新兴时期，均富有朝气与进取心，在一定程度上代表了人民大众渴望统一、安定、富强的愿望和利益。吐蕃统一了群羌；唐王朝统一了中原，并臣属西陲的吐谷浑，消灭了薛举、李轨，打通了东西交通路线，辖境与吐蕃相连接。双方在这个基础上联姻通好，既促进了两个王朝的共同发展，又合力保障了东西交通路线的畅通，并阻遏大食势力的东侵，说明团结友好、和平往来，为双方都带来繁荣富强，对东西方文化的交流也都作出了贡献。

待到唐蕃的关系在吐蕃贵族的恣意扩张下，发生了矛盾与冲突，不仅唐的国力被消耗，吐蕃也因败唐的联盟，为四邻所遏制打击，终于在内部崩溃、人民起义下迅归解体。两败俱伤，令人惋惜！这虽系一家一姓的兴亡，但就中国的统一与发展而言，却无疑是阻滞了社会的前进。这中间最重要的一条原因，是当时唐蕃双方之间都存在着拥护联合与反对联合的两派势力的斗争，这在吐蕃方面自松赞干布以后表现尤为突出。唐廷方面，有些将相时有夷夏之见，边将亦多贪功冒进或虚报军情现象。吐蕃方面，贵族集团与当权者，多不识大体，盲目自大，以贪功攘利为先，而不以守盟保和为重，大失以松赞干布为代表的团结友好往来、促进共同发展的旨意。在当时唐蕃联盟中存在和出现这种分歧自有其自大的（唐方）和封闭的（蕃方）阶级和社会意识根源所在，并非是不可理解的。主要的是我们今天探讨这个问题，对历史在曲折的发展中的情况，加以具体而如实的分析，发现其阻碍祖国统一、和平的症结所在，从而吸取教训，免蹈覆辙，才是真正有利于民族团结、国家统一昌盛的伟大事业的。古人论史，强调"殷鉴"，历史确实是一面镜子，我在本文首章所引宋人修《唐书》时"晚节二姓自亡，而唐亦衰焉"的慨叹，早已指出唐蕃之间合则共荣、离则两败的互相依存关系。不过我们今天所要强调的倒并不是慨叹一家一姓政权的衰亡。尽管唐蕃两家政权在双方的互争下均趋于没落，而祖国进一步统一的形势，在人民渴求安定、统一、发展的强烈要求和人民力量的推动下，把唐蕃联合的关系继续发展下去，这是历史发展的主流，并不以封建统治者的意志为转移的。因此在元朝又一次统一全国时，西藏便很自然地归顺了元朝，以比唐蕃关系更进一步的形式统一到祖国大家庭中。由元迄清，这种团结统一的关系。愈益加强，而这个新的关系，却是在古老的民族渊源、地理因素和文化传统的基础上，由唐蕃联合所开始奠定的。从这段历史的发展中，使我们明确地认识到国家的统一是一条不可抗拒的规律，所谓大势所趋，人心所向，非封建统治阶级或者是制造分裂的野心家所能阻挡的。

最后，我们还要联系历史上这个问题谈到近代的中央与地方的关系问题。自从鸦片战争由帝国主义打开中国闭关自守的大门后，沙俄、英帝在西藏地方与祖国的关系上，别有用心地制造了种种歪曲史实的谬论，安排了重重的路障，蛊惑了一少部分民族败类，妄图割断汉藏人民之间历史上所形成的这种团结统一关系。由于清末满清贵族的腐败媚外，袁世凯和北洋政府的卖国求荣，国民党政府的妥协退让，致使西藏人民处于封建农奴主和帝国主义双重压迫统治之下。而所谓"西藏独立""中国扩张"的谰言，谬种流传，更把唐蕃和元、明、清三朝中央与地方的关系，也都肆意加以歪曲，借以欺蒙藏族同胞。直到 1949 年全国解放，中国共产党与中华人民共和国政府，和西藏地方政府签订了协议，和平解放了西藏，赶走了帝国主义分子，扫除了帝国主义的侵略势力西藏人民从此彻底得到了解放，当家做主，维护了民族的团结，巩固了祖国的国防。这次西藏与祖国恢复并建立团结统一的关系。虽也与历史上各朝的统一有一定的联系，但这又是在社会主义制度下，以加强民族团结、建立民族平等关系，实行民族区域自治，实现民族繁荣等新的原则和条件下建立起来的，它已完全不同于历史上的那种尚欠平等、紧密、亲切的关系了，这就是我们今天社会主义祖国新的大统一局面，为我国历史的新发展提供了广泛的条件，指出了光辉的远景，使我们团结一致，为建设四个现代化而努力！"国家的统一，人民的团结，国内各民族的团结，这是我们的事业必定要胜利的基本保证。"这就深刻地指明了维护国家的统一在我国社会主义革命和四化建设事业中的重要意义，而为我们所必须重视和遵循的了！

再论羌藏与蒙土问题

1992 年《青海民族研究》先后发表了李克郁、黎宗华二位教授有关土族与藏族族源问题的论文[1]，重新探讨与论证了土族与蒙古族和西羌与藏族之间的相关问题。他们二位都是从本民族立场来论证和阐述这个问题，态度似乎是非常严肃认真的，并且在资料的搜集和运用上，也是下了很大功夫的，但其中主要观点，不免模糊，而取材也较局限，自然难成为定论或是新见。我一向很服膺朱夫子（熹）所写的"旧学商量加邃密，新知培养转深沉"这两句诗，常想在别人的不同意见的启示下，促使自己对有关的问题有进一步的认识，并纠正利用历史问题来迎合个人片面看法或现实要求。

一、先说羌藏问题

黎宗华先生的文章，完全否定"吐蕃本羌属"和"羌即是藏"的论点，从这种记载和说法的语义上来说，虽并不那么完整和确切，

[1] 见该刊 1992 年第二期李著《蒙古尔（土族）是历史上不同时期来到河湟流域的蒙古人》与第三期黎著《"西羌"与多康藏族》。

但《后汉书》和两《唐书》的记载，基本上仍是可信据的。源于西羌，是说它的族源，黎先生所以指斥这种记载和观点的理由主要有两点：一是藏文古籍的记载没有这种说法；二是"羌"字虽早见于甲骨文，但以"羌"字作为族称则始于汉代。而在藏语方言中并没有羌语的一个基本词，甚至连"羌"这个族称记号也不存在，而我在前面所说的观点模糊和取材局限正是指这点而言的。同时黎先生论羌族的古地，也只限于多康（今青、甘、川）地带，更与史实不相符合。以下我想就黎先生所持的观点和所提出的疑问，谈谈我的看法：

（一）民族是一个社会现象，也是一个历史范畴

民族在社会发展史上来说，是从上一个阶段的部落社会演进而来的；在民族发展史来说，是从部族发展而形成的一种比较稳定的人们的共同体。这个时期，大体上是指由封建社会晚期到资本主义社会阶段而言，在此以前，并没有"民族"这个名称。因此，在此前的文化人类学上还把它称为人种学，直到社会主义社会阶段，我们才把民族共同体和人种共同体区分开来，而以斯大林四个共同的定义[1]来研究我们这个中华民族共同体。虽然这个问题还需要进一步作切合中国实际的研究，但民族是一个历史范畴的论点，是我们区分中国历史上家族、氏族、宗族、部族与现代民族的依据。一般说中国历史上自有文字记载部族社会阶段起，把活动于当时中国境

[1] 见（苏联）斯大林：《马克思主义和民族问题》。

内的各氏族、部族等，除各自的单一名称外，都统称为人，如夏人、商人、周人、秦人，以至汉人、唐人，这个名称，并不代表单一的民族。而中国古书上所称的黄帝族、炎帝族，乃指部族而言、伏羲氏、神农氏，则指多族而言，并不能与近世所称的民族一词相混同而并称。古书上称羌、胡、狄，并不加族称，或称作羌人、胡人，这与把南方的人称为越人、楚人是同样的习称，并不是羌在那时还连个氏族和部族也没有构成。

（二）西羌与西戎

黎先生的文章谈羌作族称和西羌这个名称，都始于汉代；同时也是一个模糊观念。羌原不称族，说已见前，西羌的名称，系对东羌而言。汉光武帝时陇西太守马援在平定先零羌的乱事后，建议把一部分降羌徙至天水、陇西和扶风，以分其势；后来马武击破烧当羌，也依例把羌徙至三辅。这个安置办法，原意是免得他们再联合起来造反，但羌人原是牧民，杂处在农业区汉人当中，生活和习俗上都不习惯，因此酿成了东汉的"羌祸"。此后的记载，便以此为东羌，而把仍留在青藏高原上的羌人称为西羌。《后汉书》成于晋代，便沿此而立《西羌传》。它只是缘事立题，并不是一个族称，其族称则仍是羌。那时已到了封建社会阶段，可以说是封建主义部族，也还不能称为民族。

"西戎"的名称，虽早见于《史记·五帝本纪》"迁三苗于三危，以变西戎"的记载，而具体事迹，则见于周代。自商末周初，西方羌人，先后进入中原地区，从事农耕。把这些羌人称之为戎，则先见之于《国语》，如"自窜于戎狄之间""戎狄荒服""犬戎氏以其戴来王"，把荒服之人称为戎狄。其中最先进入中原而被华化了的，当为姜氏之戎。《国语·周语（上）》说：

（宣王）三十九年，战于千亩，王师败绩于姜氏之戎。

韦昭注说："姜氏之戎，西戎之别种，四岳之后也。《传》曰：'我诸戎，匹岳之裔胄。'言宣王不纳谏务农，无以事神使民，以致弱败之咎也。"按四岳是共工的后裔，因佐禹治水有功，赐姓曰姜，为申、吕、齐、许之先。顾颉刚先生说：

姜戎亦姜姓，亦四岳之裔胄。知申、吕、齐、许者，戎之进于中国者也。姜戎者，戎之停滞于原始状态者也。[1]

姜戎、犬戎以及九州之戎、允姓之戎等，在春秋时几遍于华夏，其中大部都是早期进入中原而已从事农耕的羌人，戎字是羌语"戎哇"的汉译名。现在的藏语仍用这个自称，而把从事牧业的别称为"治化"，哇、化一音之转，同时也可见今藏语也是羌语之遗。由此可知西戎是商末周初对尚留在西北广大牧业区羌人的泛称，而与已进

[1] 见《史林杂识初编·四岳与五岳》。

入中原的羌人相区别。这样西戎与西羌只是周与汉两个历史时代对羌人的不同称谓，其名义并不模糊。至于羌语与藏语的关系，待于后面再论。

（三）氐羌关系问题

黎先生的文章中，还谈到了氐羌问题，但没有深究。目前一般民族史和论文中或连称，或分称，也都含混不清。顾颉刚先生谓，据《周书·异域传》的记载，则似可确证氐羌同为姜姓，即同出于炎帝。[1]这个推测我看是近实的。氐羌最初的记载都是连称的，如《山海经·海内经》说：

伯夷父生西岳，西岳生先龙，先龙是始生氐羌。氐羌，乞姓。

又，《逸周书·王会》说：

氐羌以鸾鸟。

《诗经·商颂·殷武》也说：

昔有成汤，自彼氐羌，莫敢不来享，莫敢不来王。

---

[1] 见《从古籍中探索我国的西部民族——羌族》。

可见从传说中的炎帝直到商、周时代，氏羌是不分的，到秦汉时代就氏羌的居住地带，而开始有氏、羌之分，如《王会》孔晁注便说：

氏羌，地。羌不同，故谓之氏羌，今谓之氏矣。

氏、羌以地分，似始于汉，自今甘南氏道以迄蜀汉一线，地名多氏，而氏羌有时混称如白马羌、武都羌，同时又称为氏。直到魏晋南北朝时，如前秦苻坚、后凉吕光及仇池杨氏都单称为氏，氏羌才单独分称为二族。揆诸黄炎之例，他们本为两族，但到了姬、姜联姻，便合为华夏族；秦并六国到汉代统一，后世便把统一在这个国度里的人统称作汉人，这一直延续到现在，把这中间最大的一族叫作汉族。这是历史发展规律：人类原始是因地分群的，随后由部落的统一而产生氏族、部族之间的融合。随着社会发展阶段的演进，也自然产生了民族发展的阶段，按现在民族学的分法，把民族分为四个发展阶段，即氏族、部落、部族、民族四个阶段。在这四个发展阶段中，从古人到今人，从氏族到民族，从原始氏族到现代民族，都随着社会的发展而不断地在分合演变之中，有的古老民族消亡了，有的新兴民族产生了。这个民族发展演变的规律，不仅可以说明中国历史上氏羌的分合问题，也可以说明羌、藏的渊源与流变问题。

（四）羌藏关系问题

我一向认为羌是古代在青藏高原上活动的主体人种和氏族，属于古代的历史范畴,而藏族则是吐蕃的后裔。藏族的名称,更为后起,而且还是他称,藏族至今,仍自称为蕃（ᠩᠠᠡ）或斡（ᠩᠠᠡ）。早在吐蕃王朝时代,在今雅鲁藏布江流域,有个地方叫藏博,这就是藏这个名称的来历。隋唐时初称宝髻,当即由此。明代即依此有了乌斯藏的译名。清康熙时再定藏乱,以其地在中国西部,便定名为西藏。而在此前,则唐时称吐蕃,宋、元、明或沿称吐蕃,或称西蕃或西番,但西藏人仍自称蕃,安多区藏族人则称斡,蕃、斡乃一声之转,这充分说明藏族的名称是起于近世而且是它加的。1912 年中华民国成立,确立汉、满、蒙古、回、藏五族共和体制,藏族才正式成为了一个资本主义社会资产阶级的民族,中华人民共和国成立后,随着社会主义社会初级阶段而进入社会主义民族行列了。说今天的藏族只与吐蕃有联系,而吐蕃又只与神、佛有联系,却与羌无关;其更严重的一点是或只以后世多康藏族为西羌后裔,则又把今西藏地区藏族的先民,与今青、甘、川地区藏族的先民,区分开来,则尤不妥。

（五）先史时代青藏高原人类与后世中华民族的关系

藏文记载上溯西藏地区人种来源为神猴与岩女结合而繁衍下来的,说西藏王室则是印度释迦族中阿育王后裔玛甲巴太子依神授记逃至西藏雅隆地区悉补野（布日加）部落,为当地牧人拥之为王,即后世传说中七天座王中的第一王聂赤赞普。这是把西藏先史时代的初民,归之于猕猴,是神话化的历史。而以猕猴为始祖,羌族传说中如党项、宕昌、白狼，也皆自称猕猴种。至于西藏传说中的古王系，藏文记载归之于印度释迦王系，则又把它印度化了。我们认为世传多种藏文教法史，则皆根据神话传说和 7 世纪后有了藏文才写成的，有的甚至迟至元、明时代。它们之所以未上溯到羌族，一是由于吐蕃王朝统一青藏高原时，古代在那里生息活动的羌人部落，已融合演变为羊同、苏毗、白兰、附国及党项等部族，而党项、宕昌等仍存羌名，这是由社会形态和时代演化而形成的，也是世界历史上的通例。藏文记载所以未能上溯及古代羌族，同时，也由于为教法和王统观念所局限，并不是汉文记载不可信据，而实际上所有教法史，都程度不同地简略叙述了周、秦、汉、唐的历史。

根据近百年来的考古发现，早在远古的旧、新石器时代，青藏高原即有原始人类活动。据卡约文化和卡若文化的陆续被发掘出来，其文化内涵与马家窑、齐家文化相衔接，而其族属在东部为戎，西部为羌。大家都知道马家窑文化与内地龙山文化、仰韶文化互有衔接和影响，这算是在四千年左右的时代，羌不仅与中原有联系，且在其后还大量进入中原。所以从旧石器时代而言，西藏人种外来说不仅没有根据，且属别有用心。更从近年发现的拉萨市北郊曲贡文化遗址发掘和藏北细石器文化的发现，其类型与华北和新疆地区细石器属于同一个文化系统。这就充分说明原始时代仰韶文化系统与氐羌文化系统和西藏地区卡若、曲贡及细石器文化系统早就互相融合，其先民群体即是藏族的族源了。汉文记载的传说中，羌为炎帝族，它与黄帝族联合，即为后来的华夏族，而姬姜联姻又成为周族，这是汉人的来源[1]。自有了汉族之名，许多古代的氏族、部族等的名称都消失了，而不是连人和族都泯灭了。

（六）羌语与藏语的关系

黎先生在论及这个问题时说：

羌语是汉藏语系的另一支语言，语言的词汇、结构、表现方法均不同于藏语。羌语中借用的藏语多，说明它受藏语影响颇大，而藏语包括各方言中却不存在羌语影响。如果藏族源于"西羌"，羌族作为主体，其语言影响在藏语中不能不存在。从此也可见"源于西羌"之说也不能成立。

说羌语借用藏语，不免颠倒古今。无论是什么语言，都有古今之异，而大体则从同，黎先生所论，是以今羌语为据的。现代羌族，大体沿自明清、其分布地带，包括今甘孜和松潘、理茂地带，而以茂、汶二县为较集中。在此地带的羌人其人口总数约计 90 万人，其间有的藏化，有的汉化程度较为显著，其操纯粹羌语的比例似不太大。据我有次在成都参观了由理县杂谷脑来的羌民参观团的集体歌舞表演，她们围着一个火堆边舞边唱道：

---

[1] 详见拙著《华夏臆说》，载《中国历史地理论丛》，1985 年第 2 期。

子煞子煞波罗齐，阿弥阿弥观世音。

每段首尾都要反复这两句，其中有人会汉语，我问这是什么意思。他说传说中说子煞是一位民族英雄，那么第一句是对传说中民族英雄的歌颂，而下句便完全汉语化了。在这个地区中嘉戎语、羌语、藏语和汉语相互都有混淆。以此为据，认为羌语与藏语并不同源，或说是羌语借用藏语，并不可信。我以为语言先于文字，在藏文未创立前，青藏高原流行的语言，应以羌语为主。公元7世纪间，在吞弥·桑布扎创制藏文前，吐蕃用语，当为羌语（当然也会有象雄语和于阗语等），同时也还在官方间用汉语文。吞弥·桑布扎用梵文、巴利文和纳卡热、迦什弥罗字母所拼写的语言，便是羌语，这和后世清朝用蒙古文拼写满语创立满文是同一个模式。何以证明这个说法呢？可举几个例子如次：

《后汉书·西羌传》说：

羌人谓奴为无弋，以爰剑尝为奴隶，故因名之。

我曩曾请教官却才旦、吴均两先生，他们都说今藏语称奴隶为"无约"。而称头目为"桓千"（ཡབ་རྒྱས），这从对音来说，古今语并无大变化。由此类推，我以为大小榆谷、允吾、龙耆及乐都等地名，为羌语的汉译，我遍询之吴均、王青山、谢佐、温存智、索南杰诸先生，得悉庄浪、姑藏、张掖，也都是羌语的汉译，而读音完全与今安多藏语相同。继此我以《禹贡》的析支（赐支）为曲科乎的对音，以渠搜为都秀的对音[1]，这些则有古今语音之异，非细究则无由得知。唐、宋以下，则享堂、老鸦峡、龙羊峡、一公城、化隆等，都可从安多藏语推求其名义。讲对音容易出错，但我以上所举诸例，似均近实。那么说是藏语本自羌语或说藏语基本上以羌语为母语，也无可疑（今安多语多存方言之旧）。如此则从人种上说藏族源于氐羌，而吐蕃时代更融合了羊同、苏毗、附国、白兰、吐谷浑和大量汉人等，才形成了今天的藏族。从文化渊源来说，羌藏文化，也即源自黄炎文化；中国佛教虽源自印度，而与中国儒道结合自成一体。藏传佛教同样结合本教而别为一派，均与近世西方帝国主义所蛊惑者异趣，我认为辨清这点是重要的。

依上所述，则从先史时代起，今青藏高原上原始居民，绝大部分俱为氐羌。今西藏地区的有羌人，并不自发羌、唐旄和无弋爱剑子孙开始的。自近人马长寿倡发羌原居河首自与吐蕃王系并无渊源之说[2]，把发羌、唐旄也限在河首地区。实际上《西羌传》一则说："出赐支河曲西数千里，与众羌绝远，不复交通。"再则说："发羌、唐旄等绝远，未尝往来。"早就说明在秦、汉时代，爱剑子孙的一部移牧到今西藏地区，与当地氐羌相汇合。而早迁的三苗，且已为

---

[1] 见拙著《〈禹贡〉织皮昆仑析支渠搜及三危地理考实》，载《中国历史地理论丛》，1988年第一辑。
[2] 见其所著《氐与羌》。

羌所融合。早在晋时，《十六国春秋》就有"吐蕃秃发傉檀据西平"的记载；到吐蕃王朝兴起，除融合青藏高原上羊同、苏毗、附国、党项、白兰、吐谷浑等诸族外，还与于阗等地突厥种人也有一定关系，吐蕃一名即由此得来。《旧唐书·突厥传》称奚与契丹为二蕃，契丹又或称大蕃。此蕃名的由来，实与大月氏、哒、突厥在葱岭东西活动与建国有关。秦汉以还，天山南北时多氐羌行国，而大月氏本氐羌属。奚与契丹，虽属东胡，而在西徼，实与突厥相错居，奚并一度为突厥所并，而突厥与吐蕃，又同名而异译 [1]。这说明吐蕃是在新的历史时代所形成的一个新的民族融合体，是今天藏族的前身，但这却并不能否定它早渊源于氐羌的事实。而羌又渊源于炎帝，更是今天中华民族源远流长的本根了。

二、蒙土问题

现今在中国境内的少数民族中有土族，主要聚居在今青海省互助、民和两县及邻省甘肃境内。它的族源，目前主要有两说：一主蒙古，一主吐谷浑，迄无定论。李克郁先生原主东蒙阴山鞑靼说，而《蒙古尔（土族）是历史上不同时期来到河湟流域的蒙古人》一文，则依民间传说和语言、习俗等项并结合有关文字记载，考定在各个不同时期由原蒙古各地区先后来到今青海地区而形成的民族，自称为蒙古尔（mongol）。这里把今天的土族不径称蒙古，而称为蒙古尔，似有意把它作为一个新的民族来看待，这在理论上是符合

---

[1] 见吕思勉《中国民族史》及拙著《吐蕃一名的由来》。

民族是一个历史范畴的规律。但历史上由于时代方音和语源的不同，对于地名、人名的译写，差别很大。如蒙古这一名称，见之于汉文记载的，就有萌古、朦骨、蒙骨、蒙国和蒙古里、萌古子、蒙古斯、萌古斯、谋葛失、盲骨子等译名，另有一组还译为忙豁勒、蒙古勒、蒙古鲁、蒙兀儿、莫卧儿等三十多个译名，都是由于时代和语言及语音的不同，而译写各异，这是一个审音和勘同的问题，就是语言学专家，也很难明其究竟。蒙古原只是中国西北部大草原中活动生息的东胡、突厥等各族中的一个部分，因此《旧唐书》初译为蒙兀室韦，《新唐书》有时译为蒙瓦，现蒙古自称为 Mongghol，伯希和说蒙兀二字唐代读为 Mungnguat，乃 Mongghol 之绝对的正规译音，因此他主张《旧唐书》的写法是正确的。韩儒林先生对此加以解释说：

> 按兀字收声 −t，唐代的西北方言，已读为 −r。这可以用唐代吐蕃音译的《千字文》《金刚经》之类的敦煌残卷去证明。这个收声 −r，正即 Mongghol 之一的对音。[1]

这是以对音探究的结论，但清代改辽、金、元史译名，则又以满语为根据，便称蒙古为 Monggo，语尾省去了 l，因而此后便没有蒙兀儿、蒙古儿或蒙古尔的称谓，世俗以今儿、尔同音，因译写儿为尔，实际上儿字古读为 ni，倒是蒙古里、蒙古勒和忙豁勒的

---

[1] 见《穹庐集·蒙古的名称》。

音值是较近实的。李克郁先生用"尔"字，与 r 相对应，蒙古尔的名称起于明，要说是名从主人，便应以 c 为语尾，今从 r，则应拼写为 Monguor。实际上这只是拼写之异，并不能说明他们在民族方面有什么同异。同时李克郁先生文于此博引载籍，把鞑靼、白鞑靼（白达）、汪古、阻卜、霍尔、阴山室韦以迄成吉思汗征西夏时大军、阔端和西平王驻军及东蒙亦不剌部、阴山白鞑靼后裔与屯田蒙古军等，均综归于蒙古尔，也就是说这些都是形成蒙古尔的民族成分。这种说法的主旨，是把今土族与蒙古族的界限划分开来，从而把土族定为是在不同历史时期移居湟水和浩门河流域而操阿尔泰语系蒙古语族语言的人，他们原自称为蒙古尔，并不称土族，土族是 1952 年新定名。这个说法很费周折，而他本文的题目却仍说蒙古尔是不同时期来到河湟流域的蒙古人，题文显然相背。依我说土族是一个近世形成的新的民族，和撒拉、裕固、保安、东乡等族相同。惟其族源现象有两说，你仍可以坚持蒙古说，而不能再安上个蒙古尔，因为蒙古尔与蒙古只是写法不同，也就是说一个名称的两种写法。如吐蕃，《阙特勤碑》和《突厥语大辞典》都作 Tuput，而维吾尔语作 Tibät，哈萨克语作 Tebet，塔塔尔语则作 Tübät。党项和西夏中国称唐古忒、唐兀歹或唐兀，外文称 Tangut，我们不能把它分称为两种。最有趣的例子是东胡语称汉人为汉子，而今撒拉（突厥）语则叫哈吉，都只是发音有异，而并不能分割为二。这些都不能作为追溯族源的依据。

其次，我要相应地谈一下历史上蒙古族构成的复杂情况。拉斯特（或译拉施德、拉施笃丁、拉施特丁）《史集》第二编，在谈到塔塔儿（Tatar）部落时说：

由于 [他们] 极其伟大和受尊敬的地位。其他突厥部落，尽管种类和名称各不相同，也逐渐以他们的名字著称，全部被称为塔塔儿（鞑靼）。这些各种不同的部落，都认为自己的伟大和尊贵，就在于跻身于他们之列，以他们的名字闻名。正如现今，由于成吉思汗及其宗族的兴隆，由于他们是蒙古人，于是各有某种名字和专称的 [各种] 突厥部落，如札剌亦儿、塔塔儿、斡亦剌惕、汪古惕、客列亦惕、乃蛮、唐兀惕等。为了自我吹嘘起见，都自称为蒙古人。尽管在古代他们并不承认这个名字。这样一来，他们现今的后裔以为，他们自古以来就同蒙古的名字有关系并被称为 [蒙古]。其实并非如此，因为在古代蒙古人 [不过] 是全体突厥草原部落中的一个部落。[1]

为什么这一切部落都能以蒙古部落著称呢？拉施特接着说：

因为他们的外貌、形状、称号、语言、风俗、习惯和举止彼此相近（尽管在古代，他们的语言和风俗习惯略有差别），现在，甚

---

[1] 余大钧、周建奇译：《史集》，第一卷第一分册，商务印书馆版。

至连乞台、女真、南家思、畏兀儿、钦察、突厥蛮、哈剌鲁、哈剌赤等民族，一切被俘的民族，以及在蒙古人中间长大的大食族（Tazik），都被称为蒙古人。所有这些民族，都认为自称蒙古人，对于自己的伟大和体面是有利的。

同样的民族融合事例，也见之于法人勒尼·格鲁塞所著的《草原帝国》中，他在谈到草原内部的历史时说：

在蒙古本土上成吉思汗族人曾经蒙古化了许多原来极可能是突厥人的部落：阿尔泰的乃蛮部，戈壁的克烈部，察哈尔的汪古部。在被成吉思汗将所有部落统一于"青蒙古人"的旗下之前时，现在蒙古本土的一部分还是属于突厥人的。况且直到现在，还有一个突厥民族雅库特人，仍然居住于通古斯人的北方，在西伯利亚的东北部，在勒拿河、英的格加河及科里马河的盆地上。[1]

这些例子充分说明了在蒙古帝国形成过程中，先后自然地和人为地融合了草原上突厥诸部和鲜卑、唐兀忒、畏吾尔等诸部族，所以此后又有察汗蒙古的称谓。总的来说，民族的融合是历史的必然，现在要是从蒙古族中再分出那么多突厥、鲜卑、畏吾尔等民族的话，那已是无可踪迹的事。我们只能在追溯蒙古族的族源时，探索其分

---

[1] 〔法〕勒尼·格鲁塞著，魏英邦译：《草原帝国》，青海人民出版社 1991 年版。

合的线索，而其复杂错综的情况仍难一一说清了。

话又得说回来，蒙古族形成的过程是如此，而土族的形成也是在这个历史阶段，但过去却很少提到它出自蒙古。特别是在蒙古统一中国后，当时在西宁府地区的土人，没有和蒙古王朝攀亲的，尽管阔端、章吉、奥鲁赤等先后在这里被封为王；其后固始汗统一唐古特四部，土族仍无联系表示。特别是明代"海夷"直接进据过今土族聚居的海北及互助、乐都等地区，双方之间也无往还。直到1952年审定国内各民族成分后，内蒙古方面才有人提出青海土族源出东蒙的阴山鞑靼之说。我向以为此说来得突兀，与民族的发展演变规律不合。

李克郁先生的新论点，也基本上修正了此说，但所论离题太远。我以为无论土族源出于蒙古或吐谷浑，它已自成为一个新的民族，而在文化传统上，它受藏族和汉族的影响最大。其宗教信仰是藏传佛教，其语言是土、汉混合；其女的衣饰、头饰类吐谷浑古装，男的衣饰则在藏、汉之间；其饮食与生活方式与蒙古并无相同之处，婚礼与舞蹈，自具特点，亦与蒙古族不侔。这些就是它所以成为一个新的民族特点的所在，而且现在还有了土文，今被定称为土族，无论其相称与否，都承认其为一新的民族，则是得实的，而否定它的族源吐谷浑，则是别有用意的。而妄称为蒙古尔，不仅是自立名目，更与蒙古相混，且与文题也不相称了。

《青海藏族史》序：
青海地区羌藏文化与统一的多民族国家形成的关系

　　中国自古是一个统一的多民族国家，而藏族则是其主要成员之一。民族是属于历史和社会的范畴，藏族的名称始于近世，是吐蕃族的后身。若追溯其远源，则可追溯到我国西部古老的也可以说是最大的一个部族——羌族。其在传说的原始阶段，则是炎黄族中炎帝系的正宗。近代以来，有些人出于殖民主义的观点，首先提出了中国文化"西来说"；接着围绕所谓西藏问题又提出了一个藏族是由印度来的"南来说"。更由于后来有些僧伽从宗教立场出发所写的教法史，又把藏史传说中的聂赤赞普，作为印度佛祖释迦牟尼的家族，从他来到西藏地区繁衍了三十多代便建立了吐蕃王朝。关于"西来说"，由于龙山文化的发现而归破灭；近年更由于在西藏地区发现多处旧石器时代的遗物，证明约在5万—1万年前的旧石器时代中、晚期，在今西藏高原已经有了古人类的生息和活动。而其后卡若文化、曲贡文化和藏北细石器文化的陆续被发现，又可进一步说明上述几种文化的构成，在土著文化的基础上更兼有了马家窑彩陶文化的内涵和色彩，这个问题虽尚待进一步考察与研究，但西藏地区远古文化与中原地区文化的渊源关系，已是无可疑义的事了。更重要的是拉萨河谷地区早期农业的出现和早期铜器的发现，具体证明了西藏地区青铜时代的文明的脚步，也是与中原地区相先后的。青藏高原古文化遗址和文物的发现，不仅证明这个地区早在四千年前，即有人类在那里繁衍生息（这应当被肯定为土著人群）；同时据中国古史的传说，属于炎帝族的氐羌系先民如唐旄、发羌部落在周、秦时期即已进入藏北高原。这在汉文记载中被称为广大西戎的一部，而所谓戎，据当今的考释乃是指羌人中已从事农耕的群体，当时所谓西戎，是对活动在中国西部广大地区羌人等部族的泛称。《史记·五帝本纪》谓："迁三苗于三危，以变西戎。"而《禹贡》又有"三危既宅，三苗丕叙"的记载，《后汉书·西羌传》说："西羌之本，出自三苗，姜姓之别。"后世《隋书》便以党项为三苗之后。据我考证，古所称三危，实包有今西藏地区，尧迁三苗，本以变西戎，实际一到周、秦时，三苗已为广大西戎所融合。而早先进入中原的羌人，则均被称为戎，如允姓之戎西落鬼戎，以及骊戎、犬戎，至于不可胜纪。今藏语称从事农耕的藏民为"戎娃"或"戎幹"，则后世的藏族在族源上说与此本有渊源关系，只不过有古今演变之异。笼统地说羌即是藏，是把文化人类学和民族学上的概念和问题混同了起来；而完全否认羌与藏的渊源关系，则又违背了用历史的眼光研究人类及其文化发展的规范和要求。在讨论和撰述藏族史时，这是首先必须要明确的一点。因为藏这个名称来源，始于明代的乌斯藏，也就是后来的卫藏。这就地域来说，只指前后藏而言，到了清初平定准噶尔部侵藏之乱，康熙帝制《平定西藏碑文》，西藏的名称才被确立。而在此前，则自宋迄辽、金、元仍均称吐蕃、西蕃或蕃部，明时又称西番，亦为蕃之异写。自元以来，西藏的疆域，也只限于喀木、卫、藏、阿里四部，但藏族则分布于青、甘、川、滇等省。以藏族的居住所在，妄立外藏、内藏名目，则是帝国主义及其走狗的狼子野心和阴谋，而且是与历史相违背的。因此我们写西藏史时，是以政区为范围的，而写藏族史时，则必须以民族为中心，这里所谓的民族，又必须以社会历史为范畴，因为当今的民族学，已是人类学的外延和发展，就其广义而言，它包括原始民族中的氏族、部落和部族，所以最初称为"人种学"，而现在所称的民族学，则是指研究民族和其发展规律的科学，其研究对象已不是人种了。我们这里所说的藏族，主要是指现代民族，既不把它混同于羌，也表示它与吐蕃有发展关系，揭示出这点，是与当前现实有密切联系的。

其次，关于"南来说"把佛教传入吐蕃，与雅利安人种和印度王系联系起来的说法，只是吐蕃僧伽的仰攀，为殖民主义者所利用的一种借口，并不符合事实。而佛教的传入吐蕃，几乎是同步由印度（通过尼泊尔）与长安两路进行的，更经过与当地原始宗教——

苯教相结合后便形成有吐蕃地区特点的藏传佛教，再由此分别传入今青、甘、川、滇和广大的蒙古地区，产生了巨大的社会影响。这个藏传佛教的源流与发展演变，也与印度佛教大异其趣，更谈不上人种与王系的关系了。

近几十年内，国内学者关于藏族历史的研究，在两个方面有了新的发展和突破。即：一是把它置于人类共同的社会发展规律中去加以考察研究与分析，解除了狭隘的民族主义观点和宗教的束缚；一是把藏族历史的发展与整个中华民族历史发展相结合加以考察与论述，从而证明其与中华民族整体密不可分的关系。这是在新的历史条件与党和政府正确的民族政策指引下所取得的成果，大有利于当前安定团结、振兴中华的伟业与壮举。

以上所谈是有关我国整个藏族历史和当代西藏的考察研究问题，而藏族分布遍于青、甘、川、滇一些地区，有关上述各个地区藏族历史的著述，则尚未见有成书问世。青海民族学院陈光国教授，积十数年的时间与精力，查阅了大量藏汉文和外文有关资料，并通过多次实地考察，几易其稿，编写成了这本《青海藏族史》，可说是地区藏族史的嚆矢，为研究地区少数民族史者树立了先声。他这本书也贯穿了把青海藏族的发展演变过程，放到整个藏族和中华民族历史发展的总进程中去加以考察和叙述的这条主旨，既探讨了青海地区藏族历史发展的特殊性，也阐述了它与整个藏族和中华民族历史发展的共同性，以证明相互之间血肉相连、不可分割的关系，尤为得体和切于致用。

　　就地方民族史来论，青海地区羌、吐蕃、藏族的发展史，又独有其特点和历史意义。首先是马家窑文化、辛店文化和卡约文化遗址的发现，把这个边远的西徼广大地区与中原的仰韶文化联系了起来，说明羌族的先民在远古的洪荒时代，就已同中原地区的仰韶文化有了接触或是同步开展起来了。传说中的黄帝族，原散居在中国西北部地区，而据古籍记载，传说中的炎帝族先于黄帝族进入中原地区。据现在对安阳后冈仰韶文化遗址的发掘，发现在那里累叠着小屯、龙山和仰韶三种文化，这就是黄炎两族所创造的灿烂文化。黄帝以姬水成，炎帝以姜水成，黄炎合流，便有了夏、商、周三代彬彬灿然的华夏文化，可以说是中国文明的起源。后世中国人自称是黄炎或炎黄子孙，即是由此而来的，这是就中国远古人类和文化来说的。再就古羌人的活动来说，其进入中原的诸戎于此不论外，前史所称秦穆公用"由余谋伐戎王，益国十二，开地千里"的记载，正是指今甘、青地区的羌人活动而言的。《后汉书·西羌传》所载羌人无弋爱剑为秦人所拘执，后得脱亡入三河间，成为当地羌人的领袖，他教民以田、畜、湟中羌由此便得以发展强大。他的子孙在秦献公兵锋的威逼下，率其种人向南发展。其后一部由今甘南进入川滇，一部分出赐支河曲西数千里，约计到了今西藏的东北一带地区，而留在湟中的羌人，到爱剑的玄孙研时，势力更进一步强大，以致引起西汉王朝怕他们与匈奴联合起来和汉作对的忧虑。到了汉武帝开河西四郡，这种形势，才有了缓和。接着赵充国屯田湟中，汉人随军队初到了湟中，郡县的建置，也开始成立，但除了湟水和浩门河流域外，仍是羌人的天下，不过较为安定罢了。到了东汉时代，由于河湟羌人更进一步的强大，致使东汉王朝执行把一部分羌人内迁入秦陇地区的措施。这看起来是分散了河湟羌人的势力，但东西环境迥异，而游牧与农耕生活习俗又一时难于谐和，致使酿成东汉的"羌祸"。从此时起把内迁的羌人称为东羌，而把仍留在河湟地区的羌人，叫作西羌，他们前后分属于吐谷浑和吐蕃。与吐谷浑同时在河湟地区建国的，还有鲜卑族秃发氏的南凉；西秦乞伏氏灭南凉，便奄有今湟水流域和黄南一部地带。吐蕃初兴，屡曾要求与唐联姻，并受封为驸马都尉、西海郡王。随后在统一青藏高原和趁安史之乱的机会，奄有今青海全部土地，并曾一度进入秦陇地区。吐蕃为藏族的前身，羌人则因所处时代不同，只作为一个民族共同体，以氏族、部落、部族而存在，到吐蕃松赞干布时代，则已进入阶级社会的奴隶制社会阶段，建立了吐蕃王朝，并由于唐蕃联姻，其间虽有争战，但在文化与政治上广泛地进行了交流，加强了两方的往来，顺应了历史发展的潮流。吐蕃王朝本部，虽在今西藏，而青海却成了唐蕃两个王朝、汉藏两个民族、两种文化交流的枢纽和桥梁，真正形成了合则两利、分则两伤的互相依存关系，这是青海地理位置和羌人活动在藏族史上独具的特点和作用，而为其他藏族地区所未有的历史因素，是与历史上河西走廊沟通中西文化交通的作用大体相近似的。

自吐蕃王朝崩溃，河陇之间，吐蕃边地守将和部族封建头领互相混战，干戈扰攘，民不聊生，最终引起嗢末的起义。到11世纪初年，河湟地区的藏族封建头人李立遵、温逋哥等，趁机拥立了自称是吐蕃王朝赞普后代的唃厮啰，被宋朝加封在今乐都地带，建立了一个地方封建政权，这个政权也即以唃厮啰命名。北宋王朝联合它的势力，共同抗御了西夏的进犯。这个政权，自是以藏族为主，在河湟地区延续了一百多年。与唃厮啰政权同时兴起而与之相争锋的还有党项族拓跋部所建立的西夏。西夏国虽在今宁夏银川，但它原系居今果洛的党项族的一部，在银川立国，并占有河西走廊后，曾一度进入今门源等地区，对唃厮啰和北宋王朝政权，有一定的影响。

除了羌人的远古文化和羌人、吐蕃、唃厮啰以迄党项各族在河湟地区的活动与影响外，在近世青海史上，以藏传佛教的兴起与其社会影响尤为突出。而藏传佛教的创立人，又是出生于青海湟中的宗喀巴大师；并且藏传佛教又兼有转生和政教合一的特殊制度，一直传留到现代，同时藏传佛教后弘期传人又是今青海化隆丹斗寺的高僧喇钦贡巴饶赛。朗达玛灭佛，佛教在吐蕃沉寂了一百余年，到宋初吐蕃僧人鲁梅·喜饶楚臣等到青海师从喇钦大师受戒，学习佛法。返回吐蕃时收徒，进行传习，史称"下路弘法"。结合由阿底峡大师从阿里传入印度佛教，是谓"上路弘法"，佛教因而又在吐蕃复兴。这是藏传佛教史上一宗大事，而传人之一是青海的喇钦大师，为青海藏族史放射异彩。明清之间，三罗喇嘛、西纳国师"率修善道，阴助王化"，而章嘉国师目以藏传佛教化导蒙古，促成清王朝最终完成了统一的多民族国家的新格局，真正达到了"内安诸夏，外抚四夷，一视同仁，咸期生遂"的安定团结、统一富强的宏伟目标。在这个历史阶段里，青海地区藏族中的名僧大德，比肩相望，著述事功，炳炳烺烺，不仅为别的藏族地区所未有，也是中国统一史上极为辉煌的一页。

　　凡上所述，陈先生在这本书内均有所论及，而或尚有所未尽。由于我首先读了这部书稿，他便嘱我为之写篇序言。同声相应，我便不揣孤陋，略加引申，借作补充。语云"作始也简，将毕也钜"，继此以往，感发兴起，在此基础上陈先生和众多这方面的专家学者，必会有更为完美的著述问世，为我们国家的民族团结和建设有中国特色的社会主义宏伟事业作出应有的贡献！

　　　　　　　　　　　　　　　　1992 年 10 月于青海民族学院

《清代青海蒙古族档案史料辑编》序

中国自古以来是一个统一的多民族国家。早在传说时代，以黄河流域的炎帝和黄帝两个部落集团为主体，逐步向黄河中下游和长江中下游及其以南地区发展，通过漫长的联合、斗争和兼并的历史过程，便产生了中国历史上第一个王朝——夏朝。民族是随着国家的出现才形成的，尽管夏朝民族形成的因素，与近代民族的成分并不能相提并论，但它已不是部落联盟时代仅以血缘关系为纽带的联合体了。我首先提出这一点，就是为了说明中国自第一个王朝开始，就融合了西、北方的炎黄族，东方的东夷族和南方的苗蛮族。继之是以东夷族为主体的商王朝，到周王朝代商，便为统一的多民族国家的形成奠定了坚实而长远的基础，这是华夏文化形成和中华建国的初期阶段。其后经过东周列国的纷争，到秦始皇统一六国，不仅恢弘了疆域，而更重要的是实现了战国时子思在他所著的《中庸》里所设想的"书同文、车同轨、行同伦"的大一统国家的宏伟规模。

接着又经过汉、唐两代的开拓与经营，国家的疆土与声威，更超越了前代。在发展经济，巩固国防之外，更促进了东西方文化的交流。这是统一的多民族国家形成与发展的第二阶段。在此阶段中，民族成分于华夏、东夷、苗蛮诸系之外，更融合了百越、东胡、匈奴、突厥、肃慎诸系广大民族成分。到了近世的元、清两代，通过蒙古族和满洲族两个少数民族所建立的中央政权，不仅把中华的国威，远扬至欧亚两洲，最终奠定了统一的多民族国家的疆域，而且重视了边疆各少数民族地区的稳定和民族、宗教等关系；在政权机构和统治方式等方面也都有了新的建制和规定。尽管从现在看来还都不免存在封建制和时代的局限，但重视民族关系这方面，仍有其借鉴的意义。我们现在实行了民族平等和民族区域自治及宗教信仰自由的政策，这完全是符合我们这个统一的多民族社会主义民主国家的实际和要求的，但由于各少数民族地区地处偏远，交通不便，经济发展和文化建设，较内地相对落后，因而在进行社会主义精神文明建设和物质文明建设方面，必须各就其历史、地理、民族、宗教、文化、经济等特点，采取结合其实际的方针政策，帮助他们早日走上共同富裕的道路，达到民族团结，国防巩固的目的，这是我们目前继续进一步贯彻党和政府民族政策的重要任务。

正由于我们的祖国在其形成过程中具有既是多民族而又统一的这一历史性质和特点，所以历代的政府，为巩固自己的统治，均采取了程度不同的民族政策和措施，其间的得失，给我们以充分的经验与教训。中华人民共和国成立以后，在马列主义和毛泽东思想的指引下，充分总结了历史上有关民族问题的历史经验与鉴戒，制定了民族平等团结和民族区域自治等政策，从而出现了安定团结、共同进步的崭新局面。

在安定团结，共同进步的这个大前提下，除了中央人民政府对各民族地方政府在政治、经济、文化、教育等方面，给予大力支持和优厚的待遇外，各个民族区域自治地方政府和有关民族地区，都为了贯彻执行中央政府的民族宗教等政策，各就其地区的不同特点和需要，都相继制定和采取了不同的方针和措施。其中如草山、区划、民族、宗教等纠纷，都是历史上遗留下来的老问题，影响生产和民族和睦团结。在这些问题上，除了在新的历史条件下，采取符合当前具体情况的措施与办法，加以引导、调解和帮助解决外，也有必要了解一下历史上不断发生的情况，并从中吸取经验与教训，以此为借鉴，避免重蹈前人的覆辙。尽管时代不同了，情况有很大变化，而有些历史性和习惯性的因素，仍有必要借鉴前事，因革损益，权衡得当。以古为鉴，可知得失。新中国成立后有关民族地区，相继辑录和整理有关民族宗教等方面的史料，作为了解历史情况，贯彻当今具体措施的参考和依据，是一项切实具体而有益的工作。

《青海省少数民族古籍丛书》，是青海省民族宗教事务委员会少数民族古籍办公室根据党中央、国务院关于整理我国少数民族古籍的指示精神负责规划整理有关青海各少数民族古籍和相关汉文资料，以辑录、整理标点、翻译等多种方式加以出版，提供有关行政部门与研究人员学习与参考。这项工作，在拨乱反正后，取得了实际的效果，同时在语文、文学、哲学、历史、宗教和医药等方面，也起了很大的促进作用，发扬了民族文化遗产的特有光辉。

最近，他们又从中国历史档案馆清史档中抄录了有关青海蒙古族的档案资料，其中集中地辑录了有清一代在青海地区蒙藏两族争占牧地纠纷和抢劫案件的奏稿和批示，举凡青海办事大臣、陕甘总督、驻军提镇和都统经历查办及对此项事件处理意见的奏报等件，几乎搜录无遗，并对其中抄写错讹与缺漏字句，作了订补，并加以标点，首尾俱全，便于查考，甚有裨于实用。

青海地方，自古以来，即是氐羌、匈奴、党项、吐谷浑等民族生息活动的地区，随着中世纪吐蕃统一青藏高原，为近代藏族勃兴树立了先声。宋时蒙古崛起，成吉思汗曾通过这里以进攻西夏。当时西藏地方政教首领，也派代表到柴达木地区，向成吉思汗表示归顺。大元帝国建立后，西藏萨迦寺寺主萨班·贡噶坚赞通过青海北道到凉州会见元太宗窝阔台的第二子阔端，会谈了西藏归顺蒙古的事宜，并向西藏地方僧俗势力发出公开信，劝他们接受归顺蒙古的条件。青海地区自阔端起，即为蒙古领地，并以此为阶梯，完成了统一西藏的大业。继阔端之后，元世祖又先后封其子奥鲁赤为西平王，其子帖木儿不花继为镇西武靖王，驸马章吉为宁濮郡王，均以青海为其领地。而在行政区域方面，青海地区属河州吐蕃等处宣慰使司都元帅府管辖，这是青海地区与蒙古发生关系的第一阶段。

在第一阶段中，蒙古族人青只限于官属及驻军。至15世纪中期，东蒙古亦卜刺和阿尔秃斯两部转移到青海湖地区游牧，是为蒙古族移居青海之始。接着卜儿孩、吉囊两部又相继入青，代亦卜刺成为青海湖草原的新主人。至此，不仅原在这里牧放的藏族诸部，被迫迁入黄南，就连亦卜刺部也被消灭和驱逐。不久，俺答（阿勒坦）汗率部入青，驱走了卜儿孩，而留其子丙兔驻守。随着俺答汗又请西藏黄教领袖索南嘉措来青海，在今共和县境建仰华寺，尊索南嘉措为达赖喇嘛，在青海弘扬黄教。由此俺答汗属火落赤、永邵卜部留居青海，并侵扰及于西宁。后来更越西宁南下进入莽刺川（今贵南）、捏工川（今黄南），最后更扰及今甘南、临夏等地。所有黄河南北藏族部落，都依附之为生，这是蒙古族在青活动的第二阶段。蒙古族在以上两个阶段的活动中，便埋下以后蒙藏纠纷的火种，尽管东蒙古此后已脱离了本地区而返回了原地。

蒙古族雄踞青藏高原，成为这个地区的新主人，是从清初厄鲁特蒙古四部之一的和硕特部东迁开始的。这次行动，是蒙古族在大元帝国政权被推翻后，又一次在祖国西部地区建立的一番辉煌的事业，而青海是它创立这番事业的基地。在和硕特部固始汗未移牧青海之前，青海蒙古藏巴汗失势，而漠北喀尔喀部却图汗率部入青，与当地萨迦、噶举等教派势力和西康白利土司相结合，共同反对黄

教。当时西藏黄教领袖四世班禅罗桑却吉坚赞协同达赖喇嘛的第巴
索南饶丹向固始汗发出呼吁，请他解救黄教的困厄。固始汗既信仰
黄教，又因受准噶尔部压迫，自然乐意转牧于广大肥美的青海草原。
他一来青海，先一举消灭却图汗，然后秘密去西藏会见达赖、班禅，
又派人去盛京通好皇太极。公元 1639 年在率兵进藏过程中，先消
灭了喀木地区白利土司。随着在进藏后以突然袭击杀死了藏巴汗，
平定了前后藏，真正成了黄教的护法、唐古特四部的统治者。随和
硕特部同来青海的还有土尔扈特与辉特两部，准噶尔部也有一部分
牧民随之而来，被称为绰罗斯部，加上喀尔喀共为五部。还有一个
察汉诺们汗，别为一旗。这就是以后青海蒙古二十九旗的由来，也
是蒙古族在青海活动的第三个阶段。本书所辑录的历史资料，便是
这一阶段中蒙藏两族牧地等纠纷的原始记录。这时的青海蒙古已经
由极盛而转归衰微，其窘况和纠纷主要还是由于生态环境破坏严重，
草原退化等自然和人为因素所造成。而青海蒙古族自罗布藏丹津反
清失败后，而逐步趋于怯惰，不事振作，遂为环海藏族部落所轻视。
除和硕特部外，其他部的有些旗，终至于自然消亡。迨 20 世纪 30
年代，新疆部分哈萨克族流入甘、青境界后，青海蒙古，更是一蹶
不振。直到新中国成立后，在人民政府大力扶持，并实行民族区域
自治后，才又得到复苏。民族关系也在民族平等政策的贯彻执行下，
加强了民族团结与和睦相处。随着牧区四化建设的进一步发展，民
族平等政策的进一步贯彻执行，在改革开放春风的吹拂下，草原的

繁荣昌盛，蒙古族人民的奋发勃起，是历史发展的必然趋势，而吸取历史上的经验教训，惩前毖后，发奋为雄，则是本编资料辑录的用意所在。前事不忘，后事之师，以古为镜，可以知兴替，这对今后我们做好这方面工作是有益的。

康熙末年，准噶尔部攻入西藏，拉藏汗被杀，准噶尔任达孜巴为第巴掌管西藏政务，结束了和硕特部对西藏的统治。罗布藏丹津觊觎藏王位，起而造反，为清政府所扑灭，随即编青海蒙古为二十九旗，划定游牧疆界，禁止互相统属和私相往来。而此时原在明代被迫迁往黄河以南的藏族，流离日久，很想归牧河北，其间也有些部落偷渡黄河，抢劫河北蒙古，局势逐渐动荡起来。清政府这种本想稳定早已成为事实的原局，被后来认为是清政府"抚蒙抑藏"政策，实际上这是由于富呢扬阿等地方军政官员昧于情势，轻易用兵，更加上他们的颟顸无能，遂更引起藏族的反抗。同时一些蒙古王公、台吉，虐待其属民，他们更穷苦无告，便也投顺藏族，随同他们抢掠；加上一些回、汉投机商贩和游民冒充藏族，抢掠蒙古（当时被称为"汉奸"）使官兵也难分良莠，把情势搞得很混乱。至嘉庆间那彦成清理蒙藏族牧地和抢劫等纠纷，在先清内地，酌安卡隘，严拿"汉奸"外，也在藏族部落内清查户口，编定千百户制度，暂时缓和了河南藏族的北渡行动。到咸丰间太平天国兵起，清廷内自顾不暇，便接受藏族要求，在其交出被收留的蒙古人户，赔偿以前所抢的蒙古牲畜；承当官差，接迎和护送西藏往来贡使等条件下，允许刚咱等藏族仍迁回青海湖地区放牧。唯盐池所在有关蒙古族生计，严禁藏族进占或居住。扰攘了一百多年的蒙藏族牧地纠纷，至此始告结束。本编所辑录各件，都是这期间的纪录。可俱见清政府于此所采取的对策与措施，计有分划牧地，设卡驻兵，分汛会哨，查编户口，救济安抚，查办抢案，肃清奸究及垦荒种植等项，也极费周折，得失互见。其中最主要的根由可概括为两点：一为生态破坏，草原退化；一为蒙古衰弱，缺乏朝气。而官吏失职，王公偷惰，奸人乘之把水搅浑，也给清政府与人民，造成极大损害。这是清代蒙藏纠纷和两族兴衰的关键所在，一般仅以清政府"以夷制夷"政策所攘成，殊显片面。中国作为一个统一的多民族国家，内地与边疆地理、气候等差异很大，发展也自不一致。但从封建时代起，对这个问题，就很重视。周朝是我们这个统一的多民族国家形成的第一阶段，他们已认识到"天地寒暖燥温，广谷大川异制，民生其间者异俗"，因而制定"修其教，不易其俗，齐其政，不易其宜"的民族政策。但我们现在却因《春秋·公羊传》有："内其国而外诸夏，内诸夏而外夷狄"的方针，便被理会为周王朝时已有华夏和夷狄不平等的观念。这是一种误解。实际上《公羊传》所说的意思是鲁国的国情与周王室不同，也与其他诸侯国有异。而诸侯国的山川风土，政教习俗又更与边远地区异致。作为一个初步统一的国家，要制定和贯彻统一政策，就鲁国和周王室言，必先从本身做起，使诸侯国有所取法。先正京师然后正诸侯，诸侯正然后才推及于边疆地区。由近及远，由初级到高级，是社会发展的通律，倒不是有不平等观念，而是重视地区与民族之间的差别。逐步消除这种地区和民族之间差别，则在《书·大禹谟》中已规定"远人不服，大布文德以来之"。尽管这种近于理想的制度，在此后历代的执行实施中，有畸轻畸重，甚至有倒行逆施的过程，但总的趋势，仍是逐步随着统一的多民族国家发展的规律进行的，不能否定这个历史文化传统。至于夷狄，原是对周王朝四周地带和民族的称谓，本无贬义。史称舜为东夷之人，文王为西夷之人，东夷、西夷，都是后来被称为汉族的祖先，还能说有华夏与夷狄不平等观念的涵义吗?《春秋》上说：夷狄而中国，则中国之；中国而夷狄，则夷狄之。这更分明的是一个文化与地域界限。所谓"以夷伐夷"乃东汉邓训任护羌校尉时议者之辞，其事很晚，后多用以军事，国家并无这个政策。清代对蒙藏关系，极为重视，对蒙古尤为宽仁，所以在处理蒙藏两族的纠纷中，虽不免失误，却无"以夷制夷"之嫌。我们现在所执行的发展生产、安定团结的政策，既惩前代的失误，又能发扬统一的多民族国家的优良传统。目前，当务之急是发展生产，共同富裕。草原建设好了，文化教育便会普及，四海一家，国家自然会安如磐石了。

最后我要说的一点，就是本编辑录材料中重点所反映的问题是抢掠事件，而尤以果洛为最。这从表面上看，是游牧民族的一种风习，自来如此。然追溯其根源，则为贫穷所驱使。果洛在近世地瘠民贫，因而每当秋高马肥，即人不离枪，马不离鞍，以劫掠行旅为常课，就是军供，也在所不免。他们抢掠蒙古牲畜，则适乘其衰，而有些贫穷蒙古，跟着他们行抢，更是穷蹙无依的表现。对这种历史所造成的境遇，只有救济，并不解决问题。

《西域番国志》回俗略释

曩客北碚，于中山文化教育馆图书室得北平图书馆影印本陈诚、李暹《西域行程记》，盖永乐间奉使西域，还上朝廷之作，篇首有谢刚主（国桢）序，于书名、版本及作者，有所考订。书凡两部，上部为《西域行程记》，下部为《西域番国志》，前者记奉使行程及道里，其西行程途，得此可按图以求矣，后者求所经各国风土人情，多中土所未详。吾乡（青海）汉回杂居，居常往来，多回教信徒，于其习俗，颇多闻见，故曾即草一文，对其中所记习俗各节，试加解释，其未详者，又致书转询同学马君瑛富，加以证补，粗有成稿。年来奔波四方，其稿竟归散佚。顷阅《禹贡》二卷三、四期，见向觉明（达）先生校抄本《西域行程记》，即余曩所见书之别本也。用得再读一过，并就记忆所及，重草此篇，略述所见，藉答马君雅意云尔。

陈诚等奉使所经，分十九国：即哈烈、撒马尔罕、俺都淮、八

喇黑、迭黑迷、沙鹿海牙、塞蓝、渴石、养夷、别失八里、于阗、
土尔番、崖儿城、盐泽、火州、鲁陈、哈密、达失干、上花儿是也。
其中以撒马尔罕、别失八里及哈烈最为大国，而原书所记，尤以《哈
烈》一篇为独详。按《明史·西域传》(卷三百三十二) 云：

> 哈烈，一名黑鲁，在撒马儿罕西南三千里，去嘉峪关万二千余
> 里西域大国也。元驸马帖木儿既君撒马儿罕，又遣其子沙哈鲁据哈烈。

当陈等奉使时，即沙哈鲁在位时也。先是洪武初，撒马尔罕及
别失八里均来朝贡，哈烈以道远不至。二十五年，遣官诏谕，并赐
彩币，是为明廷遣使之始，而哈烈仍不至。二十八年，遣给事中傅
安等往，为撒马尔罕所留。三十年遣北平按察使陈德文等往，亦久
不还，直至永乐七年，始来贡。十一年，西域诸国遣使贡方物。自
是诸国使并至，皆序哈烈为首。陈诚等之奉使，即此以后事也。

哈烈今属阿富汗，称赫拉特 (Herat) 或侯勒特，其地西连伊
朗，东北邻撒马尔罕，在明时即为回教兴盛之国。至于别失八里，《明
史·西域传》云：

> 别失八里，西域大国也，南接于阗，北连瓦剌，西抵撒马儿罕，
> 东抵火州，东南距嘉峪关三千七百里，或曰焉耆，或曰龟兹。

　　按别失八里，《一统志》作亦勒把勒。永乐十六年，其王为从弟歪思所弑而自立，从其部落西徙，更国号亦力把里，其故地遂入回部。《明史》谓或曰焉耆，或曰龟兹者，盖以焉耆王于晋时并龟兹故也。焉耆在汉唐皆为焉耆国地，宋为西州回鹘地。别失八里之号自元始，凡温宿、乌什、焉耆、库车等皆属焉。至清初为准噶尔牧地，乾隆间灭准噶尔，改名喀喇沙尔，光绪间置喀喇沙尔厅，旋升为焉耆府，民国政府为县，其地居新疆中部，当天山南路驿道，焉耆自晋以来为佛国，及后佛教与回教并行，至明而回教独盛。撒马尔罕为古康居地《明史》作赐宾，始有撒罕（Samarkand）之名，今属苏维埃联邦，其位置在塔什干（Tashkent）之南，介阿姆（Amu Daria）、锡尔（Sir Daria）二河之间，以土地肥美著称。《明史》谓其人物秀美，工巧过于哈烈，而风俗土产多与之同。故本文概以哈烈为例，不另详也。

　　《西域番国志·哈烈志》记其相见礼云：

　　凡相见之际，略无礼仪，惟稍屈躬道"撒力马力"一语而已。若久不相见，或初相识，或行大礼，则屈一足致有三跪。下之见上，则近前一相握手而已。平交则止握手或相抱以为礼。男女皆然。若致意于人，则云"撒蓝"。

　　今按"则屈一足致有三跪"一语，《明史》作"则屈一足三跪"，或《番国志》刻版有讹也。"撒力马力",普通称"赛俩目",盖相见问安之礼节,与欧美人之道"早安""晚安"略同。唯此项问安,亦有一定之规矩,其阶层序次绝不能紊。凡平民见主教、阿訇(或译阿衡)、长官及绅士,必先说"赛俩目",其全语曰"赛俩马力孔"或"撒力马力孔",而受者方面,则以"尔力孔赛俩目"或"赛俩目"一语,表示接受。晚辈对尊长亦同。其平辈相见,则互道"赛俩马力孔",或对方已先道,则于接受后,仍道"赛俩马力孔"以示回敬。主教及阿訇,对教胞(包括官吏平民)则向不道"赛俩目"。至于妇女方面则致意时改道"赛俩马力己"或译"撒力马力己",而受方以"尔力己赛俩目"为表示接受之辞。唯此项致意礼节,与欧美之道"早安""晚安"不同者,即此礼节除于平常见面礼外,凡喜庆、丧葬、道贺、吊唁皆用之,与人作别时亦然。道"赛俩目"普通多将腰微前屈,而平扬其双手,其受者为主教或长官,则致礼者表情须庄重,为同僚或亲友,则显亲切,盖由受方之身份地位而异焉。至所谓"撒蓝"者,即"赛俩目",原书分为二事,盖误认也。

又其记当地婚姻及服饰有云:

婚姻多以姊妹为妻妾,为一门骨肉至戚,虽同祖胞兄弟姊妹,亦皆得为婚姻。至于弟妻兄妻,兄娶弟妇,亦其常事耳。国中男子髡首,以素帛缠头;妇女亦蒙以素帛,略露双眸,如有丧制反以青黑布易之。帷幔皆用青黑,居丧不过百日即释服。

　　按以同祖姊妹为妻妾，在今之西北，尚鲜闻见，或偶有之，亦未可知。至于弟妻兄妻，兄娶弟妇，则至今犹极普遍。考《史记·匈奴列传》云（卷一百十）：

　　（匈奴）父死，妻其后母，兄弟死，皆取其妻妻之。

　　是此乃匈奴遗俗，当时中央亚细亚民族多如此，至后遂亦为回教徒所承袭。其俗除盛行于回教徒间外，今之澳、美等洲仍多保留，所谓收继婚者（Levirate）是也。唯回教徒中此种以嫂为妻或弟媳为妻之制度，在原则上须征得其本人之同意，并须由阿訇（小主教兼教谕）证其婚礼。尝考此项结合，其原因亦有可言：家门鼎盛者，不愿其再嫁他人，留以抚养子女，一也。叔嫂互具有情谊，而愿委身所事，二也。家境清贫，无力迎娶，逢兄弟之丧，乃续娶之，三也。以上三项，唯后者为家庭经济力所使然，一般社会学者，多偏重此点以立论，实则门阀及感情之作用为最大，此观其以嫂或弟媳为妾之事，即可了然。盖回教徒蓄妾，非教条所厉禁，故凡遇前二项情事，即以纳妾为处置之地，亦人情恒有者也（又回教徒亦不禁同姓为婚）。

　　至男以素帛缠头，除新疆缠头回外（缠头得名，即由于此），其余均行于做礼拜时，其名曰"泰丝达尔"，包缠俱有规定方式，非如蜀中"诸葛巾"之随意乱缠也。其色尚白，惟凡朝天方（麦加）

归来之"哈智"（教胞朝天方归来，称曰哈智，为宗教上一种荣誉称谓），则间有以黄色丝帛为"泰丝达尔"者。妇女头巾，称曰"盖头"，老年人色尚白，中年人色尚青，青年人色尚绿，顶尖圆作帽状，而覆披于背，与天主教女修士约略相似，其长短亦颇不一致，最长者可覆及股部，短者仅足覆颈而已，大抵以青年妇女为最喜用长者。此外另有一种用以覆面者，则称为"脸罩"，以黑纱为之，多为贵族家庭青年妇女所专用，盖出入时防人窃窥者也。

又其记宗教仪节，则有云：

> 不祀鬼神，不立庙社，不奉宗祖，不建家堂，惟以坟墓祭祀而已。每月数次，望西礼拜，名"纳马思"。若人烟辐辏之处，筑大土屋一所，名"默息儿凡"。礼拜之时，聚土屋下列成班行，其中一人高叫数声，众人随班跪拜，若在道途，亦随处礼拜。

按回教徒称做礼拜曰做"纳马思"，日凡五次：黎明之前曰"班达"，午后一时曰"配神"，三时曰"的盖"，天昏时曰"刹暮"，入更曰"火树弹"礼拜之前，须沐浴，其浴有大洗小洗之别，凡入夜与妇女同宿者，早起须淋浴，是谓大洗，其曾解大小便或身体某部有擦破流血者，每次礼拜之前，须以壶水洗面部手足及下体，是谓小洗。冬日天寒，着皮袜，则免洗足部。仅以手指蘸水在袜面上一摩即足。"默息儿凡"即清真大寺，礼拜时齐集寺中，例由主教（俗称大学阿訇）领导行礼，仅由其唱祝词，余众随之默祝。其年老不能赴寺，或旅行在途中者，均可按时在家中或道旁清洁处行之。又云：

每岁十月，并春二月，为把斋月，白昼皆不饮食，至日暮方食。周月之后，饮食如初。

按此说略误，回教徒把斋月，以一年十二月轮值，凡三年一更，如此三年把斋月为正月，则后三年为二月，是故回教徒年节，凡历三十三年，必与汉人同岁三年，斋月中禁忌男女同处，而勤礼拜，闻"班达"即停饮食（饮食必在班达前），至"刹暮"始开斋，如是者凡一月，见新月即停封斋。过年三日，互相宴请，主教阿訇，俱为此年节中之上客。

有通回回本教经义者，众皆敬之，名曰"满剌"，坐立列于众人之右。虽国主亦皆尊之。凡有祠祭，惟"满剌"诵经而已。

按"满剌"，读如"Manla"，犹佛寺之沙弥，乃生徒也，由"满剌"历若干级得学位，始得为阿訇，阿訇朝天方得学位者，始得为主教（大学阿訇）。阿訇赴人家诵经，"满剌"，其尚未通经义者，坐食而已，故有"吃死满剌"之谚，其地位较阿訇为远下。

都城中有大土屋一所，名"默得儿塞"，四面房廊宽广，天井中设一铜器，制如大锅，周围数丈，上刻文字如鼎状。前后左右房室犹伟丽，多贮游学生徒及通诸色经义者，若中国之大学然。

"默得儿塞"为私立大学，多附设于清真寺中，此所谓大土屋，或即清真寺之大殿也。其天井中所置之铜器，即香炉，多以特制之香料燃其中，其味颇为清香。今西北清真寺中，已多无此设置，惟一般"拱北"中，仍时见之（拱北者，主教辈葬身之处也）。

以上所述皆有关宗教者。至其社会生活状况，亦有可言者。如云：

乡村多立墟市，凡交易处名"巴咱儿"，每七日一集，以有易无，至暮俱散。正朔不颁，花甲不论，择日用事，自有定规。每七日一转，周而复始，七日之中，第一日为"阿啼纳"，二日为"闪伯"，三日为"亦闪伯"，四日为"都闪都"，五日为"且闪伯"，六日为"闪伯"，七日为"攀闪伯"，凡拜天聚会，以"阿啼纳"日为上吉，余日用事，各有所宜。

按"巴咱儿"为"集"或"场"之音译，盖其地亦七日一赶集也。"阿啼纳"俗称"主麻儿"，乃礼拜日。礼拜一曰"闪伯"，二曰"亦闪伯"（或称"亦克闪伯"），三曰"都闪伯"（原书作都闪都，误），四曰"且闪伯"或"斜闪伯"，五曰"查哈尔闪伯"（原书作闪伯，与礼拜二重），六曰"攀闪伯"或"伯闪伯"，乃回教之一周也。

至于戒饮酒，乃回教教条之一，而本书有云："凡宴会之际，尊者饮酒，则下人皆跪，酒进一行，则陈币帛……"此不知为何种习俗，然原书前此曾云：

酒禁最严，犯者以皮鞭决责，故不酿米酒，醒以葡萄，间有私买者。凡有操履之人，多不饮酒，以其早暮拜天，恐亵渎也。

则不免前后相矛盾，宴会饮酒，回俗所无，以其犯天条也。其具有酒癖者，亦只窃饮，不敢出头露面，或作者所误闻欤？其国不用刑法，虽杀人亦止罚钱，无官府，但有管事者，皆足见其社会上淳朴未化之风也。

此外，作者所记述其国农产品中，有"菜根有红而大者，重十余斤，若罗葡状"者，恐即甜菜（Sugar beet），其根则称甜根。因此物南方所不产，或作者等未前见，用附及之。

撒拉八工外五工

一、撒拉的名称与来源

撒拉族是近世元、明之间从中亚迁移入中国的一个少数民族，是组成我国现在 56 个民族之一，主要聚居在今青海省循化撒拉族自治县境内，据近年统计，聚居在该县境内的撒拉族人口有 4.84 万多人。其邻近的化隆县、同仁县和甘肃省临夏回族自治州保安族、东乡族，循化撒拉族自治县与夏河县境内，也多有分居。另在今海南、海北、海西州境内 2000 多人，都是近五六十年内，陆续从循化迁徙去的。新疆维吾尔自治区内，也有部分撒拉族移民，但大多可能是当年在东迁时遗留在那里的。总之，在西北青、甘、新三省区境内，都有撒拉族踪迹，而以青海为较集中，其总人口数计 8 万多人（见青海民族学院编《青海少数民族》）。

撒拉族名称，是其在元、明间东迁中国境内后定称的。据其祖先自述和近年有关研究得知，撒拉族原名撒鲁尔，是乌古斯部中的一个部落名。《撒拉族简史》（中国少数民族简史丛书之一）还引木拉·苏来曼《回族源流考》说初来今循化的尕勒莽、阿合莽兄弟是原住在撒拉克（今土库曼斯坦境内）地方的，证之其他有关历史记载，这些说法是有根据的。只是撒拉或撒鲁尔，原是地名，据拉施特《史集》记载，今苏联东亚的土库曼斯坦、吉尔吉斯斯坦、乌兹别克斯坦、塔吉克斯坦和哈萨克斯坦这几个共和国，当蒙古西征后，都划在钦察汗国境内。钦察汗国的组成，真正的蒙古人只有4000，其余的则都是拔都所属军队中归服的钦察人、保加尔人、乌古思（斯）人、突厥人等所组成的部分。因此实际上到术赤汗国时代，都已经突厥化了。上述在今独联体中的土库曼斯坦等几个共和国，其主体民族都属突厥人，据上引《撒拉族简史》转引《伊斯兰大百科全书》记载，谓撒拉族原名撒鲁尔，是乌古斯部落中的一个小部落名。根据我上边所述钦察汗国突厥化的记载，这种说法是近实的。唯撒鲁尔并非部落名，而是地名。中外历史上多地以人迁的事例，据拉施特《史集》载拔都在征服钦察草原过程中，其合丹所领一支出征军队所征服的地区，就有一个撒拉甫和撒来的地名，可见撒鲁尔原非部落名，其部落应即为乌古斯部落，原为畏兀儿、钦察、康里、哈刺鲁、合刺赤诸部突厥族所由出。而这些部落中都没有称为撒鲁尔的，因此我认为后世来循化的撒拉族，是源于乌古斯部落撒拉甫或撒来地带的居民。他们在东迁后，无论住在新疆、甘肃与青海都称为撒拉，且把他们最集中的循化，叫作撒拉地方，完全是沿游牧民族地以人迁的通例。中国史上如朔方的渠搜、陕北的库车，都是地以人迁的先例。不仅当年如此即就今青海言，明初的西宁塞外四卫，残破后流入河西走廊与青海，今青海湟中县汉东乡，即罕东卫残破后其部落余部流居其处者，而仍以汉东（罕东的音译）为名。

以上是历史上情况，就现在说撒拉是原居中亚撒拉地方的乌古斯部落后裔东迁后所形成的一个新的少数民族，因为民族是一个历史范畴，老的民族消亡了，从而产生一个或多个新的民族。就中国来说，如土族、回族、东乡族、保安族等，都是近世或近代所形成的新的民族，它们原都有其祖源，而又随着历史的发展演变形成新的民族，撒拉族也是属于这同一类型的新民族，这是与地缘和时代有密切联系的。其中有的或语言有变迁，有的或宗教有变迁，有的或生活方式有变迁，这些都与地缘和时代有一定的关系。就当今世界范围内的各个民族来说，由于历史发展阶段和国家制度的各异，民族关系和地位，也还存在着很大的差别。

中华民族，自来是由传统文化和历史条件所形成的统一体。中华人民共和国成立后，在新的历史条件下，更加强了各民族平等团结的关系，更特别的是建立和制定了民族区域自治的制度和法规，使中国境内的所有各少数民族，共同走向了建设有中国特色的社会主义的康庄大道，撒拉族作为一个属于突厥语族的古老民族，成为社会主义新中国大家庭的成员，为统一的多民族国家，增添了新的活力。

二、撒拉八工的名称和来历

循化撒拉族自治县，原有撒拉族聚落八处，即查汗大寺（今或译查汗都斯）工、苏只工、街子工、查加工，又统称上四工，现均为乡。另在县城以东有清水工、孟达工、张尕工、崖曼工，又统称下四工，现均为乡。这是在清乾隆间经过因新旧教互争，地方官处理不当致引起新教反清斗争失败，新教徒被镇压和流成后所并成的，其先共为十二工，经此次变乱，并草滩坝工于街子工，别列工于苏只工，打速古工于清水工。原夕昌亦称工，或称薛厂沟，而《循化志》误以崖曼并于张尕，实际上原只有十一工，则当时所并者为夕昌工而非崖曼工。今编《撒拉族简史》与《循化撒拉族自治县概况》都未谈到此点，有在这里补述一下的必要。循化地带自汉代起即有记载，初为羌戎地，南北朝时兼为鲜卑、吐谷浑族活动地带，到唐代更为吐蕃农耕区，直到现在。元、明时间有蒙古人放牧，且为和硕特部亲王领地。撒拉族于元、明间移居这里时，藏族原耕牧于今曲卜藏、比塘、尕楞、文都、道帏诸山沟有水草处。原撒拉十二工所在，均为以上诸沟出口，且为黄河南岸台地，以缺水灌溉，原为荒滩，旱年以上诸沟缺水甚至断流，因而这一带台地，大都撂荒，撒拉族初来，当以所地空旷撂荒，而沟谷内水草丰美，兼有林木，遂留居于此，其时间当在元末。《循化志》载"始祖韩宝，旧名神宝，系前元达鲁花赤"。明洪武三年，邓愈下河州，即归服明朝，为招茶中马十九族之一。看来他们初期也是以畜牧业为主的，同时，也与当地藏族通婚。至清康熙时，清政府便牌委韩大用、韩炳为外委土官，令管束部落，正式成为少数民族的土司。此时他们已陆续开垦有水旱地，不仅纳马，也按下子数完粮，黄河沿岸台地的开垦，是从撒拉族开始的。但因干旱缺水，故旧有干循化之称。新中国成立前，马步芳开渠引古什群峡水在查汗大寺赞卜亥滩开垦水浇地有百余亩，移甘都一带农民定居。新中国成立后开黄丰渠，从古什群引黄河水，查汗大寺、苏只等村荒地尽垦，不仅广种小麦，而且瓜果满园，尤以盛产苹果、花椒著名。其后更有了逐级的电灌站，干循化遂成了水地川，撒拉地方成了瓜果乡，一改昔日的面貌，可说是人杰地灵了。撒拉族人明敏勇健，多以武功显，而又善经商，擅工艺。妇女则雅秀大方，长刺绣，精膳馐，且习农事，为一般汉、回、藏妇女所不及。

以上所述，多见记载，我这里所特加以考察的是工的得名，俗以撒拉所居村落名工，《循化志》疑系"功"或"沟"之误书。我向曾以为其地本为番（藏）地，名从主人，当系藏语的音译。

如贵德尕让沟南口临河的村庄名阿什贡，是贵德县黄河北岸台地。我的家乡在甘都工甘都街村，村南临河的村庄名唐思刚或唐岗，岗、贡、工均一音之转，都是沿河台地的藏语地名，我曾请教精通藏语文的吴均、王青山两教授，他们一时也未作肯定。前两年任乃强教授的《民族研究文集》出版，我在这本文集中的《康藏史料中若干名之正译》一文中见他解释"工"字地名说：

工（Gong）。沿河较高处之村落曰"工"。如巴安之"喜松工"盐井之"碧油工"（"毕用工""蒲雍拱"并同），雅江之"博浪工"，康定之"榆林宫"（玉龙工）等是也。

康巴语与安多语音差较大，以玉龙工为榆林宫即其例，而以"工"音译沿河高处的村落，则适与我的拟想相合。今循化撒拉八工除街子、清水两名改从汉语外，余六工皆为撒拉语，而"工"字则系附加藏语地形名称，如我家甘都街所在，原为甘都西滩，乾隆时筑城名甘都堂堡，以藏语称滩为堂，犹以"工"称临河村庄了。以山岳河湖与地形等名地，是地名学上的通例，唯译名则往往失其文。如今之康定藏语名打泽多或打折多，康定城所处在打曲和折曲合流处，"多"是指两水合流处，有时汉译为"都"，如昌都旧译为察木多，而我家甘都，藏语称噶木多。汉译者有时不谙其例便把打折多译为打箭炉。据此则可见撒拉八工的"工"被误会为汉义，《格萨尔王传》岭国，原谓圣洁之地，或译林，其例正同。

就语言地名来说，在40多年前，我曾发现循化"花儿"中有这样一首："大力加牙合里过来了，撒拉的艳姑哈见了。撒拉里好吗孟达里好？撒拉里好，孟达里一哗啦橘了"。这里的"一哗啦橘了"是由撒拉语"蒙大依化惹"而误会为汉语的，其原意是孟达地方什么也没有，或者是这儿什么也没有。在古老的传说中，河州汉人刚移到循化营石头坡村时，有位老太太过不惯，也不懂撒拉语，经常想念河州。某天有三个撒拉人打他家的门探问买东西的去处，待主人回答这儿不卖什么东西时，他们便互说"蒙大依化"就走了，那位老太太问刚才他们说什么？家人便哄她说："这几个撒拉人是油画匠，问我们要不要油画门闩？"老太太吃惊说："我们河州原来只有油画门面的，倒还没有听说把门闩也油画的，果然是个好地方。"这虽是个笑话，倒也使我们领会到语言地名转化的道理。

三、关于外五工的形成

在循化撒拉八工以外，接着又在其黄河以北的摆羊戎格厅（今化隆县，在其未设厅前属碾伯县——今乐都区）出现了甘都工（今甘都镇）、卡日岗工（今德恒隆，阿什奴乡）、上水氏工（令群科尔镇）、城子工（包括扎巴镇）及十五会工（包括沿线四周的回民庄）。以上五工，称为外五工，所谓"撒拉八工外五工，街子工有头人哩"者是也。

据考外五工中仅甘都工有撒拉族聚居庄六个，其中阿河滩（《西宁府新志》作阿哈旦）、苏胡家、阿路庄三村，《西宁府新志》有记载。另四合生（俗称西后生）上下庄、瓜拉仓（又称噶拉仓）纯系撒拉族，说撒拉语。其他如倘（唐）思刚、拉木、官巴、牙路乎诸庄，亦称撒拉，但也说藏话。甘都工原还包括居拉扎山腰的列仁、喀琐、河什家三庄，俱称撒拉，而也说藏话。总之，甘都工居民，撒拉实居其半，而苏胡家、阿路庄、阿河滩三村，实系由黄河对岸苏只工迁居的。可以说是"撒拉地方"的外延。唯卡日岗工居民，原均属藏族，乾隆初年，河州阿訇马来迟来此传教，卡日岗地带藏族多随他皈依了伊斯兰教，即其后被称为老教的一派，他们虽信仰伊斯兰教，但语言和衣饰仍保存藏俗。由卡日岗西面下山，即为上水地川，其地原属藏族舍仁百户所辖，而居民以回族为多，如乙沙尔、群科尔、贡依、多巴诺村，虽村名与语言均为藏语，而居民却均为回族，藏族反而较少。由上水地的哇隆沟北行，即为黑城子工，包括今扎巴镇在内，居民多属回民，说汉语。沿今化隆县城四周附郭的回民诸庄，俗称十五会工。均操汉语。以上组成统称为外五工，实际上由回族和信仰伊斯兰教的其他族所合成。今化隆亦属回族自治县，其首任县长即为舍仁庄的马八洛。但本地人在习惯上仍把外五工人称为外五工撒拉。我想这个名称的来源，既不依宗教范畴，也不依民族界限，而是撒拉族兴起后其统治影响势力的外延。乾隆间苏四十三反清之乱，虽被平定，但其事震动了清廷和西北，撒拉之名大噪。其后同光间西北回民反清，青海地区首事者即为化隆昂思多（属黑城子工）马文义（马尕三），而撒拉八工应之，风动河湟，直至光绪二十一年（1895 年）后，才归平定，当地人不只在当时称此为"撒拉反了"！就是在我小时候也还是如此说法。马麒的宁海军，原均为河州回民，到马步芳统军，便以化隆、循化撒拉为骨干，而尤依重外五工撒拉，真正达到了后来居上。而外五工回民被称为撒拉，实缘八工撒拉兴起后其声势的外延。这以近世蒙古史为例，蒙古帝国初期，征服了多种突厥部和女真等部的民族，而由于成吉思汗大帝威名的远扬和他的伟大与受尊敬的地位，原突厥部落的札剌亦儿、塔塔儿、斡亦剌惕、汪古惕、客列亦惕、乃蛮、唐兀惕等，都自称为蒙古人。后来连乞台、女真、南家思、畏兀儿、钦察、大食诸族人，都被称为蒙古人，因此拉施特说："所有这些民族，都认为自称蒙古人。对于自己的伟大和体面是有利的"。（拉施特:《史集》第 1 分册第 2 编）

法国勒尼·格鲁塞著、魏英邦译的《草原帝国》中，也有同样的论述外五工回民和改信伊斯兰教的藏族，虽然最终没有成为撒拉族，但其在当地习惯上被称为撒拉，这和历史上塔塔儿人等自称为蒙古人或被蒙古人所同化的事例，则大体近似的，称之为外延，似更为属实。

又外五工之为八工外延，也可由其得名为证。外五工中，除甘都、上水地两工居黄河北岸高地外，余皆居山谷或旱原，其所以也称工，当沿自八工，同样是附加的藏语名。

总之，研究撒拉族的历史、语言、文化诸问题，实是一个新的课题。撒拉族研究会的成立，对此课题的研究和对循化撒拉族自治县的建设与发展，都具有现实意义。特别是对民族团结和宗教信仰自由政策的贯彻，更是当务之急。我不会撒拉语，更不懂突厥语，这篇小文，聊当作一点引子，希望在省委、省政府的支持和各位会长的领导及会员们的努力下，取得应有的作用和贡献！

明清两代的民族政策和民族关系

一

中国自古以来，就是一个统一的多民族国家，它从形成到发展完成，经历了一个很长的历史时期。周总理曾说：

中国作为一个统一的、多民族的国家，是长期历史发展的结果。

多民族而又形成一个统一的国家，这是中国立国的一个特点。那么探讨一下这个统一的多民族国家形成和发展壮大的过程，不仅具有了解中国历史发展的主要情况，而且对现阶段政治设施来说，也有一定的借鉴作用。这里最重要的一点，就是在不同的历史时期怎样处理好民族与民族之间的关系问题。无论是"大民族"或少数民族，都必须要在维护国家统一，坚持民族团结的基础上来达到共存共荣，以至逐步消除民族差别的目的。当然这个漫长的历史过程，只有到无产阶级觉醒和掌握政权后才能完成。列宁曾经说过：

（无产险级）赞同一切帮助消除民族差别，打破民族壁垒的东西；赞同一切促使各民族之间的联系日益紧密和促使各民族融合的东西。

列宁的这段话明确无误地指出了这个问题的历史性，谁要是想超越这个历史发展过程，一下子消除民族差别，是不符合历史发展规律的；同时也是封建社会阶段和资本主义社会阶段，甚至是社会主义初创阶段都是不可能实现的。民族之间的差别既然在短期内不可能消除，则在每个历史阶段或时期内采取适应当时历史发展条件的政策与措施，达到民族和睦与民族团结，进而趋于民族平等的目的，这才是唯一正确的途径。

不论过去各个封建王朝的主观意图为何，但统一的多民族国家的形成和发展，都是按照这个历史发展规律来进行的，因此中国历史上诸如怀柔政策、和亲政策、羁縻政策以至土司政策利用宗教政策，都是既维护封建统治阶级的利益，又适应统一的多民族国家发展的趋势而产生的。但是从整个历史发展进程来说，这只是部分的做到了民族之间矛盾的缓和、民族接近与民族之间的相互融合，而并没有也不可能达到民族真正平等，当然更谈不上消除民族差别了。这个艰巨的历史任务，只有等到无产阶级觉醒和执掌了政权以后，才能被提到议事日程上来而逐步彻底加以完成。

新中国成立后，党和人民政府依照马克思列宁主义在这个方面的科学理论，制定了符合历史发展进程的一系列民族政策，在中华民族从帝国主义、封建主义和官僚资本主义压迫下获得解放的基础上，宣布各民族一律平等，加强各民族间的团结互助，保护宗教信仰自由，直至实行具有中国特点的民族区域自治，大力发展少数民族地区的经济和文化教育事业，促使各少数民族从政治上的平等，早日达到事实上的真正平等，即在文化上完全跻于先进民族的行列。

不幸的是党和政府的这个马克思列宁主义的方针政策，受到了"左"倾思潮的严重干扰和破坏，特别是在十年浩劫中，林彪、江青反革命集团竟无视我国有多民族存在的客观事实，违背历史发展的规律，践踏党所制定的符合马列主义毛泽东思想的民族政策，片面而蛮横地宣称民族问题在中国已不存在，从而破坏了民族团结，挫伤了民族感情，制造了新的民族矛盾，重复形成了民族之间的不平等，这种倒行逆施的反动作法，给我们的党和人民造成了极大的祸患，其后果影响是极端恶劣而严重的。

在打倒了林彪、江青反革命集团以后，党积极拨乱反正，从十一届三中全会开始，重新恢复了过去所制定且行之有效的各项民族政策，迅速扭转了少数民族地区政治、经济及社会的面貌。

须知民族融合和民族差别的消亡，是一个漫长的历史过程。列宁虽然肯定地说"社会主义的目的不只是要消灭人类分为许多小国家的现象和各民族间的任何隔离状态，不只是要使各民族接近，而且要使各民族融合"。但这是无产阶级当政在全世界范围内实现以后的事情，而在社会主义革命阶段，不但不可能实现民族融合和民族消亡，而且还将有一个民族发展和民族繁荣的历史时期。我国在新中国成立后所制定实施的民族政策，就是根据马克思列宁主义的这个理论而建立起来的，因而逐步消灭了少数民族地区贫穷落后的现象，在政治上得到了平等，在经济上得到了支援，迅速出现了民族繁荣的景象。事实证明党中央和人民政府所制定的民族政策，自始就是马克思列宁主义与中国革命实际相结合的产物，而"四人帮"的倒行逆施，给这个光辉而正确的政策，蒙上了一层迷雾与污垢，致使正在兴旺繁荣的各个少数民族，遭受了在社会主义社会中不应有的损失与磨难。这个深痛的历史教训，应当为我们所牢牢记取，不再重犯这样的错误，使三中全会以来党的拨乱反正的政策，在加强和促进民族团结，开创社会主义现代化建设的新局面等方面，发出灿烂辉煌的光彩，结出我们的国家和各民族兴旺发达的丰硕果实。

二

为了在当前这个中国各民族共同发展、共同繁荣的历史时期，认真切实地做好各民族之间的互相团结、互相信任、互相接近、互相帮助，以达到消除民族隔阂，共同携手前进的工作，我们回顾一下中国近世历史上所曾经走过的一段道路，以历史作为一面镜子，也有一定的惩前毖后的意义。

中国自古以来，在我们这块宽广富饶的土地上，生息活动着多种的部族。中国古代文明起于黄河流域，而首先进入这个地区的部族是原居住在南方的黎族和苗族及羌族中的炎帝族。后来居住在中国西北部的黄帝族逐步向东发展与炎帝族联合，共同孕育了华夏文化，这种部落之间的大联盟，逐步形成了华夏族，后世的中国人自称为炎黄子孙，就是由此而来的。可见我们的祖先，原先就是一个多民族的融合体。

自从有了中原地区的古代文化，由于居住在边地的诸族，在文化上有落后先进之分，于是才有"华""夷"之别，但这还并不是民族的界限。同是一个民族，有的进入中原而跻于先进，有的仍留边地而趋于落后，这在文化上来说是有了一定的差别。孔子说："裔不谋夏，夷不乱华。"仍然是以文化程度来作区分的，民族的区别，仍不显著，一直到战国、秦、汉之间，所谓东夷、西戎、南蛮、北狄的概念，才逐步形成。由于社会从奴隶制向封建制过渡，秦人、汉人、匈奴、羌、氐等民族概念便凝成为族称。实际上经过秦汉的大统一，民族之间的相互融合，在华夏族的基础上更有了进一步的发展。秦统一中国前，华夏族已是一个中原和东夷系（今江苏、山东、安徽等地），并行吴系（今湖南、湖北、江西及江苏西北部地），百越系（今浙江、福建、广东、广西一带地）诸民族的复合体，至汉时便被定称为汉人，再经魏晋南北朝与隋唐，汉族以其在文化上的优势，融合同化文化上较它落后的民族，使汉族成为中国民族的主干。元代和清代分别是由蒙古族和满洲族所建立的统一国家，但在文化上他们受汉族文化影响，仍然很大。只是仍留在广大边疆地区的各少数民族，由于受地理环境因素的限制，各自保留着本民族的传统特征。但严格讲起来，无论是汉民族或是各少数民族，这时已都属于现代民族的范畴，已与历史上所有的名称，并不完全符合。秦汉时的华夏族，并不同于三代；隋唐时汉族仍称为华夏族，而又不同于秦汉；明清时的汉族也称为华夏族，而又不同于隋唐。因此近世出现了中华民族的新称号，说明随着统一的多民族国家逐步形成、发展与壮大，各民族之间由接触而演变融合，逐步成为一个复合体，大部分古代民族都已消失其原来的特征和名称，更由于近代帝国主义侵略势力的东侵，使我们这个东方古老民族的民族意识，在爱国主义思想和救亡图存要求的激荡下，有了新的觉醒，中华民族团结起来，共同抵御外侮，维护民族的尊严，捍卫祖国的独立，化除狭隘的民族间畛域之见，而凝为敌忾同仇的一体，这就是中华民族一名产生的由来。随着中华民国的成立，中华民族的大纛，便正式在全世界树立起来。到了中国大陆被解放，无产阶级领导的中华人民共和国建立，以马克思列宁主义的民族学原理，细致地认定了现在组成中华民族的各个成员，民族不论大小，一律恢复其在政治上的地位，在共同的民族大家庭中，统统享有平等的权利。从各民族的特点和个性来分，全国现共有五十六个民族，其中除汉族为"大民族"外，其他都属少数民族。从各民族的历史渊源和共性来说，则统属于中华民族这个新范畴，既尊重历史传统，又属有现代民族的概念。比起"五族共和"的时代，又向前更进了一步。正因为我们的祖国是一个统一的多民族国家，在推翻了封建主义、官僚资本主义和帝国主义的统治后，便有可能完全消除民族压迫和民族歧视，而建立民族团结、共同发展、共同繁荣的新的民族政策。

一部中国民族史，赋予我们的认识是中华民族同出一源，来自于古，形成于今。从来就生息活动于祖国这块大地上，什么东来说、西来说，都是别有用心地编造。中国古代灿烂光辉的文明，是中国历史上各民族所共同创造的。中华民族是中国历史上各民族的复合体，他们血肉相连，声气相通。在长期形成发展的过程中，通过斗争融合，最后联为一体，特别是在近代抵抗与反对帝国主义侵略的斗争中，敌忾同仇、团结御侮，表现了中华民族英勇不屈的精神。特别是在中国共产党领导下，建立了人民政权后，消除了历史上民族不平等的封建因素，加强了民族团结，建立了民族区域自治制度，中华民族的英雄气概，便磅礴于四海之内、天地之间了。

中华民族形成与发展

现在中国有五十六个民族，其中以汉族居最大多数，这是据近代西方民族学说来确定的。西方的民族学源于古代希腊罗马以来的人类学，其发展史来说，是由氏族部落、部族而形成的。西方自摩尔根以还，便形成进化、社会、历史等诸学派。到了马克思、恩格斯时代，又形成了以马克思主义作为理论基础的民族学，这主要是有别于西方资产阶级民族学而言。列宁、斯大林从无产阶级和工人立场上，阐明了马克思主义民族理论和政策。斯大林对民族的定义是："民族是人们在历史上形成的一个有共同语言、共同地域、共同经济生活以及表现于共同文化上的共同心理素质的稳定的共同体。"中华人民共和国成立后所制定的民族政策，即是以此为依据结合中国民族的实际而以现代中国五十六个民族为一个统一的共同体的。另一方面中国近代研究民族学的人则翻译 Ethnology 为人种学，1909 年蔡元培先生始译为民族学。解放后把这称为资产阶级民族学以区别于马克思主义民族学，说明其名称与定义是不同的，也是各自有所主张的。

我自始就认为世界各民族发展的过程，从总的方面来说，有其共同的轨迹，但由于历史地理和文化形成的背景互有不同，故不能一概而论。从这一点说邓小平"有中国特色的社会主义"，才是符合我们中华民族形成的历史、地理和文化的特点的，就是说我们的中华民族形成和发展是和西方甚至是和东方印度、日本等国也是有异的。

历史地讲，中国古代民族从传说中的夏到商、周、秦、汉以至于唐、宋都叫作"人"而不称族，族只是家族、宗族的称谓。同时自周、秦统一为一个国家后，中国便成为一个众多民族的统一国家。据现代研讨的结论至乾隆统一今新疆地区，便完成了我们这个两千多年来所形成的"统一的多民族国家"的光荣任务。孙中山先生当年鉴于满清政府以慈禧为中心的统治集团，祸国殃民，招致列强的不断侵略，便以"驱除鞑虏，恢复中华"为号召，从事反清的革命运动。但一到武昌起义推翻帝制，便揭集"五族共和"的义旨，说明我们国家历史的形成与发展，自有其特点，五族一家。就是国家与民族自始就是一个统一体。这就充分说明中华民族的形成与发展自始就是以多民族为前提的，而其核心便是统一的中华文化。早在孔子时代，便已有了"中国而夷狄，则夷狄之；夷狄而中国，则中国之"的文化前提，墨子也说"圣人能以天下为一家，中国为一人"。

因此最终实现了统一的多民族国家的伟大历史任务。毛主席读中国历史，也曾指出：

我们的国家，是世界各国中统一历史最长的大国。中间也有过几次分裂，但总是短暂的。这说明，中国各族人民，热爱团结，维护统一，反对分裂，分裂不得人心。

这是就南北朝时的历史局面而言的，那一段历史分裂局面是暂时的、过渡的，而统一是主流。通过统一，进一步完成了民族融合，国家与民族，始终是走向一体的。

我在上大学时代，就考虑过这个问题，当时不仅日本人制造了伪满洲国，苏、英也趁火打劫，妄图分裂我统一的国家。当时顾颉刚先生针对这种形势，在昆明《益世报》上发表了《中华民族是一个》这篇文章，揭发和批判了帝国主义企图趁机瓜分中国的阴谋和活动，我受到很大的启发。但当时国内研究民族学的专家们，无视中国当时风雨飘摇的严重形势，仍多抱着西方民族学家的框框和旨义，对此表示异议。抗战胜利后，我到南京主持《西北通讯》编务，征得顾先生同意，重新在《西北通讯》上刊载了这篇文章和它的姊妹篇《我为什么写〈中华民族是一个〉》，以表明我对这个问题的看法。因为当时达赖的哥哥加洛登珠正在南京从事分裂活动，我另为文公开指斥他们的阴谋，并批评国民党政府软弱的西藏政策。

　　我对中华民族这一称谓的涵义，是以章太炎先生以"华、夏、汉随举一名，互摄三义：建汉名以为族，而邦国之义斯在；建华名以为国，而种族之义亦在"的论点为依据的。尽管太炎先生以"华"字得名于华山之说，并未得实，但他不重民族的区分，而植根于共同的文化，是独具卓识的。我因此以后便就"华""夏"两个字古代语音和原义，陆续写了《"华夏"臆说》和《夏禹传说与大夏地理》两文，论证了中华民族这个名称形成的过程和意蕴，既未依据近代西方资产阶级民族学家的学说，也未遵从斯大林更新的民族理论，以为照抄并不切合我国民族形成和发展的过程和含义，说明中华民族的形成和发展是各具特点的。前两年费孝通先生提出"中华民族是多元一体的格局"的论点，认为"民族是不断发展演进的人类共同体"。从这个问题的探讨上，我感到邓小平"有中国特色的社会主义"这个提法的意蕴是涵盖很广而且是具有深刻切实的历史和现实意义的。

　　根据上面的论述，我认为马克思主义哲学在人类历史上独具卓见地揭示了人类社会发展的一般规律，但事实证明这并不能普遍适用于世界上任何发展中的国家和地区。譬如马克思和恩格斯在探讨欧洲社会的进化时，形成了五大社会形态理论，中国很多学者直接地把它移运到中国社会的分期上，于是便产生了从西周到魏晋的多种说法来，都认为在中国历史上同样存在过欧洲那样的奴隶社会和封建社会，这就把马克思有关整个人类社会发展的五个阶段，认为是一种普遍规律，这样中国社会的发展，自然也不会例外。但中国当代有的马克思主义的历史学家们在社会分期上，竟然把奴隶社会从西周延续到魏晋时代，就不免令人不知所从了。实际上在春秋战国时人的心目中，只知道中国就是世界，当时儒家的王天下，约略近于我们现在的联合国。对此，《中庸》上说得更具体：

> 今天下车同轨，书同文，行同伦。舟车所至，人力所通，天之所覆，地之所载，日月所照，霜露所坠，凡有血气者，莫不尊亲。

秦始皇统一六国后的政策，即是以此为蓝本的。更上推到《礼记·礼运》则更揭示了理想中的大同世界，这当然是古人的理想，但我们现在所揭示的社会主义，不也以小康为社会主义的初级阶段吗？这就不能呆板地搬用马克思的社会发展阶段论。因此在当前改革开放的大潮中，面对经济上由计划经济转变到社会主义市场经济的转型过程中，不仅是经济，同样也在民族学理论体系中，也应批判地继承或借鉴西方各民族学派的理论和方法；而建立完善和发展具有中国特色的民族学理论体系。在这里我以为邓小平同志把马克思主义基本原理与中国实践相结合而创立的有中国特色的社会主义理论，应当说是当代中国的马克思主义，因为它不仅表现在物质文明方面，更表现在精神文明方面。我从而认为对中华民族精神信仰和文化传统的尊重和发扬，是建设有中国特色的社会主义的根本。

所以不仅是民族学的研究，各项工作都要有助于建设有中国特色的社会主义，民族平等团结，人民富裕康乐，国家兴旺发达。《邓小平文选》三卷《建设有中国特色的社会主义》一文中说：

　　所以，我们多次重申，要坚持马克思主义，坚持走社会主义道路。但是，马克思主义必须是同中国实际相结合的马克思主义，社会主义必须是切合中国实际的有中国特色的社会主义。

　　他所指出的这条道路，就叫作建设有中国特色的社会主义道路。在这条道路的指引下的民族理论的内涵自然不是分而是合，只有加强民族团结，才能做到振兴中华。这样就会加强民族团结，民族地区稳定，民族经济发展，民族区域自治更趋完善，从而扩大爱国主义的内涵，把民族利益和国家利益融为一体。

　　同时我个人还认识到国家的统一和振兴，是中国各民族共同的使命，而中华民族在它的形成发展过程中，以共同的文化为纽带，把民族和国家凝合为一个文化整体，终于在清朝乾隆时代，最终完成了统一的多民族国家的宏伟任务。这种民族融合和国家凝成的历史背景和民族观念，自然和西方民族的发展史与国家的形成和演变也是不完全相同的。邓小平讲有中国特色的社会主义的精义，也可说这也是其中的一端了。

　　我是钱宾四（穆）先生的学生，五十多年前曾听他讲过中国文化史。他说：

　　就西方而言，希腊人是有了民族而不能融凝成国家的，罗马人
是有了国家而不能融凝为民族的。直到现在的西方人，民族与国家
始终未能融和一致。（引自钱著《中国文化史导论》）

　　的确，自周朝以来，世界上如埃及、巴比伦、波斯、马其顿，
包括罗马帝国，都消亡了，但是中国和中华民族，却一直持续地生
存发展下来了。这要不从文化上来讲，是难以理解的。目前在世界
范围内来看，苏联的解体，南斯拉夫的分合，甚至是捷克与斯洛伐
克的分了合，合了又分，这在欧洲是从古如是的。我们现在有些人
一提起传统文化，便目为落后，斥为封建，实际上无源之水，无根
之木，当然是不能长流和生长的，而优秀的文化传统，才是萌发新
枝的本根，汲之不竭的源泉。

　　我于民族学，本不熟谙，兹借民研所讨论会之机会，略抒所见，
以就正于方家。

国家统一与民族团结

中国是世界上文明古国之一。传说中的夏代，约在公元前 1600 年以前。接着是殷商朝，始有文字记载，时代也在公元前 1028 年以前。此后便是周王朝，是我国历史上第一个统一的王朝。从今天的社会发展史来说，夏与商的前期，都属于原始社会阶段，而从商的后期殷开始，便大致进入阶级社会。同时，中国自古以来就是一个多民族国家。从民族发展史来说，夏商是氏族和部落时代，殷周是部族时代。这是自从近世有了民族学以后的新名称，而在中国史上则一应称为夏人、商人（殷人）、周人直到清朝，也还把中国人称为清人，以这个习惯的称谓，就可以看出或理会出中国这个多元一体的统一国家形成的由来。周朝是在中国境内第一次建立的以传说中炎黄两族为主体的统一国家；秦王朝是第二个统一的国家，它虽然存在不久，但中国立国的制度和统一的规模都由它所建立起来，这样便出现了汉唐的大统一,是中国史上所称的盛世,文治武功,为世界上所艳称。在这个历史阶段内，中国境内从东北到西北的多种少数民族，都进入了中原，形成了自周以后第二次中华民族文化的大融合。因此，我向以为自传说以迄民国，中国迄为多民族共同体的统一国家。这是不同于世界各国历史发展演变的特点之一。从传说中的炎黄起，至周、秦、汉均为统一的国家。南北朝时，南北多族并立，而至隋仍归一统；唐代立国声威所及，远迈前古；蒙古西征，威振亚欧；清定蒙古、西藏，收台湾、澎湖，开新疆，终于完成了统一的多民族国家的大业。多民族而始终统一，一是由于从民族方面说是由血缘关系向地缘关系转化的轨迹所形成；一是由于历史和文化的发展逐步融合所形成。这样就最终凝结成功了统一的多民族国家的大业。民族与国家，本来一个是由自然形成的，而一个是由历史（人为）形成的，其所以凝结为一体主要是由中国文化所促成的。因此，尽管孙中山先生进行革命时，首揭民族革命的大旗，那是既以西方近世民权为号召，以推翻当时丧权误国、腐败专制满洲贵族集团为目的，又以顺应时代潮流振兴国家为主旨。所以，满清王室一倒，他与上揭橥五族共和的主旨，优待清室，团结各族，以外抗列强，内除军阀，建立民国为首务。中华人民共和国成立后，更进一步建立民族平等和民族区域自治制度，积极帮助各少数民族发展生产，振兴文化教育，以期和先进地区和多数民族共同进入社会主义。因此民族团结，较前益为广泛而坚定，规模宏远，尤非以前王朝所可比。由此我们可以看见中国的立国，主根在于统一的文化精神，而不在于狭隘的民族主义，这也就是中国自来就是一个向统一的多民族国家发展的历史过程，因此我国历史上虽有过分裂局面，但为时都很短促，而统一始终是其主流。

邓小平同志倡导建设有中国特色的社会主义，既取法于近代西方科学，又植根于中国优秀的传统文化精神，因此，目前世界局势虽很动荡不安，而我们的国家，不仅岿然不动，而且意气风发为改革开放的伟大事业，齐力向前，以期在本世纪内举国达到小康水平，进一步向富强康乐，有中国特色的社会主义社会迈进。

综括来说，中国的立国，周秦两代融合夷夏，规模宏远；汉唐开拓，沟通中外；元、清均以少数民族继承大统，而文化传统，仍本一体，康乾盛世，文治武功，都超轶前代。因之在清季，虽屡遭帝国主义入侵，而仍能自振，我认为这就是中华文化和民族精神的所在。中国所以几千年来始终保持民族团结，国家统一的长远局面根源就在这里。

我省是一个多民族地区，而又处在西北边疆的重要战略地带，同时文化经济相对来说，尚处在落后阶段，因此当前的首要任务是发展经济巩固国防，特别是要把民族地区的经济要搞上去，这就要更进一步地发展传统文化的精神，加强民族团结，巩固安定的局面。这样，经济才能发展上去。人民生活才能提高，国防也才能巩固，民族区域自治的制度，更能进一步完善，因此做好民族团结工作，是我们目前最切要的任务。

毛主席说：

我们的国家，是世界各国中统一历史最长的大国。中间也有过几次分裂，但总是短暂的。这说明，中国的各族人民，热爱团结，维护统一，反对分裂。分裂不得人心。

我们不仅要在评价历史人物时，要坚持这个标准，而特别在做目前的民族团结工作时，更应当遵循这个准则，做好民族团结、安定社会、发展经济、巩固国防的工作。

后　记

　　李文实先生学术功底深厚，论文立意高远、新意迭出、启迪遐思，是学界公认的史学大家。

　　目前，李文实先生的著作被学界不断整理出版。李文实先生的《西陲古地与羌藏文化》一书由青海人民出版社 2001 年出版，2002 年获第十三届中国图书奖，2003 年获青海省社会科学优秀成果一等奖，2003 年重印，在学术界和社会上引起了巨大反响。

　　2004 年李文实先生溘然长逝，青海学术界巨星陨落。但李文实先生为学界作出的贡献，得到后辈学人的不断发掘整理。

　　2015 年，是李文实先生诞辰 100 周年。2014 年 9 月 20 日，青海民族大学举行了李文实先生诞辰 100 周年纪念会暨西北文史研究专题研讨会，产出一批高质量的怀念文章及论文。2016 年，卓玛、马海龙编著的《人如其文 贵在其实：李文实先生诞辰 100 周年纪念暨西北文史专题研究》一书由中国社会科学出版社出版。

2019年，是李文实先生著作整理出版较多的一年。2019年3月，李文实先生的《西陲古地与羌藏文化》一书由青海人民出版社再版，列为青海民族大学民族学博士点建设文库。2019年8月，李文实先生选注的《清代传记文选》，由卓玛、马志林、何璐璐整理，由商务印书馆出版。2019年11月，李文实先生的《黄河远上：李文实文史论集》由商务印书馆出版，列入《兰大百年萃英文库》，《文库》主要选取兰州大学早期人文社科领域知名学者之代表性著作，1947年8月至1949年9月，李文实先生任兰州大学历史系讲师、副教授、代系主任、出版部主任，由兰州大学历史文化学院刘铁程副教授整理，主要收录李文实先生40岁以前的论文。

本次选编的这本文集命名为《李文实西北民族关系史论稿》，由姚鹏、马成俊的合著《知识分子中华民族共同体意识的理论自觉——以李文实西北民族关系史研究为中心》（《西北民族研究》2022年第4期）一文的过程中，梳理李文实先生研究西北民族关系的论文，发现主要是以汉匈关系、唐朝与吐蕃关系、吐谷浑历史源流，以及汉族与西北地区藏族、土族、蒙古族、撒拉族等关系的文章，并且始终贯穿民族交往交流交融这一主线，便决定以此为名整理出版。西北地区一直是"铸牢中华民族共同体意识"的沃土，李文实先生作为知识分子，一直"自觉"地践行"中华民族共同体意识"。

《李文实西北民族关系史论稿》和《李文实手稿（第一辑至第

九辑)》一起出版，得到了其子李维皋、孙女李葆春、孙子李光夏、李光祖的授权。在这里，特别感谢青海民族大学党委副书记、校长马维胜，党委副书记阿进录，副校长马成俊、肖玉兰、卓玛、尧命发，纪委书记吴生满、校长助理钱建国以及校党委宣传部、科研处、校史馆相关同志们的大力支持。在此，谨向李文实先生的家属以及所有支持关心这项工作的单位和友人致以崇高的敬意和衷心的感谢。向为支持这本书出版的青海人民出版社副总编辑戴发旺先生和认真负责的各位编辑老师表示诚挚的谢意。

编者

二〇二三年七月廿一日